Le com

© 1999 Lindau s.r.l.
Via Bernardino Galliari 15 bis - 10125 Torino
Tel. 011/669.39.10 - fax 011/669.39.29
http://www.lindau.it
E-mail: lindau@lindau.it

Prima edizione
ISBN 88-7180-299-3

Enrico Giacovelli

NON CI RESTA CHE RIDERE

Una storia del cinema comico italiano

NON CI RESTA CHE RIDERE
Una storia del cinema comico italiano

Premessa

Una storia del cinema comico lascia sempre un senso di incompiutezza, di incompletezza, e per quanti film vi possano essere citati ci sarà sempre chi rileverà l'assenza di questo o quel titolo. Il comico non è soltanto un genere, è anche uno stile: può far capolino in qualunque genere e in qualunque film, così come faceva capolino ogni tanto nelle più truci tragedie di Shakespeare e nei più cupi melodrammi di Verdi. Nessuno tuttavia si sognerebbe di inserire l'*Amleto* in una storia del teatro comico o *La forza del destino* in una storia dell'opera buffa. Per la stessa ragione non troverete in questa breve storia del cinema comico italiano i numerosi film drammatici, o gialli, o dell'orrore, in cui vi sono qua e là dei momenti comici; ma soltanto quei film in cui far ridere o sorridere appaia l'intento predominante.

Certamente un tale criterio di selezione è abbastanza soggettivo, se è vero oltretutto che l'unica misura di un intento è la sua riuscita. Un mio amico si annoiava fino al torpore ogni qual volta guardava *Susanna* (*Bringing Up Baby*, 1938), la commedia brillante di Howard Hawks che la maggior parte dei critici e degli spettatori ritiene una delle più spassose di tutti i tempi. Un altro si intristiva quando vedeva Totò: è un comico triste, diceva, non senza qualche ragione. Viceversa una cara amica, persona fra le più amabili e sensibili che io abbia conosciuto, si divertiva e rideva di cuore durante la sequenza finale di *Nuovo Cinema Paradiso*, quella dei baci di celluloide salvati dal macero. Non sto parlando di pazzi, o di anticonformisti a tutti i costi, ma di gente normale, razionale, di media intelligenza e buona cultura. Si capisce allora quanto sia difficile usare un criterio scientifico nella selezione di titoli per una storia del cinema comico: non è come per il western, dove basta la presenza del West, o come per il musical, dove sono sufficienti un paio di balletti e un paio di canzoni.

Ugualmente difficile è distinguere in modo netto, nell'ambito del cinema a carattere prevalentemente comico, i due filoni principali: il film comico puro (la *slapstick comedy* degli americani) e la commedia. In linea di massima i film comici puri, o farse, sono quelli in cui lo scopo principale è far ridere gli spettatori, al punto che di fronte a tale esigenza passano in secondo piano la trama, i contenuti, la definizione psicologica dei personaggi. Le commedie sono invece quei film il cui intento primario è raccontare una storia, sia pure in modo divertente, umoristico, comico. In questo libro si parlerà degli uni e delle altre, tentando quando è possibile una distinzione, ma senza farne una questione vincolante.

Il denominatore comune dei film trattati è il fatto che intendano almeno in partenza far ridere o sorridere, e contengano dunque situazioni e battute divertenti o perlomeno reputate tali dalla maggioranza della gente. Con qualche eccezione, dovuta a una particolare tendenza del cinema italiano a partire dalla fine degli anni '50, quando nell'ambito della commedia si fa strada la cosiddetta commedia all'italiana: questa, con la sua spasmodica attenzione ai fenomeni sociali, diventa a poco a poco sempre meno divertente, fino a giungere a opere che in un certo senso sono commedie all'italiana senza essere più vere commedie (*Un borghese piccolo piccolo*, *L'ingorgo - Una storia impossibile*).

Tuttavia questi film, benché contengano davvero pochi elementi comici, fanno pur sempre riferimento a un genere che era nato con intenti e presupposti comici. Troverete dunque nel libro i due titoli suddetti, mentre non vi troverete film apparentemente più comici, comunque più accattivanti, come *Amarcord* di Fellini o *Il Decameron* di Pasolini: questi ultimi infatti non si rifanno geneticamente alla commedia, né al cinema comico in generale, ma alle tematiche dei loro autori, a un clima di fondo che non è da commedia. A farci considerare comico un determinato film esiste infatti un'aura, un non so che, un qualcosa di indefinibile che nelle pagine seguenti si cercherà di definire.

Mi scuso in anticipo con gli amici citati, che esistono davvero, o almeno esistevano, se non verranno tenute più di tanto in considerazione le loro idiosincrasie. Se anche non si può parlare di oggettività assoluta, c'è comunque in tutte le cose una ragionevole tendenza di fondo, e questa ci permette di valutare con una certa precisione quel che è comico e quel che non lo è. Quando un signore ricco, elegante e pieno di sé scivola su una buccia di banana, non c'è niente da fare, ridiamo tutti. Una sola persona non ride: quel signore.

NOTA DELL'AUTORE

I TACCUINI posti alla fine di ogni capitolo non hanno pretesa di completezza: accanto ad alcuni fatti storici determinanti per la storia della società italiana e dunque per il cinema in cui essa si rispecchia, il lettore troverà citati titoli di romanzi, saggi, opere teatrali, opere musicali e canzoni che sono in qualche modo riconducibili alla storia del cinema comico italiano. La scelta è soggettiva, non esauriente, non impegnativa: suggerisce possibili percorsi che ogni lettore può mentalmente completare secondo il suo gusto e la sua cultura.
Per maggior chiarezza ogni titolo è accompagnato da un simbolo che ne indica il genere di appartenenza, nel modo seguente:

▓ = *opere letterarie*
● = *teatro*
◆ = *saggi*
▼ = *teatro musicale (opere, operette, riviste)*
▲ = *canzoni*

1896-1930: Riso muto

1. Un'alba nebbiosa (1896-1908)

In questo secolo che ci ha donato così tante emozioni cinematografiche si è spesso paragonato il cinema alla letteratura, al teatro, e lo si è infine ammesso nel regno delle muse e nei templi esclusivi della cultura. Ma il cinema nasce come corrispettivo non della letteratura o del teatro, bensì del giornalismo. I primi spettacoli mostrano fatti di cronaca, personaggi famosi, luoghi esotici: c'è poco spazio per il comico, giusto la vignetta a fondo pagina, la breve pennellata di costume. I film comici sono lasciati quasi sempre per ultimi, come le farse a teatro; e anche se spediscono gli spettatori a casa con il sorriso in tasca, è raro che rappresentino la ragione per cui quegli stessi spettatori hanno pagato il biglietto d'ingresso.

Eppure, fin dalle più remote origini, cinema è sinonimo di divertimento e andare al cinema significa comunque andare a divertirsi: come nel breve film in cui il protagonista se ne esce da teatro col muso lungo ed entra in un cinema per risollevarsi il morale (*Tontolini è triste*, 1911), anticipando di quarant'anni le conclusioni di *I dimenticati* (*Sullivan's Travels*, 1942) di Preston Sturges. Non è infatti nelle biblioteche o nei teatri di tradizione che sono da cercarsi le parentele più strette del cinema delle origini, ma nei music-hall, nei circhi, nei luna park, nei padiglioni delle meraviglie in cui il pubblico non cercava la cultura, ma soltanto il divertimento.

Nella nebbia che avvolge i primordi della nuova arte, il primo film comico di cui si abbia notizia in Italia proviene in effetti da una fiera: è *Il finto storpio del castello*, una delle comiche di quindici metri (all'incirca 30 secondi) realizzate nel 1896 dal fotografo milanese

Italo Pacchioni. Poiché i fratelli Lumière gli avevano negato l'uso della loro invenzione, Pacchioni si arrangiò da solo costruendo un apparecchio da ripresa e proiezione e presentandolo nel proprio «baraccone delle meraviglie» alla fiera milanese di Porta Genova del 1896. Del film si sa soltanto che fu realizzato con un cane, una dama e un finto storpio: fin troppi mezzi e fin troppi interpreti per le modeste esigenze del pubblico di allora.

Il primo vero comico cinematografico italiano è tuttavia un comico teatrale, Leopoldo Fregoli, che si servì disinvoltamente, con una spregiudicatezza che rasentava l'autolesionismo, della macchina prodigiosa destinata a metter fine ai suoi prodigi. Celebre soprattutto per i cambi d'abito rapidissimi, non si preoccupò più di tanto del fatto che il cinema, grazie al montaggio, poteva permettere dei «cambi d'abito» così rapidi da oscurare i suoi. Si divertì anzi a divertire il pubblico con una serie di trucchi alla Méliès, giungendo perfino a proiettare pellicole al rovescio. In ogni caso realizzò, a partire dal 1898, una serie di scenette cinematografiche di cui era il protagonista unico; e costruì anche due film più lunghi (*Fregoli illusionista, Impressioni di Ermete Novelli*) mettendo insieme diversi cortometraggi: proprio come faranno i più astuti e ottusi produttori degli anni '60. Fu il primo comico ad avere il proprio nome nel titolo del film (*Fregoli al caffè, Una burla di Fregoli, Fregoli dopo morto* ecc.) e uno degli ultimi a portare l'antica arte della commedia dell'arte in giro per le maggiori città d'Europa. Nelle sue memorie racconta di esser stato anche uno dei primi ad anticipare il cinema sonoro, nascondendosi dietro le quinte e doppiando candidamente i vari personaggi. Ma il cinema costituiva soltanto una sezione dei suoi spettacoli teatrali, un trucco fra gli altri suoi trucchi; e al pubblico del *café-chantant* i miracoli della macchina da presa interessavano assai meno di quelli del trasformista in carne e ossa (documentati nel più curioso ed estremo dei suoi film: *Fregoli dietro le quinte*).

Fregoli fu il primo rappresentante celebre, in virtù dei propri meriti teatrali, di un genere che era vecchio come il cinema: le comiche finali, eredi dell'antica consuetudine – già praticata a teatro – per cui il pubblico pagante puoi inchiodarlo alla poltrona con drammoni strappalacrime e avventure straordinarie, ma alla fine devi mandarlo a casa di buonumore. Nate con il cinema, le prime comiche non durano quasi mai più di un minuto e si sviluppano perlopiù intorno a un'unica idea: si ride meccanicamente, soprattutto per inseguimenti, bastonate e gente che cade per terra; ma il riso si esaurisce in se stesso, non è mai liberatorio e cattivo.

2. *L'età d'oro delle comiche finali (1909-1915)*

Anche questo genere dagli orizzonti artistici piuttosto limitati ha tuttavia una sua evoluzione e una sua breve età aurea. Dal 1909 il tono di fondo delle comiche finali diventa vagamente satirico: continua a esserci gente che scivola, cade, insegue, è inseguita, ma dietro alle toccate e fughe e alle gambe all'aria si cominciano a intravedere personaggi ben delineati, appartenenti a precise classi sociali (sono i ricchi a far ridere di più, forse perché son di meno); e inseguimenti, scivoloni, randellate e torte in faccia rientrano in meccanismi narrativi leggermente più complessi, che infatti giungono a occupare anche cinque o sei minuti di proiezione. Volente o nolente, il comico si presenta finalmente per quello che è: metafora della vita.

Compaiono anche i primi comici «professionisti»: in realtà, quasi sempre clown di circo o attori di varietà che hanno optato per i maggiori guadagni del cinema. Ogni casa di produzione ha il suo comico di scuderia, con relativo nome d'arte, e pazienza se il nome è l'unica cosa veramente d'arte che ci sia in questi film: nessuno dei loro autori pensò mai di fare dell'arte; ma i loro film, che dovevano far ridere, talvolta fanno ridere ancora oggi, mentre quelli «d'arte» dei loro rivali seri facevano piangere allora e fanno ridere oggi.

Non è facile orientarsi nella marea di comici dell'epoca, dai nomi improbabili come quelli di brillanti d'operetta: Barilot, Boutalin, Canelloni, Cinessino, Cocciutelli, Cocò, Ferocetti, Firulì, Fregolino, Jolicœur, Kri-Kri, Pik Nik, Pistolino, Ravioli, Rirì, Rococò, Tartarin. La compresenza di Canelloni e Ravioli ci fa capire in base a quali criteri si scegliessero i nomi e quanto siano stretti fin dai primordi i rapporti tra comicità e fame. C'è anche un comico donna, Lea, davvero una mosca bianca in questo genere misogino per eccellenza; c'è già un Totò, niente a che vedere con quello che sarà il più grande comico cinematografico italiano, ma soltanto un oscuro Emilio Vardannes al soldo dell'Itala Film; e in qualche caso ci sono, senza pseudonimo, attori già molto noti al pubblico teatrale e soltanto di passaggio nel cinema: come Ettore Petrolini, il più grande attore comico di quegli anni, che nel 1913 interpreta un *Petrolini disperato per eccesso di buonumore*.

Queste comiche, realizzate generalmente in meno di una settimana, su soggetti improvvisati pochi minuti prima delle riprese, sono un po' tutte uguali, c'è davvero il sospetto che si copiassero l'un l'altra senza ritegno. Il titolo è esplicativo come una didascalia; per rassicurare il pubblico sul genere vi appare il nome inconfondibilmente buffo del protagonista; e agli attori non si chiedono grandi capacità drammatiche e nemmeno grandi capacità comiche, ma soprattutto di saper cadere: che è poi la cosa che fanno più spesso dall'inizio alla fine.

Alcuni tuttavia si distinguono per maggior fortuna o abilità, o perché le copie dei loro film si sono salvate meglio di altre dai disastri del tempo e della materia. Il primo comico della nuova schiera fu Ernesto Vaser, proveniente dal teatro dialettale piemontese e prontamente messo sotto contratto dalla Ambrosio di Torino: già nel 1906 una sua comica, *Vaser perde il treno*, riscosse un successo internazionale. La trama si riduceva all'azione indicata nel titolo. Tempi di lavorazione, qualche minuto; costo, cinquanta lire. Ma le copie furono vendute in tutto il mondo a duecento lire l'una. E Vaser, benché portasse già di suo un nome che poteva sembrare uno pseudonimo, assumerà dal 1909 quello di Fricot e più avanti quello di Fringuelli.

Discendente da un'antica famiglia franco-italiana di attori circensi, Ferdinand Guillaume sarà invece Tontolini per la Cines di Roma e poi, dal 1912, Polidor per la Pasquali Film di Torino. Fu uno dei principali specialisti della comica a inseguimento, dove il plot consiste unicamente nel fatto che qualcuno insegue qualcuno e a causa di tali inseguimenti avvengono disastri. Guillaume usò meglio di molti colleghi i mezzi che il nascente linguaggio cinematografico gli metteva a disposizione, ad esempio i primi piani e qualche vago movimento di macchina. Ma i suoi film lasciano l'impressione di una comicità meccanica, in cui lo stesso protagonista ha poca parte, essendo vittima di fatti più grandi di lui o comunque di oggetti e animali particolarmente dispettosi: come in *Polidor ruba un'oca* (1910), dove il protagonista mette fine all'ennesima fuga alzandosi addirittura in volo come Marcello Mastroianni nel futuro *8 $^1/_2$* (1963, di Federico Fellini); o come in *Polidor e i gatti* (1913), dove confonde cuccioli di gatto e cuccioli di leone con le prevedibili conseguenze del caso. Conscio dei propri limiti e di quelli del cinema, Guillaume sarà uno dei pochi attori che, dopo esser passati dal teatro al cinema, torneranno al teatro – al teatro di varietà, ai teatri di periferia – negli anni di crisi del cinema italiano. Ricomparirà, come un fantasma di se stesso, in *Le notti di Cabiria* (1957) e in una sequenza, poi soppressa, de *La dolce vita* (1960): Fellini non poteva non riconoscere nel suo alterno destino profumo di circo, profumo di passato.

Marcel Fabre condivise invece le fortune di Vaser alla Ambrosio con il nome d'arte di Robinet. Lo si ricorda per la comicità più sofisticata, l'aria furbetta, ammiccante, quasi da damerino, la visione tutto sommato serena e quindi non sufficientemente comica del mondo: una sorta di Harold Lloyd, più che di Charlot. Almeno uno dei suoi film è degno tuttavia di restare nelle storie del cinema e negli almanacchi delle curiosità: *Amor pedestre* (1914), dove un'intera vicenda sentimentale è raccontata soltanto attraverso i piedi dei suoi protagonisti. Siamo molto vicini a Marinetti, che in quegli stessi anni metteva in scena *Le basi*, azione drammatica per soli piedi; e il breve film resta, sia pure involontariamente, uno dei pochi risultati ragguardevoli del futurismo al cinema.

Ma il più celebre dei comici italiani del muto è un comico francese, André Deed. Formatosi sui palcoscenici delle Folies-Bergère e dello Châtelet, aveva interpretato in patria alcuni film acrobatici di Méliès e poi una serie di travolgenti comiche per i fratelli Pathé con il nome di Boireau (Beoncelli per gli italiani). Giovanni Pastrone, amministratore e direttore artistico della Itala Film di Torino, lo notò e pensò bene di portarlo via ai colleghi d'oltralpe come già aveva fatto con numerosi tecnici e impiegati. Così, dal gennaio 1909, André Deed cominciò a lavorare in Italia con il nome d'arte di Cretinetti: nome proverbiale, che ancora troveremo sulla bocca di una modista, a proposito di Carlo Campanini, in *Dora Nelson* (1939), e su quella di Franca Valeri, a proposito del marito Sordi, in *Il vedovo* (1959). Il contratto prevedeva una comica alla settimana: la prima è *Cretinetti re dei poliziotti*; l'ultima *Cretinetti al buio*, del 1920, quando ormai l'età aurea della comica finale sarà tramontata da un pezzo. Ma negli anni intorno al 1910 il Deed italiano riscosse un grandissimo successo in tutto il mondo, ebbe un nome diverso per ogni paese (Gribouille in Francia, Sanchez e Toribio nei paesi di lingua spagnola, Foolshead e Jim nei paesi anglosassoni, Glupyuskin in Russia); e i suoi film, richiesti da Mosca a New York, fecero la fortuna di Pastrone e della Itala Film.

Certamente Cretinetti è ancora un clown, armato di biacca, scarpe a punta e incredibili cappelli: tema principale dei suoi film restano, come per i colleghi, inseguimenti, fughe, oggetti che cadono, piccole zuffe, dispetti, e più raramente qualche disastro campale. Non c'è ancora una visione ideologica nelle sue comiche: in *Cretinetti prigioniero distinto* (1910) il protagonista finisce in una prigione di 1ª classe dove è trattato come un piccolo re, poi viene accompagnato a un processo «alla rovescia» dove un cameriere gli serve addirittura una bottiglia di champagne. Charlot, quando gli capitano cose del genere, potete stare sicuri che alla fine si risveglia, perché era soltanto un sogno; Cretinetti invece viene dimesso dal tribunale fra mille onori, come il futuro colpevole del buñueliano *Il fantasma della libertà* (*Le Fantôme de la liberté*, 1974), con i giudici che gli mettono a disposizione un'automobile e lo aiutano a metterla in moto.

Tuttavia André Deed – alle cui spalle c'è quasi sempre Giovanni Pastrone, il regista di *Cabiria* – si distingue per molti versi dagli altri comici italiani della sua epoca, che pure lo copiarono spesso e volentieri. Con lui la comica diventa, da scena che era, racconto: da una situazione ne nascono altre come per genesi spontanea, e alle spalle non si intravedono soltanto il circo e l'avanspettacolo ma anche la *pochade* francese e il caffè-concerto. Talvolta, nella costruzione, c'è persino un certo garbo spiritoso, un sospetto di sceneggiatura preordinata. Si pensi a un film come *Cretinetti antialcoolista* (1911), dòve il protagonista se la prende furiosamente con qualunque cosa o persona che abbia a che fare con l'alcool, è inseguito da frotte di spacciatori e consumatori, viene selvaggiamente pestato e lasciato sull'asfalto; ma qui un pietoso ubriaco lo aiuta a tornare in sé: offrendogli un sorso di liquore...

In più, la comicità di Cretinetti ha un tono vagamente surreale: il processo al contrario di *Cretinetti prigioniero distinto* anticipa quello di *Imputato alzatevi!* (1939) e può far pensare a certe pagine di Campanile; in *Troppo bello!* (1909) Cretinetti si ritrova inseguito, proprio come Buster Keaton nel futuro *Le sette probabilità* (*Seven Chances*,1925), da orde di donne che lo bramano: alla fine, in un puro gesto da avanguardie, il popolo muliebre gli balza addosso e lo smonta pezzo a pezzo come se fosse un pupazzo; ma nell'ultima inquadratura, con un trucco alla Méliès, i pezzi si rimontano da soli: proprio come in un film che André Deed aveva interpretato per Méliès nel 1901, *Dislocation mystérieuse*. Diversamente da Polidor e da tanti altri, poi, è quasi sempre lui a provocare i disastri: ha già un po' di quella forza dirompente che avranno, che devono avere, tutti i grandi comici. Si veda *Cretinetti al cinematografo* (1911), dove il protagonista irrompe in un cinema, infierisce sulla pellicola, provoca l'immancabile rissa e manda a monte il drammone passionale che sta passando sullo schermo. E in *Come fu che l'ingordigia rovinò il Natale a Cretinetti* (1910), che pure vorrebbe essere un pacifico film natalizio, Cretinetti finisce in Paradiso, molti anni prima di Totò e Fantozzi, a causa di un'indigestione: anche lassù, con tutto che i referenti siano serafini e cherubini, sorge una zuffa, poiché si vuole escludere Cretinetti dall'eterna beatitudine, che non è riservata evidentemente ai cretini; allora, senza rispetto per nulla e per nessuno, il nostro provoca distruzioni perfino nei Campi Elisi, demolendo a calci il Tempio dell'Eternità. Al punto che Dio in persona, scocciato, esce a vedere cosa sta succedendo, timoroso anche lui che il comico possa turbare il sacro, immutabile e ingiusto ordine del mondo.

La prova che André Deed guardasse un po' più in là del suo naso è il fatto che negli anni di guerra realizzò con Pastrone film di maggior peso, anche se non necessariamente di migliore riuscita: come il lungometraggio *Cretinetti e gli stivali del brasiliano* (1916); o come *Il metodo di Cretinetti per la rigenerazione dell'umanità* (1916) e soprattutto *La paura degli aeromobili nemici* (1915), dove la guerra, i bombardamenti, le sirene d'allarme, benché guardati con occhio farsesco e disimpegnato, lasciano l'impressione di un riso sinistro, stanco. André Deed morirà nel 1931 in miseria, dimenticato da tutti come tutti i pionieri: anche in questo precedendo tanti futuri prìncipi della risata. Ma era pur sempre sopravvissuto di una quindicina d'anni al genere di cui era stato in Italia il principale rappresentante.

Quasi sempre i generi si consumano perché portati alle estreme conseguenze (la sinfonia da Mahler, il romanzo da Proust e Mann, la *slapstick comedy* americana da *Il grande dittatore, The Great Dictator,* 1940, e da *Monsieur Verdoux, Id.,* 1947, di Charlie Chaplin). La comica finale si esaurì, almeno in Italia, perché non ebbe il coraggio di andare oltre se stessa, di rinnovarsi, di applicare i propri schemi a opere più complesse. Scomparve nel nulla quasi all'improvviso, dopo i primi mesi della Grande Guerra: non solo e non tanto perché con la guerra c'era poco da ridere, ma perché il pubblico si era ormai stufato di ridere sempre allo stesso modo; e perché, dal 1916, arrivarono in Europa le comiche di Charlot e Ridolini.

Il genere della comica finale non ci ha lasciato veri capolavori, eppure sarebbe ingiusto sottovalutarne l'importanza come hanno fatto quasi tutti gli storici italiani (Carlo Lizzani, nella sua storia del cinema italiano, gli dedica 12 righe su 310 pagine[1]). Innanzitutto fu, fra i nascenti generi cinematografici, il primo in cui il punto di vista fosse sostanzialmente quello dei poveri: almeno nel cinema, sono quasi sempre i ricchi a scivolare sulle bucce di banana. E poi alcune singole trovate, in questi film basati soltanto su singole trovate, sono davvero spiritose: basti vedere un qualunque film fra i tanti, *Kri-Kri domestico* (1913), in cui la gag dello specchio (il padrone che si specchia e il suo servitore che si sostituisce alla sua immagine) dura più di due minuti e anticipa quelle di Groucho Marx in *La guerra lampo dei fratelli Marx* (*Duck Soup*, 1933) e dei finti scimmioni in *La pantera rosa* (*The Pink Panther*, 1963) di Blake Edwards. Del resto, se anche la macchina da presa assiste quasi sempre immobile alle evoluzioni comiche dei vari Tontolini e Cretinetti, il ritmo è l'elemento fondamentale di questi brevi film: anche perché le didascalie spezza-ritmo non ci sono, o sono molto più brevi che nel cinema serio. In ogni caso, il comico è già una sana alternativa alla retorica pre-fascista del film storico e a quella falsamente socialista del film realista. È vero che i film comici chiudono il menu come un semplice dessert, ma chi ha detto che i dolci non sono la parte più ghiotta del pranzo? Gli altri film, quelli per cui si è pagato il biglietto, raccontano di amori eterni e di imprese memorabili, insegnano ad amare la patria, la famiglia, gli dèi e altre cose che non esistono. Quelli comici parlano di cose vere e concrete, che esistono senz'altro, come le torte in faccia e le cadute dalle scale; e sovvertono l'ordine costituito con una ventata d'aria fresca, un invito a non prendere la vita sul serio. Il loro vero tema è il disordine, l'anarchia, il caos, e questo forse spiega perché siano praticamente scomparsi negli anni del fascismo.

3. Quindici anni di decadenza (1915-1930)

La guerra vinta, se mai si può definire vinta una guerra in cui caddero 680.000 soldati italiani, non portò alcun beneficio all'industria cinematografica. Già dai primi anni del conflitto lo sbarco in

---

[1] Carlo Lizzani, *Il cinema italiano 1895-1979*, Editori Riuniti, Roma 1979.

massa dei film americani e la mancanza di idee nuove in quelli italiani avevano spianato la strada alla crisi: che nonostante qualche azzardato tentativo (come la costituzione nel 1919 dell'Unione Cinematografica Italiana) si protrarrà fino all'avvento del sonoro.

Il cinema comico, che era stato il primo a decollare, fu il primo tra i generi a entrare in crisi, anche per la sua incapacità di adattarsi alle nuove misure narrative. Stavano finendo infatti i tempi degli spettacoli multipli, in cui si proiettavano numerosi film di pochi minuti ciascuno, e cominciava a diffondersi l'idea che si potesse andare al cinema per vedere un solo film. Ma nessuno dei comici italiani aveva la forza di reggere sulle proprie spalle, messe a dura prova da tanti inseguimenti e cadute, film che andassero al di là degli 8-10 minuti canonici.

Non riuscendo a creare film comici della durata di un'ora o due, si tentò con gli incroci, con i sottogeneri, tipici delle età di transizione e di crisi. Marcel Fabre, smessi i panni di Robinet, si cimentò nel 1919 con *Le avventure straordinarissime di Saturnino Farandola*, da un romanzo di Robida che nei titoli di testa viene definito «celebre» ma che oggi quasi nessuno ricorda: ne uscì un film satirico-fantastico a metà fra *I viaggi di Gulliver* e *Il Barone di Münchhausen*, una specie di commedia d'avventure come saranno i futuri *Indiana Jones*. Dal canto suo André Deed realizzò nel 1921 un curioso film di fanta-avventura, *L'uomo meccanico*, che sembra anticipare il Fritz Lang di *Metropolis (id.*, 1926) e dei *Mabuse* e in cui l'ex clown si ritaglia il ruolo comico di Saltarello: una sorta di autocitazione, di estremo omaggio all'arte perduta dei saltimbanchi.

In realtà, meno nota e meno tramandata dei film comici propriamente detti, si era sviluppata a partire dal 1916 una sorta di commedia sofisticata italiana. Era la risposta, come accadrà di lì a poco anche in America, agli eccessi slapstick, a tutte quelle cadute e torte in faccia che proponevano con candida anarchia un pericoloso stravolgimento del mondo. La borghesia intendeva adesso riappropriarsi del riso per renderlo più tranquillo e tranquillizzante, per usarlo al fine di costruire qualcosa (matrimoni, ad esempio) anziché distruggere tutto: in America lo farà, negli anni '20 e soprattutto negli anni '30, con grande classe e altissimo stile; in Italia con stile anonimo e orizzonti minimi. Non bisogna dimenticare che nel 1919 nasce il fascismo, e nel 1922 arriva al potere con la marcia su Roma.

Il principale rappresentante di questa commedia moderatamente sofisticata è Lucio D'Ambra, già romanziere, drammaturgo, critico teatrale, critico cinematografico. Al cinema realizzò, in qualità di sceneggiatore, regista e produttore, una trentina di commedie che strizzavano l'occhio alla *pochade* francese e all'operetta viennese: da *Il re, le torri, gli alfieri* (1916), la più celebre e originale, a *La commedia del mio palco* (1918), da *Il marito che gettò la moglie dalla finestra* (1918) a *Il girotondo di undici lancieri* (1919) e *Mimì fiore del porto* (1920). I critici dell'epoca dissero un gran bene di questi film, anche perché non avevano di molto meglio sottomano, e definirono Lucio D'Ambra prima il Goldoni e poi il Lubitsch della cinematografia italiana. A noi resta, per un sommario giudizio su di lui, l'unico dei suoi film sopravvissuto integralmente, *L'illustre attrice Cicala Formica* (1920), che tuttavia è anche uno dei meno tipici: non tanto una commedia brillante quanto una parodia tutt'altro che bonaria del cinema più serio e pretenzioso. La sequenza del film proiettato all'incontrario porta alle estreme conseguenze quella che era stata già un'intuizione di Fregoli e di molti pionieri della risata; e la didascalia finale («Non tutte le dive ebbero l'errore d'un operatore per scusare l'incommensurabile stupidità del loro primo film») denota in Lucio D'Ambra un intento satirico che sembrerebbe imparentarlo più alle future commedie all'italiana che ai divertimenti sentimentali di Lubitsch e DeMille. Forse aveva ragione Genina nel definirlo «un parigino con la vivacità di un napoletano».

Decisamente più prevedibili le numerose commedie sentimentali dirette, appunto, dal prolifico Augusto Genina: da *La signorina Ciclone* (1916), su un soggetto dello stesso Lucio D'Ambra, imparentabile a certe commedie americane ancora di là da venire, alla terza versione cinematografica di *Addio giovinezza!* (1927), che oggi ci appare piuttosto spenta e provinciale ma che allora entusiasmò uno dei futuri maestri della commedia, Alessandro Blasetti.

Se Genina era stato collaboratore e amico di Lucio D'Ambra, un altro futuro maestro della commedia, Mario Camerini, fu sceneggiatore, aiuto e cugino di Augusto Genina: perfetta espressione di un ambiente e di un giro culturale dove essere amici di, cugini di, fratelli di, figli di, ha sempre contato più di ogni altra considerazione. A Camerini si deve una delle commedie più apprezzate di quegli anni, *Voglio tradire mio marito* (1925), ispirata ai contemporanei film di DeMille, che otterrà un notevole successo commerciale anche fuori dall'Italia. E persino il suo più importante film muto, *Rotaie*, girato nel 1929 ma uscito in veste sonorizzata soltanto nel

1931, presenta nella parte centrale alcune sequenze tipicamente da commedia sofisticata.

Tuttavia anche questi film decorosi, azzimati, realizzati con tranquilla perizia, rivelano una ristrettezza di orizzonti che prelude agli anni '30. Sembra che il mondo sia ormai acquisito, fuori di discussione, proprietà di una piccola borghesia perbenista che tollera le manganellate ma non un abito sbagliato o un matrimonio d'amore fra un medico e una sartina (è la storia di *Addio giovinezza!*). C'è quasi da aver nostalgia dei Tontolini, dei Cretinetti, dei Kri-Kri, dei Rirí, della loro beata e dichiarata stupidità, quando il mondo era ancora disponibile, sovvertibile, tutto da distruggere, tutto da inventare.

Taccuino 1900-1930
1900: Re Umberto I è ucciso a Monza dall'anarchico Bresci.
1904: Luigi Pirandello, *Il fu Mattia Pascal* ■.
1907: Pio X condanna il modernismo con l'enciclica *Pascendi*.
1908: Luigi Pirandello, *L'umorismo* ♦. / Ettore Petrolini, *I salamini* ●.
1909: Ermanno Wolf-Ferrari, *Il segreto di Susanna* ▼.
1911: L'Italia si annette la Libia. / Firpo, *Non mi toccare... il Bosforo!* ▲
1912: Ruggero Leoncavallo, *La reginetta delle rose* ▼.
1913: L'emigrazione dall'Italia tocca punte altissime: 800.000 emigrati in questo solo anno. [«Io lavoro a 1400 metri sotto terra, ma un giorno i miei figli saranno tutti dottori. E quella sarà la mia vendetta»: un emigrante italiano in *Bello, onesto, emigrato Australia sposerebbe compaesana illibata*, 1971; «Il mondo è tutto uguale per noialtri disgraziati»: Erminio Macario in *Come scopersi l'America*, 1950]. / Filippo Tommaso Marinetti, *Il teatro di varietà* (manifesto pubblicato sul «Daily Mail» del 21 novembre).
1914: Approfittando dello scoppio della Grande Guerra, gli Stati Uniti bloccano l'importazione di film dall'Europa.
1915: L'Italia interviene nella prima guerra mondiale dichiarando guerra all'Austria. [«Tanto per cominciare, guarda, questa guerra non è mica la guerra mia... No, la mia guerra è contro i pescicani imboscati figli di una vacca! E quelli non stanno mica soltanto in Germania o in Austria, stanno dappertutto. E io, bambino mio, di morire per loro ce n'ho mica tanta voglia, sai»: Vittorio Gassman al commilitone Alberto Sordi in *La grande guerra*, 1959]. / Giuseppe Pietri, *Addio giovinezza!* ▼
1916: Manifesto della cinematografia futurista. / Luigi Pirandello, *Pensaci, Giacomino!* ●
1917: Ritirata di Caporetto (ottobre). / Luigi Pirandello, *Il berretto a sonagli* ● / Ferruccio Busoni, *Arlecchino* ▼. / Giacomo Puccini, *La rondine* ▼.
1918: Luigi Pirandello, *Ma non è una cosa seria* ●. / Ettore Petrolini, *Nerone* ● (prima versione). / Giacomo Puccini, *Gianni Schicchi* ▼.
1919: Mussolini fonda a Milano il primo Fascio di combattimento.
1920: Giuseppe Pietri, *L'acqua cheta* ▼.

1921: Il movimento fascista diviene partito. / Achille Campanile, prime *Tragedie in due battute* ●.

1922: Il fascismo giunge al potere con la marcia su Roma. [«Hai visto? Ce l'hanno fatta!». «Non è mica detto, sai. Se danno in mano il governo a quella gente lì, non può mica durare...»: Vittorio Gassman e Ugo Tognazzi commentano la presa del potere da parte dei fascisti nel finale di *La marcia su Roma*, 1962]. / Mario Costa, *Scugnizza* ▲.

1923: Italo Svevo, *La coscienza di Zeno* ■. / Virgilio Ranzato, *Il paese dei campanelli* ▼.

1925: Mussolini annuncia alla Camera l'inizio della dittatura fascista. [«Secondo voi cos'è la libertà?» «La libertà è venire da me che sono, mettiamo, capo del governo, aprire la porta e dire: "Bonafè è un fetente". Lei può fare questo, adesso?» «Ma certo. Vado da Mussolini, apro la porta e dico: "Bonafè è un fetente"»: il fascista Ugo Tognazzi e l'antifascista professor Bonafè in *Il federale*, 1961]. / Achille Campanile, *L'inventore del cavallo* ●. / Virgilio Ranzato, *Cin-ci-là* ▲.

1926: I partiti di opposizione vengono sciolti dal Consiglio dei Ministri per amor di patria.

1927: Achille Campanile, *Ma che cosa è quest'amore?* ■

1928: La Camera approva la nuova legge elettorale. / Italo Svevo, *Una burla riuscita* ■. / Massimo Bontempelli, *Minnie la candida* ■.

1929: Firma dei Patti Lateranensi. / Carlo Lombardo, *La casa innamorata* ▼.

1930-1945: Riso in bianco (e nero)

Il giudizio sul cinema dell'era fascista è stato quasi sempre condizionato dai giudizi storici su quell'epoca: giudizi che peraltro sono mutevoli quanto il cuore, le idee e i sistemi politici degli uomini. Se il silenzio imbarazzato e sprezzante con cui quel cinema venne considerato in tempi di imperante neorealismo fu una sciocca presunzione, i conseguenti tentativi di rivalutazione in blocco sono ugualmente deprecabili. Saggia via di mezzo è distinguere una produzione media che fu decisamente bassa, e che ci appare oggi risibile, da alcuni tentativi (non numerosissimi, ma nemmeno così irrilevanti) di realizzare, compatibilmente con i mezzi tecnici di allora e con gli spazi concessi dalla censura e dalla mentalità fasciste, film di una certa qualità. Ci accorgeremo che il rapporto quantitativo fra produzione media e opere di qualità non è poi molto diverso da quello di altre epoche, di altri fascismi più o meno mascherati.

1. La commedia del consenso, o: il fascismo discreto della borghesia

Su circa 750 film prodotti in Italia nell'epoca che va dall'inizio del sonoro alla fine del fascismo, se ne contano circa 300 che potremmo definire comici: poco meno di metà, e dunque in proporzione maggiore a quella di qualunque altro periodo del cinema italiano (negli anni d'oro del neorealismo rosa e poi della commedia all'italiana il rapporto sarà all'incirca di un film comico ogni quattro film realizzati). Ma questi film sono per la stragrande maggioranza commedie, del tipo che potremmo definire, come già si faceva allora, comico-sentimentale: modeste imitazioni delle commedie sofisticate americane di Lubitsch, Cukor, Hawks e La Cava, quasi sempre ambientate e in qualche caso anche girate all'estero, e ispirate non tanto al teatro di rivista e di varietà quanto all'innocuo teatro borghese di Aldo De Benedetti. Si prendevano a modello le commedie americane e, chissà perché, venivano fuori delle brutte copie di quelle austriache e tedesche. L'errore era forse pensare che in quei film hollywoodiani così fragili e così perfetti la sofisticazione fosse soltanto una questione di ambienti lussuosi e bei vestiti, e non piuttosto una questione di stile.

Così, mentre Lubitsch in America si interroga nelle sue commedie sul senso della vita, della morte e dell'amore, in quelle dell'Italietta fascista ci si preoccupa se sia più opportuno darsi del tu, del voi o del lei, cosa penseranno mai i vicini e se ci si è ricordati del segno della croce prima di addormentarsi. Il tutto condito da qualche toeletta moderatamente improbabile e da qualche fuggevole accenno di trasgressione, subito rientrato. I difensori afascisti di questo cinema inevitabilmente fascista sottolineano come le commedie leggere fossero poco simpatiche al regime, che puntava a opere ben più magniloquenti e impegnate. Ma, perlomeno in quelle «medie», si respira un'aria strapaesana di squadra, di partito unico, di azienda Italia. Insomma, quella stessa aria di grande famiglia allineata e un po' idiota che molti anni più tardi si respirerà in modo ancora più subdolo nei programmi televisivi della Fininvest di Berlusconi. Questo è il vero pericolo del fascismo: non i manganelli, da cui ci si può in qualche modo difendere, ma il tentativo di rimpicciolire la vita.

Il fascismo ufficiale delle parate e dei pennacchi è assente da queste commedie, che sono spesso ambientate in paesi immaginari o prudentemente lontani (in *Batticuore* compaiono ambasciatori della Stivonia, che dev'essere una nazione confinante con la Sylvania e la Marshovia dei film di Lubitsch). Molto diffusa, come peraltro anche nelle commedie hollywoodiane, l'ambientazione in Ungheria, paese che esiste ma non troppo e che comunque è politicamente troppo debole per potersi offendere con chicchessia. Né mancano film come *Dopo divorzieremo* ambientati proprio in America: con una certa ironia snob che oggi può sembrare perfino saggia ma che allora era dettata da un preciso piano politico. In ogni caso, qualunque fosse l'ambientazione, la didascalia «FATTI E PERSONAGGI SONO PURAMENTE IMMAGINARI» diventò quasi un marchio di fabbrica come «IL FILM È STATO GIRATO NEGLI STABILIMENTI DI CINECITTÀ».

1930-1945: RISO IN BIANCO (E NERO)

In realtà non vi furono quasi mai veri interventi censori. Ma è soltanto perché esisteva una censura preventiva ben funzionante. Il fascismo non aveva più bisogno di manganelli: era penetrato nelle coscienze come un'abitudine, come una malattia. Tuttavia erano più o meno dichiaratamente banditi da questi film i fatti di cronaca nera, le parolacce, i conflitti sociali, le immagini di arretratezza e povertà, l'adulterio, e naturalmente il sesso: quasi tutto ciò di cui vivono una buona commedia e una cattiva società. Sarebbe stato quasi impossibile fare commedie diverse da quelle che si facevano.

Ciò non toglie che, a peggiorare le cose, intervenissero anche dei limiti tecnici e artistici. Dal 1930, con un paio d'anni di ritardo sui colleghi americani, gli attori italiani avevano recuperato il principale strumento del loro armamentario teatrale, la voce. Ma se il silenzio, ossia il ricorso alla pura gestualità, era un rivolgersi almeno in teoria alle classi più povere, la parola sembrava volersi accattivare il pubblico piccolo e medio borghese che si era fatto un'infarinatura culturale a teatro con qualche mediocre drammone di serie B. Questo pubblico guardava dall'alto al basso il cinema con le sue origini fieristiche, mentre nutriva a priori un gran rispetto per il teatro drammatico e i suoi attori. Eppure la recitazione dei primi anni del sonoro, tutta permeata dei tic, dei vezzi, dei manierismi del teatro borghese, risulta oggi insopportabile (per via soprattutto delle voci: odiosamente impostate e impastate quelle degli attori di provenienza teatrale, orribilmente parrocchiali quelle degli attori che il teatro neanche sapevano cosa fosse). La lingua italiana non era molto praticata nemmeno nella vita di tutti i giorni, non c'era ancora stata l'unificazione linguistica da parte della televisione: i tentativi di parlare italiano risultano quasi sempre un po' affettati; e affettati ci appaiono oggi tutti gli attori dell'epoca – con l'eccezione dei comici puri, che come al solito rispondono a leggi tutte loro.

Fra gli uomini è pressoché immancabile Enrico Viarisio, prototipo dell'attor brillante affabile e un po' fatuo: visto una volta ci delizia, visto due ci fa sorridere, visto quaranta volte sempre nella stessa parte ci fa venir voglia di prenderlo a calci dove non si dice, dove *lui non direbbe mai*. Anche Vittorio De Sica è assai presente in questi film, un De Sica smagrito, galantemente citrullo, vagamente americanizzato (*Quando De Sica era Mister Brown* si intitola un libro del 1984 di Francesco Bolzoni, in riferimento al suo personaggio di *Due cuori felici*, 1932). Quanto alle attrici, si somigliavano un po' tutte nella loro bionda leziosità, ma fra le tante spicca per onnipresenza e insopportabilità la bruna Elsa Merlini, tagliata su misura per parti di segretaria ingenua che si «acchiappa» il principale. Soltanto Alida Valli, nella fase conclusiva del genere, brillerà di luce propria per bravura e bellezza, per fascino personale e caratura internazionale.

Attorno a questi attori e attrici, al pari di loro elementi di *décor*, pullulano saloni faraonici, soggiorni che sembrano sale da ballo, tavolini di marmo, scaloni senza fine, ammiccanti divani (letti quasi mai), e telefoni in gran quantità come nelle case di oggi. Il bello è che questi oggetti e ambienti lussuosi venivano attribuiti a personaggi ordinari, a impiegati e insegnanti che nella realtà stentavano ad arrivare a fine mese. Si intendeva creare una sorta di Paese dei Balocchi della vita dove tutto è amplificato, tutto esagerato, e tutto alla portata di tutti come nel moderno capitalismo consumistico.

Fatto sta che si trovò per questo sottogenere cinematografico il soprannome poi diventato proverbiale di «telefoni bianchi». Pare che il termine sia stato usato per la prima volta sul giornale umoristico «Marc'Aurelio» dal futuro regista Steno; e che sia stato lo scenografo Gastone Medin a introdurre nel cinema i primi telefoni da salotto: anche bianchi, talora, ma più spesso neri. Benché si parli di telefoni bianchi, in effetti, il colore predominante di quei film è il nero: non tanto il nero dei fascisti quanto quello dei frac e degli abiti da sera in cui questi uomini-pinguino e queste donne-ragno vivono giorno e notte come se fossero una seconda pelle.

Il film che inaugura la «fiera del bianco» – come la definì Francesco Savio – è *La segretaria privata* (1931) di Goffredo Alessandrini: rifacimento italiano immediato, come si usava allora, del tedesco *Die Privatsekretärin*. È un film molto rumoreggiato e molto chiassoso, come tutti i primi film sonori e i primi in «dolby surround»; e benché non sia altro che la favola di Cenerentola rivisitata, come tutte le commedie dei tempi bui, propone l'immagine di una donna moderatamente libera, emancipata, che sembra quasi padrona della propria vita. Eppure qualcosa stride nei meccanismi ben oliati della fiaba per eccellenza. Al di là dello stile cinematografico modesto, non ci sono prìncipi azzurri all'orizzonte, ma prìncipi grigi: «Un bravo ragazzo con mille lire al mese potrebbe essere la felicità» proclama una ragazza, precedendo di otto anni la più proverbiale canzone del fascismo quotidiano. La misura di una società sono i suoi sogni. Che nostalgia per i cavalieri impossibili delle antiche fiabe.

Fortificati nei loro orizzonti limitati dal successo di *La segretaria privata*, i film comico-sentimentali si diffondono a macchia d'olio nei paludosi anni '30: da *La telefonista* (1932) di Nunzio Malasomma a *Paprika* (1933) di Carl Boese, realizzato in Germania con un cast tutto italiano; da *Lohengrin* (1935) di Malasomma – che a dispetto del titolo non c'entra niente con Wagner – a *Trenta secondi d'amore* (1936) di Mario Bonnard; da *Eravamo sette sorelle* (1937), ancora di Malasomma, a *Questi ragazzi* (1937) e *La dama bianca* (1938) di Mario Mattoli.

Tuttavia l'epoca d'oro dei telefoni bianchi ha inizio nel 1939, allorché si chiudono quasi totalmente le frontiere alla produzione americana e si deve cercare di rimpiazzare quei film con un po' di sovrapproduzione (ma forse sarebbe più esatto dire sottoproduzione) nostrana. Non vi furono registi specializzati unicamente in questo genere, ma ve ne furono che diedero un contributo particolare. Soprattutto il povero Malasomma, che pure era laureato in ingegneria ed era stato lui stesso critico cinematografico, diverrà il bersaglio preferito dei critici della rivista «Cinema»: perlomeno dall'estate 1943, quando il coraggio non richiederà più molto coraggio.[1] Ma un notevole contributo quantitativo al bianco-rosa lo diede anche l'austriaco Max Neufeld (*La casa del peccato*, *Assenza ingiustificata*, *Taverna rossa*), a cui si deve in ogni caso il titolo più celebre, *Mille lire al mese* (1939): un complicato intreccio alla Feydeau senza però quel senso di trasgressione congenita, di geometrica apocalisse di una paleo-civiltà, che trapela dai meccanismi ad alta orologeria del commediografo francese. È comunque uno dei primi film in cui la televisione, che ancora non esiste se non come vago progetto ai confini della fantascienza, sia già protagonista e permetta la risoluzione degli equivoci.

A ben guardare, però, i titoli di maggior spicco si devono a registi che negli stessi anni realizzavano, come vedremo, anche film comici meno convenzionali e meno scontati: Raffaello Matarazzo (*L'avventuriera del piano di sopra*, *Giorno di nozze*), Mario Mattoli (*Ai vostri ordini, signora!*, *1000 chilometri al minuto*), Carlo Ludovico Bragaglia (*Belle o brutte si sposan tutte...*, *La guardia del corpo*, *Se io fossi onesto*, *Il fidanzato di mia moglie*). Perfino De Sica pagò un tributo al genere più in voga con il suo primo film da regista: *Rose scarlatte*, del 1940. Né mancarono dei sottofiloni floridi e a loro modo esemplari, come quello delle commedie scolastiche – scolastiche nel senso che erano alquanto manierate, ma soprattutto nel

---

[1] Cfr. «Cinema», n. 170, 10 agosto 1943.

senso che erano ambientate a scuola: da *Seconda B* (1934) di Goffredo Alessandrini a *Il birichino di papà* (1943) di Raffaello Matarazzo, passando per *Ore 9: lezione di chimica* (1941) di Mario Mattoli, che per freschezza e precisione di meccanismi resta uno dei risultati più felici dell'intero filone comico-sentimentale. Nell'ambiente scolastico, pur così legato a rigide gerarchie e convenzioni, sembra che specialmente le ragazze possano permettersi qualche licenza morale in più e qualche centimetro di gonna in meno: si respira nelle camerate e nei refettori un vago femminismo, sia pure quello irreggimentato e cameratesco dei sabati fascisti.

Al sottofilone del cinema sul cinema appartiene invece il film migliore della stirpe e uno dei migliori in assoluto di quegli anni, forse il più vicino ai lontani modelli americani: *Dora Nelson* (1939), dello scrittore torinese Mario Soldati, che pare una summa del genere e invece ne è già una rilettura dall'interno, una critica divertita e insieme spietata, comunque ben cosciente. L'inizio è quello di un film dei telefoni bianchi, con i bei vestiti, i balli galanti, le frasi stupide, gli accenti affettati. Ma la capricciosa prim'attrice lo interrompe dopo pochi istanti, insoddisfatta del partner piccolo e brutto, e allora capiamo che è tutto finto, tutto falso, che tutti quei telefoni nascondono una sostanziale incapacità di comunicare, di parlare, di interpretare la realtà. Ecco dipanarsi la commedia degli equivoci sul tema classico del sosia, degna dell'americano *Ritrovarsi* (*The Palm Beach Story*, 1942) di Preston Sturges: la sosia piccolo-borghese della superdiva Assia Noris è più convincente dell'originale, ma alla fine rifiuta gli agi, il lusso, la vita finta, e sceglie la vita vera, la vita, sia pure al fianco di un uomo non proprio povero in canna. È comunque un rifiuto netto del cinema «bianco», della sua compassata falsità.

Cinque anni dopo, l'apoteosi dei telefoni bianchi sarà secondo Francesco Savio, che non nascose mai un'ammirazione sentimentale e generazionale per quei film, un'altra commedia sui divi: *Apparizione* (1944), del francese Jean de Limur, alla cui sceneggiatura sembra abbia collaborato anche Federico Fellini, e dove Amedeo Nazzari interpreta il ruolo a lui più congeniale, quello di se stesso. Il film è una sorta di documentario promozionale, di celebrazione in vita del divo Nazzari, che spiega agli spettatori e soprattutto alle spettatrici quante lettere femminili riceve ogni giorno, di che colore esatto sono i suoi capelli e come si pronuncia il suo nome («Nazzàri, prego, e non Nàzzari»).

L'Europa sta andando a fuoco, in Germania si è progettata la soluzione finale e in America ci si prepara a realizzarla con la bomba di Hiroshima, ma in questi film italiani persiste anacronisticamente come in un buco nero (o bianco?) del tempo la società dei «non si disturbi», dei «si figuri», dei «ma io lo amo mio marito». L'amore, che nelle sue forme più alte pare scomparso dal mondo, sopravvive nella sua accezione più bassa sotto forma di rapporti quasi normali, di matrimoni quasi felici, di tradimenti quasi riusciti. Il requiem per questa società è un requiem in bianco, cantato sbadatamente da attori già protestati.

2. *La commedia del nonsenso e del (velato) dissenso*

Il fascismo non amava molto l'arte comica, benché i suoi gerarchi e il suo gran capo ne fossero esponenti di prim'ordine; ma tollerò e indirettamente incoraggiò le commedie dei telefoni bianchi, che ne rispecchiavano gli orizzonti privati. Molta meno simpatia dimostrò per il comico puro, che è per sua ancestrale natura anarchico e distruttivo. Non per niente i film collocabili in tale categoria furono una sparuta minoranza e possono perlopiù definirsi, se non proprio d'opposizione, perlomeno di fronda. Dal momento che il fascismo proponeva e propinava una falsa realtà pubblica e privata, è chiaro che tanto il realismo quanto il surrealismo vi si opponevano. C'è tuttavia un autore che, pur nell'ambito tranquillo della commedia sentimentale, realizzò dei film che in qualche modo si staccavano dalle tendenze dominanti: Mario Camerini.

Camerini e il realismo piccolo-borghese

È proprio un certo moderato realismo l'ideale inconfessato, diremmo quasi il sogno segreto del cinema di quegli anni, benché dovesse sembrare più difficile da realizzarsi dei tavoli di marmo e dei villoni in stile californiano. Sui manifesti e sui giornali le frasi di lancio non offrivano esclusivamente scenari hollywoodiani e paradisi artificiali, ma talvolta soltanto il brivido a buon mercato della realtà quotidiana: «Un film gaio, semplice, schietto, tutta realtà» (*Gli uomini, che mascalzoni...*, 1932); «Una storia semplice e commovente, piena di profonda umanità» (*T'amerò sempre*, 1933). Evidentemente anche questi erano valori inseguiti dal pubblico: segno che il futuro neorealismo era già nell'aria come desiderio vago, come salutare valvola di sfogo.

Mario Camerini fu il principale interprete di questo desiderio, grazie a una freschezza e a un tocco paragonabili almeno in parte a quelli che negli stessi anni facevano la fortuna di Frank Borzage in America e di René Clair in Francia. Le sue commedie degli anni '30 mettono in scena personaggi della vita di tutti i giorni, situazioni con un discreto tasso di realismo, sentimenti alla portata di tutti i cuori e di tutte le borse. Non vi mancano i ricchi, ma sono soltanto un metro di raffronto per far emergere le qualità dei non ricchi; i quali, dopo aver respirato per qualche ora o qualche giorno l'aria esclusiva e mefitica dei telefoni bianchi, fanno volentieri un passo indietro per tornare fra i propri simili a respirare una boccata d'aria pura: un po' come la sosia di Dora Nelson alla fine del film di Soldati, ma senza il sospetto che l'aria pura sia anche un ottimo affare. Certo, alla fine, l'ordine sociale si ricompone sempre nell'unico modo possibile, i ricchi con i ricchi, i poveri con i poveri. E a dire il vero questi poveri non sono del tutto poveri: da bravi piccoli borghesi possono puntare, se non alle camere da letto principesche, perlomeno alle fatidiche mille lire al mese con cui si può avere tutto ciò che si desidera, compreso il non totale esaurimento dei desideri. Come altri illustri italiani dal cognome diminutivo in «ini» (Bellini, Puccini, Corazzini), Camerini ha sentimenti sinceri e orizzonti geneticamente e programmaticamente limitati. Ma diversamente che nelle commedie dei telefoni bianchi, questi limiti si esprimono nelle situazioni, nei personaggi e nei luoghi a loro più consoni. Le note toccate sono non molto alte, quasi mai fuori dal rigo; ma perlomeno non ci sono stonature, non ci sono stecche.

Questo vale soprattutto per la migliore commedia sentimentale del regista romano: *Gli uomini, che mascalzoni...*, grande successo anche all'estero grazie alla canzone leitmotiv *Parlami d'amore Mariù*, che divenne una specie di inno italiano nel mondo. Al di là della commovente leggerezza con cui vengono dipinti i due innamorati (Vittorio De Sica e Lya Franca), sembra di intravedere in embrione, lontano ma con qualche tratto somatico già ben formato, il grande cinema italiano degli anni a venire, il neorealismo e la commedia all'italiana. L'inizio del film, uno dei primissimi i cui esterni siano stati girati tutti dal vero, potrebbe quasi essere quello di un'opera neorealista; e in un'epoca in cui il dialetto veniva stigmatizzato da critici e autorità, il padre della protagonista (Cesare Zoppetti) parla in milanese dal principio alla fine. D'altro lato, nella lunga sequenza della Fiera, c'è un'atmosfera da future commedie del boom, con i cartelloni, le pubblicità, gli imbonitori, l'aria di milanese laboriosità: il tutto in contrasto con i problemi individuali dei personaggi, a cui la felicità degli altri mette solo tanta tristezza. Lo stesso realismo di fondo si respira, quanto meno in forma di naturalezza di personaggi e di modi, in *T'amerò sempre* (1933), di cui lo stesso Camerini dirigerà un pleonastico remake dieci anni dopo, nel divertente e non troppo pirandelliano *Ma non è una cosa seria!* (1936), nell'impeccabile *Il signor Max* (1937) e nell'autocelebrativo *I grandi magazzini* (1939), che è pieno di rimandi ai film precedenti. Poi, con *Batticuore* (1939) e con *Centomila dollari* (1940), che è una specie di *Proposta indecente (Indecent Proposal*, 1993, di Adrian Lyne) dell'epoca, Camerini scoprì il mondo del lusso e si avvicinò ai telefoni bianchi. Scomparve o quasi dopo la guerra: nel senso che girò ancora una ventina di film, fra cui anche qualche moderato successo di critica e di pubblico, ma nessuno che facesse tendenza, che facesse epoca. Assistette anche, da vivo, ai remake dei suoi film più famosi (*Gli uomini, che mascalzoni...* nel 1953, di Glauco Pellegrini; e *Il signor Max*, diventato per l'occasione *Il conte Max*, nel 1957, di Giorgio Bianchi): pur realizzati in tempi di maggiore libertà e professionismo, risultarono smaccatamente inferiori agli originali, segno che il «tocco» di Camerini non era poi così imitabile e che la sua leggerezza non era soltanto superficialità.

Il realismo del popolo e dell'aria aperta
Accanto a questo realismo della piccola borghesia, che potremmo definire sentimentale, non mancano – nella prima metà degli anni '30 – esempi di un realismo più marcatamente sociale, che si esprime in film ambientati per buona parte all'aria aperta. Anche in questo caso troviamo prima degli altri il nome di Mario Camerini, che inaugura il decennio con *Figaro e la sua gran giornata* (1931), film garbato e spiritoso sullo scompiglio che porta in un paesello veneto l'arrivo dell'opera. Da un lato c'è la lieve intelligente parodia del melodramma e del gusto interpretativo di allora; dall'altro il sapido ritratto, non privo di qualche momento dialettale, di una piccola comunità di provincia alle prese per un giorno con il gran mondo dell'arte. Alla fine la tanto agognata rappresentazione del *Barbiere* si interrompe per la presenza di una bomba (come se fossimo già negli anni '70...), Figaro si becca una bordata di fischi, e Rosina non arriva nemmeno a cantare la sua celebre aria d'entrata; ma la commedia va avanti nella vita ed effettivamente vedremo un Lindoro

introdursi nottetempo nella casa di Rosina, in barba alle inutili precauzioni e alla mentalità piccina piccina dei barbogi di provincia.

Meno riuscito nella forma ma più autenticamente popolaresco nella sostanza è *Il cappello a tre punte* (1935), sempre di Camerini, dal racconto di Pedro de Alarcón utilizzato anche da Manuel de Falla per un famoso balletto. Fu stroncato dai figli di Mussolini, sulla loro rivista «Anno XIII», prima ancora di uscire: Mussolini padre lo aveva voluto visionare in anteprima nella sala privata di Villa Torlonia ed era andato in bestia. Così le sequenze iniziali, dove i soldati spagnoli bastonavano dei contadini colpevoli di non aver pagato la tassa sulla pioggia (in quanto non era piovuto), e dove si vedevano dei tumulti contro il malgoverno borbonico, furono tagliate o – in piccola parte – nascoste sotto i titoli di testa. Per non correre rischi, anzi, i negativi vennero bruciati. Spenti dalla censura i propositi di critica sociale, resta apprezzabile l'affresco di un '700 molto idillico, molto *en plein air*, con le autorità a passeggio per i campi e in mezzo alla gente come gli dèi dell'antica Grecia, con le immagini quasi documentarie delle esibizioni di acrobati e cantastorie nelle piazze, con le superstiti scene di popolo estremamente vivaci e colorite nella loro allegra confusione.

Lo stesso bisogno di realismo all'aria aperta, che sembra preannunciare il futuro neorealismo rosa, si coglie in film come *Treno popolare* di Raffaello Matarazzo (1933) e *Oggi sposi* di Guido Brignone (1934): che erano nati come film di propaganda per due iniziative fasciste – le gite collettive della domenica e gli sconti ferroviari dell'80% agli sposi in viaggio di nozze a Roma – ma che appaiono meno celebrativi di tanti film non celebrativi. Specialmente in *Treno popolare*, che anticipa di una ventina d'anni le commedie a storie parallele tipo *Una domenica d'agosto* e quelle turistico-vacanziere tipo *Souvenir d'Italie*, ci sono trovate spiritose (ad esempio, lo sbadiglio del passeggero che si trasforma nell'ovale di una galleria), luoghi reali, vagoni di terza classe, alcuni attori presi dalla strada, e persino un triangolo amoroso piuttosto ardito per l'epoca: è uno dei film più ariosi e liberi di quegli anni, infatti fu sonoramente fischiato e dileggiato in occasione della prima romana.

Se il film di Matarazzo mette in scena gente che lavora tutta la settimana e la domenica vuol far festa, la gente che il lavoro non ce l'ha, cioè i poveri, era già apparsa in veste di protagonista in un film dell'anno precedente: *La tavola dei poveri* (1932, di Alessandro Blasetti) che è tratto da un atto unico di Raffaele Viviani e resta l'unica testimonianza cinematografica sonora dell'arte non eccelsa ma comunque molto importante dell'attore-autore napoletano. Certo il film è meno coraggioso di quanto sembri: ai poveri non spettano di diritto il lavoro e un più equo trattamento sociale, ma soltanto la beneficenza dei ricchi illuminati; e i consigli del marchese all'amico povero, che a forza di fare il povero è diventato ricco, nascondono un sospetto di paleocapitalismo: i soldi bisogna farli fruttare, «farli girare». Tuttavia *La tavola dei poveri* è il primo film sonoro in cui si vede una grande città (Napoli) nelle sue strade vere, nelle sue botteghe, nei suoi cortili; ed è una specie di *Opera dei mendicanti* mediterranea, dove i poveri sono un'entità fisica, un vero e proprio coacervo sociale, quasi una corporazione.

È quanto capita del resto in certi contemporanei film americani (*Signora per un giorno, Lady for a Day*, 1933, di Frank Capra, *L'impareggiabile Godfrey, My Man Godfrey*, 1936, di Gregory La Cava) e anche in una delle commedie italiane più coraggiose e originali dell'epoca: *Darò un milione* (1935), del solito Camerini. Questa volta però il copione non è dei suoi sceneggiatori abituali (De Benedetti, Soldati), ma di un giovane scrittore emiliano che di lì a poco lascerà un segno indelebile nella storia del cinema, Cesare Zavattini. Il quale appartiene a un'altra schiera di italiani dal cognome in «ini» (Rossini, Petrolini, Guccini): quelli a cui il diminutivo anagrafico ha conferito non mitezza ma allegra cattiveria, non sentimentalismo ma sagace cinismo. Il mix inconsueto di «ini» buoni e «ini» cattivi produsse in *Darò un milione* una commedia sottoproletaria alla Frank Capra, alla Preston Sturges, dove un miliardario infelice si traveste da povero e offre la cifra del titolo a chi compirà un atto di bontà nei suoi confronti. Parte naturalmente la caccia al povero e nella speranza del premio l'ordine sociale si scompone, la logica del mondo si capovolge, con i poveri improvvisamente corteggiati, ricercati, coccolati. Alla fine il miliardario torna a fare il miliardario, ma i poveri si impadroniscono intanto di un luna-park e vi celebrano una sorta di rivoluzione simbolica, a metà fra Bertolt Brecht e le medievali Feste degl'Innocenti. Benché disordinato e pieno di umori, il film aveva una sua potenziale solidità: resta uno dei pochissimi di cui si sia fatto prontamente un remake a Hollywood (*Chi vuole un milione?, I'll Give a Million*, 1938, di Walter Lang).

La cifra stilistica del film, quella sorta di iperrealismo che sconfina nel surreale, non ebbe un seguito immediato: Camerini la abbandonò per sempre, Zavattini la riprenderà quindici anni dopo in

Miracolo a Milano. Nel 1935, anno di *Darò un milione*, il fascismo decide di entrare direttamente nelle questioni cinematografiche e crea, sul modello di quanto aveva fatto Goebbels in Germania, la Direzione Generale per la Cinematografia. Da questo momento cessano gli esperimenti vagamente impegnati e trionfa il disimpegno sotto forma di telefoni bianchi. L'unico modo possibile di approccio al reale resta il surreale.

Il senso del nonsenso

L'umorismo surreale, che cerca di dare un senso al mondo attraverso il nonsenso, non è una novità per la cultura italiana uscita dalle strette del verismo e caduta in quelle del fascismo. Già a teatro e in letteratura ci si era posti il problema di come sfogare il proprio umorismo e divertire la gente senza mettere esplicitamente in burla il sistema e il sistema di vita degli italiani. Così erano nati negli anni '10 gli spettacoli di Ettore Petrolini e negli anni '20 i romanzi di Achille Campanile, straordinari e irresistibili attentati al senso e al buonsenso dei borghesi di tutti i tempi. Negli anni '30 il gusto del nonsenso si diffuse anche nei giornali umoristici più in voga («Marc'Aurelio», «Bertoldo»), che con l'assurdo ci andarono a braccetto. Ma nel cinema il surreale è più arduo da realizzare, anche perché vi è già in partenza un elemento di schiacciante realismo: le immagini. Se in un romanzo per essere surreali basta un po' di fantasia, in un film occorrono innanzitutto molti mezzi. E poi l'assurdo patisce la fisicità: un conto è trovarselo scritto in un libro, un conto vederlo proiettato sul grande schermo con tanto di personaggi in carne e ossa o perlomeno in carne e celluloide. Si pensi del resto al caso di Campanile: mentre i suoi romanzi erano quasi di moda, le sue opere teatrali – che pure traevano intere scene da quei romanzi – venivano accolte a fischi e uova marce.

Nel cinema, dopo *Darò un milione*, Zavattini dovrà aspettare tre lustri per veder realizzato come si deve un suo copione non del tutto realistico. Di soggetti vagamente surreali ne continuò a sfornare, da *Bionda sottochiave* (per Camillo Mastrocinque, 1939) a *La scuola dei timidi* (per Bragaglia, 1941); ma i film venivano poi realizzati così in malo modo che Zavattini, disturbato, se ne recensì uno da solo con queste parole: «Il soggetto è di Cesare Zavattini, con il quale la critica è stata molto indulgente. Zavattini se ne lava le mani, dice che il soggetto è una cosa, dieci paginette dattilografate, e il film un'altra. Ma sarebbe ora che questo giovanotto non si accontentasse di incassare i biglietti da mille dei suoi soggetti, e si preoccupasse di seguire la sua creatura, diciamo così, dando una mano al regista».[2]

Il primo film completamente da solo Zavattini lo realizzerà a ottant'anni (*La veritààà*, 1982), e non sarà una grande riuscita. Ma intanto anche altri cineasti degli anni '30 avevano provato a tradurre in immagini le proprie fantasie umoristiche. Qualche interessante tentativo nella direzione del surreale, per non dire addirittura del surrealismo, lo si fece attraverso le scenografie: quelle di *O la borsa o la vita* (1933, di Bragaglia), che strizzano l'occhio alle avanguardie; o quelle cubiste-futuriste di *Cenerentola e il signor Bonaventura* (1942, di Sergio Tofano), che ha sprazzi di humour davvero eccentrico e sembra anticipare per i personaggi-fumetto e le scenografie di cartapesta dichiarata film come il *Dick Tracy* (*Id.*, 1990) di Warren Beatty. Doveva tuttavia essere ben chiaro che il surreale appartenesse alla sfera della favola, del fumetto, del sogno: una sua contaminazione con la realtà poteva essere molto pericolosa. Ecco perché alla fine di *O la borsa o la vita*, che pure non è certamente un film rivoluzionario, il protagonista Sergio Tofano deve accorgersi che è stato tutto un sogno.

In mancanza di grandi e costose prospettive scenografiche, il cineumorismo dell'assurdo non può che affidarsi alla parola. Achille Campanile, che non credeva molto nel cinema (pur essendo figlio di un regista del muto), collaborò svogliatamente ad alcuni copioni realizzati dall'amico Carlo Ludovico Bragaglia, che aveva condiviso con lui i pomodori e le uova marce delle prime esperienze teatrali. Se *L'amore si fa così* (1939) ha qualche trovata spiritosa, il coevo *Animali pazzi* avrebbe dovuto averne parecchie, anche perché Campanile vi si era dedicato con un certo impegno fin dal 1937. Ma sul più bello il produttore Gustavo Lombardo comunicò di non avere più soldi: l'umorismo surreale, come abbiamo visto, costa caro, e qui era affidato addirittura ad animali veri. Il film venne ultimato alla carlona, utilizzando spezzoni rubati ad altri film come il sovietico *Tutto il mondo ride* (*Vesëlye rebjata*, 1934, di Grigorij Aleksandrov). Tuttavia alcune gag sono molto divertenti e l'insieme ha una certa vivacità e originalità. Purtroppo il pubblico accolse la pellicola come aveva accolto le più anticipatrici opere teatrali di Campanile: con furibondi spernacchiamenti. Così finisce chi è in anticipo sui tempi. Campani-

---

[2] Cesare Zavattini in «Tempo», n. 17, 21 settembre 1939.

le collaborerà ancora a qualche film (*La zia di Carlo* e *Senza una donna* di Alfredo Guarini), ma con entusiasmo sempre più scarso.

Non bisogna dimenticare che *Animali pazzi* è anche il secondo film di quello che sarebbe presto diventato il più popolare comico cinematografico italiano: Totò. Sul finire degli anni '30, in effetti, furono proprio i comici del varietà a essere lanciati nel cinema in questi contesti narrativi un po' folli che sembravano inadatti ai compassati ex attori di prosa. Anche Renato Rascel esordì sullo schermo con un film allegramente squinternato: *Pazzo d'amore* (1943) di Giacomo Gentilomo. Si era potuto concedere il lusso di conservare il nome d'arte non italianissimo, ma in compenso venne doppiato. Non troverà mai più, nel cinema, la carica surreale di questo primo film: lo rivedremo soprattutto negli anni '50 in commedie più prudenti, più costruite, dagli orizzonti più limitati.

Il comico che in quegli anni di realtà impazzita legò più d'ogni altro il proprio nome al surreale cinematografico resta però il torinese Erminio Macario, con la sua faccia a guscio d'uovo, con il perenne ricciolino sulla fronte che gli era stato suggerito da Petrolini, con quella comicità piemontesemente cordiale, riservata, da «scusi, disturbo?», che contrastava nettamente con le situazioni folli in cui si veniva a trovare. Il suo esordio cinematografico era avvenuto nel 1933 con *Aria di paese*, di Eugenio De Liguoro, dove il suo personaggio di vagabondo si rifaceva fin troppo esplicitamente a Charlot, restandone comunque ben lontano. Ma la grande fiammata della sua carriera cinematografica fu l'incontro con Mario Mattoli, uno dei registi più famosi e sottovalutati, probabilmente il miglior direttore/supervisore di attori comici che abbia avuto il cinema italiano.

Mattoli proveniva dal teatro di rivista, aveva fondato le celebri compagnie Za-Bum, e al cinema aveva già diretto una dozzina di commedie (fra cui *Musica in piazza*, 1936, uno dei migliori risultati del genere «en plein air»). Nel 1939 la sua orbita si incrociò con quella di Macario, e dalla collaborazione di questi due uomini apparentemente così misurati, così ligi alle convenzioni, nacque il più scatenato e dunque il migliore film comico dell'Italia fascista: *Imputato, alzatevi!* (1939), che già allora Gianni Puccini, su «Bianco e Nero», definiva «il primo vero film comico di buona cifra fatto in Italia», e a cui in effetti aveva collaborato uno squadrone impressionante di gagmen – una decina, fra cui Vittorio Metz, Giovanni Guareschi, Carlo Manzoni, Marcello Marchesi, Steno e Giuseppe Marotta. Il film sta al cinema italiano come quelli dei fratelli Marx al cinema americano: non ha rispetto di niente e di nessuno, e dietro al velo dell'assurdo finisce per diventare una satira non del tutto involontaria alle convenzioni sociali e alle istituzioni dell'epoca. Basta vedere la grande sequenza del processo, dove il dibattimento si trasforma in spettacolo, cinquant'anni prima di certe trasmissioni televisive, e dove la legge e le leggi, quelle fasciste ma anche quelle più generali del mondo e della vita, ci fanno una ben misera figura. Hai voglia a rammentare agli spettatori che il film risulta ambientato, per motivi di censura, in Francia: quella che ne viene fuori è chiaramente l'Italietta fascista, passata ai raggi x, rivoltata una volta per tutte in modo irreversibile.

Il film seguente della coppia Macario-Mattoli, *Lo vedi come sei... Lo vedi come sei?!*, sempre del 1939, sui popolari temi dello zio d'America e della fortuna improvvisa, è già lievemente inferiore, più un collage di gag che un intreccio di meccanismi perfetti. Ma il quoziente di *nonsense* è ancora alto, e alcune trovate sono irresistibili, degne di un Woody Allen: il testamento filmato potrebbe appartenere a *La rosa purpurea del Cairo* (*The Purple Rose of Cairo*, 1985), la «trasformismomanìa» del finale contiene già in embrione l'idea di *Zelig* (*Id.*, 1983). C'è davvero da domandarsi se i vari Woody Allen, Mel Brooks, David & Jerry Zucker, non abbiano visto da ragazzi questi film in qualche Cineteca di Babele. Purtroppo la carica anarcoide di Macario andrà via via annacquandosi negli anni successivi. Il surreale è un momento che non dura, una breve stagione che porta già in sé la necessità di un superamento, come la giovinezza e le rivoluzioni. Così accadrà nei chapliniani *Il vagabondo* e *Il chiromante* (1941, di Oreste Biancoli), nei due film girati con Mattoli nel 1940, *Non me lo dire!* e *Il pirata sono io!*, e in quelli realizzati con Giorgio Ferroni fra il 1942 e il 1943, *Il fanciullo del West* e *Macario contro Zagomar*: commedie sempre più tradizionali e convenzionali dove tuttavia qualche zampata, qualche gag fulminea, appartengono ancora alla repubblica della libera follia e ci ricordano che quella sana idiozia era il contraltare dell'idiozia ben più pericolosa e insensata del fascismo.

L'arte dei comici dell'arte

Oltre a Rascel e Macario altri attori provenienti dal varietà portarono nel cinema degli anni '30 il loro linguaggio quotidiano, il loro dialetto, la loro libera diversità, la loro sostanziale estraneità ai riti semiufficiali delle sofisticazioni casereccie e dei telefoni bianchi, spianando la strada al neorealismo e alla commedia all'italiana. Sul versante di una comicità surreale e paradossale vanno ancora registrate le rare apparizioni cinematografiche di Ettore Petrolini, soprattutto il *Nerone* diretto nel 1930 da Alessandro Blasetti: che non voleva forse essere una satira antimussoliniana, ma di fatto lo fu. La macchietta di Nerone, che occupa una buona metà del film, era nata a teatro fra il 1915 e il 1918, quando Mussolini era ancora un baldo socialista fresco di espulsione dal partito; ma è inevitabile pensare che si sia arricchita e modificata negli anni successivi. Mussolini influenzò *Nerone*, *Nerone* influenzò Mussolini; proprio come Hitler, secondo Bazin[3], aveva rubato i baffetti a Charlot e Charlot se li riprenderà con gli interessi nell'irriverente *Il grande dittatore* (*The Great Dictator*, 1940). Certamente, nell'anno di grazia e disgrazia 1930, non si poteva non vedere l'ombra del Duce in questo imperatore pettoruto che viene applaudito prima ancora di parlare e che promette ai suoi sudditi; «Io vi darò tutto, basta che non domandiate nulla». C'è da stupirsi che la censura non sia intervenuta pesantemente come farà di lì a poco con *Il cappello a tre punte*; ma fu proprio Mussolini, che era meno terribile e meno intelligente di quanto si crede, a chiudere un occhio sul film e su Petrolini, che gli stava simpatico. Così questo importante film-documento sopravvisse al fascismo, anche se non sopravvivrà all'incuria dei cinematografari[4].

Su un versante decisamente più realista e tranquillo ebbero una breve stagione di notorietà i film interpretati dal comico siciliano Angelo Musco: una dozzina fra il 1932 e il 1937, da *L'eredità dello zio buonanima* e *Fiat Voluntas Dei* di Amleto Palermi a *L'aria del continente* e *Pensaci, Giacomino!* di Gennaro Righelli, fino a *Il Feroce Saladino* di Mario Bonnard. La bravura di Musco non si discute, ma restò sempre un po' troppo teatrale per il cinema; e poi i comici siciliani lasciano spesso la sensazione che le loro storie non siano universali, ma possano accadere soltanto in quell'universo a sé che è la Sicilia. Peraltro anche il comico tutelare dei genovesi, Gilberto Govi, non ebbe fortuna sullo schermo, dove continuò a recitare co-

---

[3] André Bazin, *Qu'est-ce que le cinéma?*, Editions du Cerf, Paris 1958-'62.
[4] Il film è da considerarsi perduto, anche se le sue parti migliori sopravvivono in una provvidenziale *Antologia di Petrolini* curata nel 1952 dalla Cineteca Nazionale.

me se fosse a teatro. Tuttavia nel suo unico film dell'epoca, *Colpi di timone*, diretto nel 1942 dal sempre disponibile Gennaro Righelli, introduce in questo cinema del velato consenso un personaggio che si batte contro le speculazioni e la corruzione come certi antieroi della futura commedia all'italiana. Il film è prudentemente ambientato agli inizi del secolo, quando la corruzione non si era ancora tinta di nero; ma qualunque italiano sa che in Italia la corruzione è eterna, che gli *altri tempi* sono i *tempi nostri*.

Ben altra risonanza cinematografica ebbero in tutta Italia i comici napoletani, a cominciare da Eduardo e Peppino De Filippo. Figli naturali del commediografo Eduardo Scarpetta, essi considerarono sempre il cinema un'attività minore, marginale, che doveva servire più che altro a finanziare i loro spettacoli teatrali; e tuttavia, da capocomici pignoli e rompiscatole, non mancavano mai di intervenire nelle sceneggiature e nei dialoghi, collaborando in pratica anche alle regie. Più che nel modesto film d'esordio (*Tre uomini in frack*, 1932, di Bonnard) e nel già citato *Cappello a tre punte*, lo si vede nello spumeggiante *Quei due* (1935, di Righelli), tratto da tre atti unici di Eduardo e basato su uno dei temi portanti della comicità meridionale, la fame: come nel *Fascino discreto della borghesia* (*Le Charme discret de la bourgeoisie*, 1972) di Buñuel, i protagonisti cercano dall'inizio alla fine di mangiare e per un motivo o per l'altro non ci riescono mai. Il film, assai colorito e ricco di trovate anche cinematografiche, rappresenta il tentativo di lanciare Eduardo e Peppino come versione italiana di Stan Laurel e Oliver Hardy; ed è effettivamente l'unico in cui i due fratelli rivali agiscano davvero come coppia comica, l'uno spalla dell'altro, inseparabili e insostituibili, il burbero bonaccione (Eduardo/Ollio) e il cretino combinaguai (Peppino/Stanlio).

Purtroppo questa strada di una comicità sanamente popolaresca non fu seguita se non in minima parte: i film successivi dei De Filippo sono quasi tutti molto teatrali, una serie di commedie a sfondo filosofico, abbottonate, borghesi, pirandelliane, dove Eduardo eduardeggia un po' troppo e Peppino non riesce a mettersi a fuoco e a ritagliarsi i giusti spazi. Si ricordano in particolare quattro film col punto esclamativo nel titolo, che è già tutto un programma: *Sono stato io!* di Matarazzo (1937), *Non ti pago!* di Bragaglia (1942), *Non mi muovo!* di Giorgio C. Simonelli (1943) e *Ti conosco, mascherina!* dello stesso Eduardo (1944). Ma il migliore di quegli anni è un film col punto interrogativo: *A che servono questi quattrini?* di Esodo Pratelli (1942), commedia umoristico-filosofica fra Pirandello e Rohmer, sul tema del denaro che non dà la felicità («Specialmente quando è poco» puntualizza Peppino nell'ultima inquadratura). Da tutti questi film, comunque, emerge un elemento significativo, anche se trascurato dai critici dell'epoca: quando è in scena Eduardo il ritmo cinematografico si appesantisce e perde colpi, quando compare Peppino si vivacizza come d'incanto. Il mito di Eduardo, l'Autore, oscurerà per il resto del secolo quello di Peppino, l'attore, il guitto, in un paese di guitti che però è retto culturalmente da pochi letterati incartapecoriti; ma il destino cinematografico della celebre coppia comica – che si separerà più o meno consensualmente con la fine del fascismo – è la riprova che la recitazione e la filosofia dei guitti invecchiano meno e meglio di quelle degli attori drammatici.

La perfezione di tempi e di gesti di Peppino De Filippo è pari soltanto a quella di un altro grande comico napoletano, di cui Peppino diventerà il compagno di comicità per eccellenza: Totò, che debuttò nel cinema a quarant'anni, quando ormai era già famoso da almeno tre lustri presso gli assidui dell'avanspettacolo. I produttori speravano che potesse diventare uno Charlot italiano, come accadeva un po' per tutti i comici di allora, specialmente se dotati di cilindro o bombetta; ma il suo primo film, *Fermo con le mani* (1937), venne malamente affidato a Gero Zambuto, un regista del muto scongelato per l'occasione dopo anni di silenzio. Alquanto sconnesso, fu un discreto insuccesso di pubblico, benché Totò vi proponesse già alcune gag spassose (la maschera antigas e Totò direttore d'orchestra, poi riprese in *Totò a colori*); e benché la conclusione fosse affidata a un tormentone che diventerà presto proverbiale: «bezzecole, quisquilie, pinzillacchere». Contando che anche il successivo *Animali pazzi*, come abbiamo visto, non fu proprio un trionfo, il primo film veramente «di Totò» è da considerarsi *San Giovanni decollato* (1940, di Amleto Palermi), tratto da una commedia siciliana che Nino Martoglio aveva confezionato su misura per Angelo Musco. Ma il buon Musco, che ne aveva già fornito un'interpretazione cinematografica ai tempi del muto, era morto nel 1937; e Cesare Zavattini, fra i primi intellettuali ad accorgersi delle potenzialità di Totò, riscrisse il soggetto su misura per lui, ambientandolo per buona parte – negli anni culminanti dei telefoni bianchi – in un cortile di Napoli. Il film non è del tutto riuscito, ma per la prima volta Totò vi fa la parte di Totò (c'è anche il primo «a prescindere»), affrontando il reale con il suo piglio strepitosamente surreale e gettando il primo seme di un universo tutto suo, che germoglierà appieno alla fine degli anni '40.

Dai telefoni bianchi ai telefoni grigi
Ma intanto fu un altro attore proveniente dall'avanspettacolo, il romano Aldo Fabrizi, a dare al cinema italiano le commedie più significative del tempo di guerra, vagamente anticipatrici del neorealismo: *Avanti c'è posto...* (1942) e *Campo de' fiori* (1943) di Mario Bonnard, ex attore del muto qui alle sue migliori prove di regia; e, in misura minore, *L'ultima carrozzella* (1943) di Mario Mattoli. Anche Federico Fellini collaborò alle sceneggiature di questi film, che furono girati per le strade di Roma (con l'eccezione di *Campo de' fiori*, cosa di cui Fabrizi si dispiacque molto). Gli ambienti sono perlopiù veri, o comunque realistici; il dialetto la fa da padrone; i personaggi principali sono gente del popolo, di fatto perdente ma moralmente vincente nel confronto con i borghesi; e si respira molto bene l'atmosfera dell'Italia 1943: anche se di guerra nessuno parla, vi è più di un riferimento all'«attuale stato di emergenza». Specialmente *Avanti c'è posto...*, ambientato per buona parte su un tram, è un piccolo *Casablanca* all'italiana, dove il bigliettaio Fabrizi aiuta la donna amata a ricongiungersi all'uomo che ama. Fu anche un grande successo di pubblico e incassò 12 milioni di lire, una cifra enorme per l'epoca; al punto che per il successivo *Campo de' fiori*, che ne è una copia-carbone, Fabrizi chiederà come compenso un milione: la mitica e improbabile cifra-simbolo degli anni '30, quella che il signor Bonaventura otteneva settimanalmente come premio alla propria fortuna e il miliardario infelice di Camerini & Zavattini offriva pubblicamente in cambio di un gesto d'amore. Pur nei loro limiti ideologici, a cominciare dalla rassegnazione di fondo tipica dei personaggi di Fabrizi, queste commedie restano importanti film di confine, a cavallo fra due epoche e due concezioni del cinema e del mondo, dove i salotti e la buona borghesia in bianco e in nero entrano soltanto dall'uscio di servizio; e dove i morenti telefoni bianchi sono ormai diventati telefoni grigi.

La stessa atmosfera di confine e di fine epoca si respira in un film di Blasetti del 1942, *Quattro passi fra le nuvole*. Apparentemente è una commedia all'americana sulla falsariga di *Accadde una notte* (*It Happened One Night*, 1934, di Frank Capra), di cui riprende lo schema narrativo; ma anziché un brillante giornalista e una strampalata miliardaria, troviamo in scena un commesso viaggiatore e una ragazza messa incinta e poi abbandonata al suo destino (metafora di ciò che il fascismo aveva fatto all'Italia?): costoro, sebbene sprofondati in una serie di equivoci e travestimenti da commedia, non hanno quella gran voglia di giocherellare all'amore. E infatti, niente lieto fine: al posto delle squillanti metafore sessuali che chiudevano il film-Oscar di Capra, c'è un finale dimesso, desolato, domestico, con Gino Cervi che va in cucina e mette il latte sul fuoco, costretto a riaffrontare la realtà quotidiana dopo la breve evasione bucolica e forse soltanto onirica.

Anche Vittorio De Sica, che a quarant'anni si era un po' stufato di fare l'attor giovane, partecipa a questo clima da età di passaggio con alcuni dei suoi primi film da regista: *Maddalena zero in condotta* (1940) e *Teresa Venerdì* (1941), e poi soprattutto *I bambini ci guardano* (1943). Se i primi due sono delle riletture solo apparentemente convenzionali dei telefoni bianchi, il terzo ha ormai ben poco di commedia: soltanto qualche meccanismo potenziale, qualche situazione di partenza. È ciò che accade del resto in un bel film del 1940 di Ferdinando M. Poggioli, la quarta e ultima versione cinematografica di *Addio, giovinezza!*: ci sono amori giocosi, finzioni, equivoci, scambi di persona, personaggi-macchietta come quello di Carlo Campanini; ma niente che riesca a essere davvero comico o anche soltanto divertente. La cifra di fondo resta una malinconia senza scampo, da specie in via di estinzione; e il titolo crepuscolare suona, col senno di poi, come un estremo saluto al fascismo e al suo mito per eccellenza, la *giovinezza-giovinezza*. Notava Gian Piero Brunetta, a proposito dei primi film di Camerini, che egli fu il primo a introdurre i tempi morti, con le loro potenzialità realistiche, nella commedia. Ebbene, film come *Addio, giovinezza!* e *I bambini ci guardano* sono commedie fatte di soli tempi morti, in cui nessuna delle potenziali situazioni di commedia si risolve in commedia, e in cui ad aspettare la battuta e il riso sembra di aspettare Godot: come in certe commedie all'italiana di fine anni '70, che saranno commedie senza più alcun elemento di commedia.

3. P. S. (Progetto Salò)

In molti libri la storia del cinema italiano si ferma al 1943 e riprende con la stagione 1945-1946. Eppure nella cosiddetta Repubblica di Salò si girarono una trentina di film, fra cui parecchie commedie: il

1930-1945: RISO IN BIANCO (E NERO)

Nord Italia era rimasto un'isola infelice di fascismo e benché fosse sotto assedio da parte della realtà e della guerra cercò di mantenere in vita fino all'ultimo il disimpegno, le storielle sciocchine, il fascismo quotidiano. Sebbene molti di quei film non siano nemmeno usciti nelle sale, può essere curioso rilevare l'umorismo involontario dei titoli, che nel loro inconscio pessimismo da ultima spiaggia sembrano alludere alla situazione storica e finiscono per apparirci quasi comici. Nel 1944 la neonata Repubblica doveva già sembrare *L'ultimo sogno* (film di Marcello Albani, portato fortunosamente a termine fra Bologna e Venezia), ed era già ben chiara a tutti la sua durata: *Si chiude all'alba* (Nino Giannini). Poi, nel 1945, non basterà neanche più *L'angelo del miracolo* (Piero Ballerini); ormai la fine è vicina, la fine è nota: *Scadenza trenta giorni* (Luigi Giacosi).

L'unico film di un qualche rilievo del progetto Salò è una farsa drammatica – metafora involontaria della trista repubblica da operetta? – iniziata da Leo Longanesi a Roma con un cast di tutto rispetto e poi ultimata da Nino Giannini a Torino (ne rimane oggi soltanto uno spezzone, conservato al Museo del Cinema di Torino). S'intitolava programmaticamente, per la serie «titoli allegri», *Dieci minuti di vita*: segno che si era proprio agli sgoccioli. Ma qualcuno pensò che la fine del fascismo non era poi la fine del mondo e vi aggiunse un sottotitolo ottimistico, *Vivere ancora*: un primo messaggio di speranza per gli anni a venire o un primo segno di continuità sotterranea, di abile trasformismo?

Taccuino 1930-1945

1930: Achille Campanile, *Agosto moglie mia non ti conosco* ■. / Viene distribuito in Italia il primo film sonoro italiano, *La canzone dell'amore*, di Gennaro Righelli. / Achille Campanile, *L'amore fa fare questo e altro* ●. / Eduardo De Filippo, *Sik-Sik l'artefice magico* ●.
1931: Ramo-Mascheroni, *Lodovico* ▲. / Eduardo De Filippo, *Natale in casa Cupiello* ●.
1932: Viene presentata al pubblico la Balilla. / Achille Campanile, *Battista al Giro d'Italia* ■. / Marf-Mascheroni, *Bombolo* ▲.
1933: Il transatlantico Rex (quello di *Amarcord*) conquista il Nastro Azzurro per la più veloce traversata atlantica (4 giorni e mezzo). / Rodolfo De Angelis, *Ma cos'è questa crisi?* ▲
1934: Plebiscito a favore del regime fascista: oltre 10 milioni di «sì» contro 15.000 «no». [«Da quando c'è Lui... treni in orario, e tutto in ordine!» «Per fare arrivare i treni in orario, però, se vogliamo, mica c'era bisogno di farlo capo del governo: bastava farlo capostazione...»: un militante fascista e il barbiere Massimo Troisi in *Le vie del Signore sono finite*, 1987].

➡

1935: Hanno inizio le operazioni militari contro l'Etiopia.
1936: Ermanno Wolf-Ferrari, *Il campiello* ▼. / Gorni Kramer, *Crapa pelada* ▲.
1937: Il Duce inaugura Cinecittà. L'Italia si ritira dalla Società delle Nazioni. / Cesare Zavattini, *I poveri sono matti* ■. / C. A. Bixio, *Vivere* ▲.
1938: Bracchi-D'Anzi, *Ma le gambe* ▲. / Mendes-Mascheroni, *Fiorin fiorello* ▲.
1939: Muore Pio XI, gli succede papa Pacelli. / Consiglio-Panzeri, *Maramao, perché sei morto?* ▲
1940: L'Italia dichiara guerra a Gran Bretagna e Francia (giugno). Inizia la campagna di Grecia (ottobre), secondo i dettami di Mussolini che invitava a «spezzare le reni alla Grecia». [«E noi dovremmo spezzare le reni alla Grecia con questi quattro deficienti qua?»: Diego Abatantuono in *Mediterraneo*, 1991]. / Dino Buzzati, *Il deserto dei Tartari* ■. / Giovanni Mosca, *Ricordi di scuola* ■. / Rastelli-Panzeri-Kramer, *Pippo non lo sa* ▲. / Morbelli-Astore, *Ba... ba... baciami piccina* ▲.
1941: Alberto Moravia, *La mascherata* ■. / Cioffi-Pisano, *Ciccio Formaggio* ▲.
1942: Dino Buzzati, *I sette messaggeri* ■. / Giovanni Guareschi, *Il destino si chiama Clotilde* ■. / Michele Galdieri, *Volumineide* ▲.
1943: 25 luglio: sfiduciato dal Gran Consiglio, Mussolini viene arrestato. [«In un caldo giorno di luglio cadde Mussolini, e io caddi con lui: da un momento all'altro 40 milioni di italiani si accorsero con orgoglio di essere sempre stati antifascisti»: l'attrice di regime Agostina Belli in *Telefoni bianchi*, 1975]. / 8 settembre: viene annunciato l'armistizio. [«Signor colonnello! Accade una cosa incredibile: i tedeschi si sono alleati con gli americani!»: la confusione del tenente Alberto Sordi al telefono con il suo colonnello l'8 settembre 1943, in *Tutti a casa*, 1960]. / Cesare Zavattini, *Totò il buono* ■. / Galdieri-D'Anzi, *Ma l'amore no* ▲. / Rastelli-Panzeri-Ravasini, *Il tamburo della Banda d'Affori* ▲.
1944: Roma viene liberata dagli Alleati. / Cutolo-Cioffi, *Dove sta Zazà* ▲. / Michele Galdieri, *Che ti sei messo in testa?* ▲
1945: Uccisione di Mussolini e fine della seconda guerra mondiale. [«Senti, dimmi una cosa. Era tanto che te lo volevo domandare: noi questa guerra l'abbiamo persa o l'abbiamo vinta?» «Aspetta. Adesso vedemo» *(tira fuori di tasca una monetina e la lancia in aria per far testa o croce)*: Erminio Macario e Nando Bruno in *Come persi la guerra*, 1947]. / Garinei-Giovannini-Mattoli, *Soffia sò* ▼. / Eduardo De Filippo, *Napoli milionaria* ● («Ha da passà 'a nuttata»).

1945-1958: Riso alla paesana.
Dal neorealismo al neorealismo rosa

1. Una modesta indigestione di realtà

Gli ultimi anni di guerra avevano messo in ginocchio, insieme all'Italia, anche il cinema italiano e le sue strutture produttive: Cinecittà veniva ormai usata come campo profughi, gli stabilimenti di Tirrenia come depositi dell'esercito americano. Tuttavia, quando nel 1945 scoppiò il dopoguerra, circa 5000 sale cinematografiche erano rimaste in piedi e adesso dovevano fare il pieno di film. Anche per questo gli uomini di cinema compromessi con il regime fascista, cioè quasi tutti, vennero amnistiati o al massimo sospesi dall'attività per qualche mese: in Italia, come si vedrà anche da vari film comici dell'epoca, gli uomini sopravvivono a tutti i regimi, in fondo basta soltanto cambiare bandiera.

A causa soprattutto della scarsità di mezzi e dell'impossibilità di usufruire degli studi occupati, il fenomeno qualitativamente più rilevante del cinema italiano di quegli anni è il neorealismo, che sarebbe bello pensare – e che qualcuno ingenuamente pensò – come un movimento, anzi un sommovimento di popolo. In realtà il neorealismo, al pari dell'unità d'Italia, fu una rivoluzione a metà, fatta per il popolo da un'*élite* di barbuti e barbosi aristocratici. Il popolo-destinatario, che non era andato in brodo di giuggiole per il Risorgimento, ci andò meno ancora per i film dei vari De Sica, Rossellini, Visconti. Fu una certa critica, che a quel tempo era la critica *tout court*, a santificarli d'ufficio, a farne dei rivoluzionari in divisa e abito da sera. Parve addirittura, per un lungo periodo, che un film che avesse interpreti professionisti, che non fosse girato per le strade di Roma e in cui non ci fosse almeno un personaggio fucilato dai nazisti, dovesse essere per forza un cattivo film. Eppure il pubblico non seguì più di tanto le opere della nuova scuola. L'unico film neorealista in senso stretto che abbia riscosso un grande successo è *Roma città aperta*, ma anche per due ragioni molto particolari: i protagonisti erano Aldo Fabrizi e Anna Magnani, vale a dire due attori identificati dal pubblico come attori comici; e alcune scene avevano comunque toni di commedia: basta vedere la padellata rifilata da Fabrizi all'anziano malato che non ne vuol sapere di fingersi morto. La controprova è il totale insuccesso commerciale dei film neorealisti più radicali e disperati, *La terra trema* e *Germania anno zero*.

A dire il vero nei primissimi anni del dopoguerra nemmeno le commedie fecero sfracelli ai botteghini. Dopo quel che era successo all'Italia e al mondo non era tanto facile, anzi era perfino imbarazzante ridere con certe storielle in stile telefoni bianchi che ancora si tentavano come se non fosse accaduto nulla, come se la linea non fosse caduta per sempre (alla fine del 1945 si registra ancora un *Pronto, chi parla?* firmato Bragaglia); e poi il legittimo bisogno di commedia era soddisfatto dai film americani degli anni precedenti che erano stati sdoganati con lo sbarco degli Alleati e adesso arrivavano tutti assieme in lieta brigata. Così, per un paio di stagioni, gli italiani campioni d'incasso furono soprattutto film d'opera e *feuilleton*.

Tuttavia vanno tenute in conto, anche se quantitativamente poco significative (una quindicina di titoli), alcune commedie che parteciparono in qualche modo all'esperienza neorealista, primo rudimentale tentativo di tradurla in spettacolo e divulgarla presso il grande pubblico. La breve lista si inaugura fra il 1945 e il 1946 con due film di uno dei registi più disponibili e prolifici dell'era fascista, Gennaro Righelli: *Abbasso la miseria!* e, speculare nel titolo e nei contenuti, *Abbasso la ricchezza!*. Erano gli anni in cui fin dai titoli si mettevano a confronto le due epoche, il «prima» e il «dopo» (vedi anche *Anni difficili* e *Anni facili*), con la constatazione di fondo che le cose non erano poi tanto cambiate. Per quanto di mediocre fattura, o forse proprio per questo, i due film di Righelli respirano l'atmosfera portata nel cinema da *Roma città aperta*: per le scenografie a base di macerie e case diroccate, come quinte teatrali vuote, per l'incrociarsi di svariati dialetti nella colonna sonora, per la presenza sanguigna e plebea di Anna Magnani, per il rilievo dato al tema più scottante dell'epoca, quello della borsa nera. Molto più riuscito e molto meno visto un altro film del 1946 ispirato a Rossellini fin dal titolo, *Roma città libera* di Marcello Pagliero, sulla notte brava di alcuni personaggi e di una collana di perle nella capitale appena liberata: tentativo praticamente senza seguito di fare della commedia alla René Clair su sfondi alla Rossellini. Anna Magnani la fa di nuovo da padrona, o per meglio dire da popolana, in un film del 1947 di Luigi Zampa, *L'onorevole Angelina*: dove ha nuovamente a che fare con la borsa nera, questa volta nei panni borgatari e donchisciotteschi di una capopopolo improvvisata, una specie di *squatter* ante litteram, occupatrice di case, paladina della povera gente che in questa Italia rinnovata e stradaiola fa un po' di chiasso in più ma viene ascoltata quanto prima, cioè niente.

La Roma tutta strade, borgate e povericristi è protagonista fin dal titolo anche di una commedia del 1948 di Renato Castellani, *Sotto il sole di Roma*, ambientata negli anni dell'occupazione nazista e interpretata da attori non professionisti (con l'eccezione di un giovane proveniente dal varietà e qui al suo primo ruolo comico di un certo spicco: Alberto Sordi). Castellani vi svolge in punta di macchina, ma con sorridente partecipazione, il proprio tema preferito: la giovinezza, con la sua corte di giostre d'amore e piccole ombre premonitrici. Aveva già diretto nel 1946 *Mio figlio professore*, una commedia scolastica dei tempi nuovi (non più minigonne esuberanti e cotte prematrimoniali, ma irriconoscenza e ingiustizie); e dirigerà nel 1949 il cinico e al tempo stesso lieve *È primavera*, ispirato a una vicenda che sembrerebbe da telefoni bianchi ungheresi e che invece era realmente accaduta in Italia: il caso di bigamia di un soldatino toscano due volte sposo, a Catania e a Milano.

Curiosamente, una storia di bigamia perlomeno apparente attraversa anche *Due mogli sono troppe* (1951), una delle poche commedie postbelliche di Camerini. Ma questa volta, trattandosi di coproduzione italo-inglese, il protagonista è un ex sergente britannico, di passaggio dopo alcuni anni nel paesello toscano in cui era entrato come liberatore. Quello dei militari angloamericani, invasori-liberatori, e dei loro rapporti con la popolazione indigena, era del resto l'argomento di due commedie di Zampa considerate ai loro tempi molto più neorealiste di quanto non fossero: *Un americano in vacanza* (1946), dove situazioni e orizzonti da tardi telefoni bianchi sono applicati a due soldati americani in licenza d'amore fra le rovine di Roma moderna; e soprattutto *Vivere in pace* (1947), dove altri due soldati americani si rifugiano nella fattoria del buon Fabrizi e si dedicano a bucoliche bisbocce. Quest'ultimo film ebbe un grande successo di critica all'estero, proclamato fra l'altro miglior film dell'anno dai critici newyorchesi; ma si tratta d'un bozzetto di vita paesana in cui il mito della sanità agreste è ancora quello di certe opere fasciste da battaglia del grano. Una cappa di retorica e sentimentalismo impedisce di raggiungere almeno la freschezza artificiale di certe commediole del futuro neorealismo rosa; e chi cerchi nel film qualche *zampata* satirica nei confronti del fascismo, vi troverà invece un'esaltazione incondizionata dei buoni sentimenti dell'uomo di campagna, specie se italiano, secondo le generalizzazioni del nuovo patto sociale: tutti buoni e coraggiosi, tranne qualche tedesco più ottuso degli altri, e allora non si capisce perché ci sia stata la guerra e, più che altro, perché ci sia stata la liberazione. Il clima di «volemose bene» generale, dettato da un mal riposto ottimismo della volontà, ritorna anche in uno scombiccherato film-pasticcio che tratta i problemi dei rapporti fra italiani e alleati da un altro punto di vista e dall'altra parte dell'Oceano: *Natale al Campo 119* di Pietro Francisci (1947), ambientato in un campo di prigionieri italiani della California dove i reclusi pensano la patria lontana in forma di tortellini, Frascati e canzonette.

A distanza di molti anni, e dopo aver visto dove ci ha portati tanto ottimismo, sembra che l'Italia e gli italiani del primo dopoguerra si rispecchino meglio nelle amarezze vagamente qualunquiste della «trilogia dell'uomo della strada», tre film di Carlo Borghesio interpretati da Macario: *Come persi la guerra* (1947), *L'eroe della strada* (1948), *Come scopersi l'America* (1950). Specialmente il primo fu un grandissimo successo di pubblico, campione d'incassi della delicata stagione 1947-1948; e non era poi così accomodante se è vero che provocò comunque un'interrogazione parlamentare. In tutti e tre i film Macario, deposte per sempre le armi del nonsenso, impersona con infinito e un po' malinconico buonsenso il povero soldatino di tutte le guerre, il travet della vita e della storia in cui si insinua poco per volta il sospetto che con la fine del fascismo le cose non siano cambiate di molto e i poveri restino sempre poveri, i ricchi ricchi, i vincenti vincitori, i perdenti sconfitti («Aspetta che finisce la guerra. L'hanno voluta? Se la sbrighino fra di loro: chi rompe paga.» «Sì, ma i cocci sono nostri!»: Nando Bruno e Macario alla fine di *Come persi la guerra*). I temi sono quelli delle altre commedie di atmosfera neorealista, dalla borsa nera ai difficili rapporti con gli americani, e in più un'amarezza risentita che non c'era in quei film del neo-consenso. Peccato però che la faccia di Macario, bonaria e di gomma, un po' alla Harry Langdon, renda tutto più astratto. I problemi sociali in un certo senso vi scivolano via, non riescono a soffermarsi su quel viso rotondo e infantile: avranno bisogno, per fissarsi, delle fisionomie irregolari e meridionali di un Totò o di un Sordi.

La scoperta dell'America – quella di Macario – è del 1950, anno in cui anche il neorealismo serio e ufficiale comincia a mostrare la corda. E come già negli anni '30, come sempre in tempi di crisi del realismo, non resta che imboccare la strada del surreale. In Italia essa fu appannaggio quasi esclusivo di Cesare Zavattini, che infatti nel 1950 scrive per Zampa *È più facile che un cammello...*, dove il ricco Jean Gabin, del tutto fuori parte, ottiene una proroga di qualche ora alla propria morte per cercar di compiere almeno una buona azione: quella che nel 1935 valeva un milione e adesso, in barba all'inflazione, addirittura l'eternità. È simpaticamente insolito anche il soggetto che Zavattini offre nel 1952 alle qualità registiche non eccelse di Gianni Franciolini: *Buongiorno, elefante!*, dove il maestro elementare De Sica è alle prese con un elefantino in carne, ossa e proboscide. Ma il capolavoro comico-fantastico di Zavattini, e uno dei migliori film italiani del dopoguerra, è *Miracolo a Milano*, diretto nel 1951 con mano felicissima da Vittorio De Sica. Con questo soggetto pensato negli anni '30 per Totò tornano in campo i poveri alla Frank Capra, intesi come forza sociale ma anche come entità fisica dal volto e dai volti ben precisi: in lotta con un ricco così cattivo che fa persino tenerezza, alla fine – per trovare giustizia e felicità – dovranno inforcare le loro scope volanti e volarsene via oltre il Duomo di Milano, «verso un regno dove buongiorno vuol dire veramente buongiorno». Qualcuno cercò di capire se avessero scavalcato la Madonnina in direzione nord-est (Russia), il che avrebbe creato qualche serio problema con la censura, o in direzione ovest (America); ma certo è che erano volati via dall'Italia delle promesse non realizzate, delle vane illusioni neorealiste. Purtroppo questo film incantato e incantevole, premiato a Cannes, fu un fiasco ai botteghini: il pubblico italiano accetta il *fantasy* cinematografico solo quando è tranquillizzante, misticheggiante e confezionato negli studi hollywoodiani. Insomma, il surreale doveva essere affidato alle parole, non alle immagini con la loro forza bruta; e soprattutto, non doveva essere sospettabile di comunismo.

2. Totò contro tutto

Il romanzo zavattiniano da cui è tratto *Miracolo a Milano* si intitolava *Totò il buono*. Ma se Totò, a cui era destinato, non lo portò sullo schermo, è perché avrebbe dovuto intitolarsi piuttosto *Totò il cattivo*. Non c'è alcun connotato di bontà nel personaggio di Totò, perlomeno se si guardano i suoi film più liberi e più grandi. Totò è un cattivo. Nel senso buono del termine, naturalmente: quello che ci fa reputare «cattivi» anche Pulcinella, Pasquino, Zorro e altri rivoluzionari più o meno in incognito. Non importa che fosse sostanzialmente un conservatore nella vita; né che si professasse monarchico e si fosse procacciato o acquistato titoli nobiliari per far dimenticare le proprie origini plebee. Egli portò nel teatro e poi nel cinema una comicità violentemente trasgressiva, di opposizione: opposizione al mondo intero, ma soprattutto a quella borghesia che del mondo si considera padrona, anche se ne è soltanto la custode.

Totò era e rimarrà per sempre un anarchico, un oppositore a priori di tutto ciò contro cui ci si può opporre. Basti vedere come mantiene sempre la propria individualità anche nei connotati fisici, anche nel modo di vestire: frac e bombetta in qualunque frangente, nella giungla sexy di *Tototarzan* così come nell'aldilà iperterreno di *Totò all'inferno*. Totò è sempre Totò, non adegua mai se stesso agli altri, non concede mai nulla alla logica degli antagonisti: sono gli altri che devono adeguarsi a lui, al suo mondo, alla sua logica. Una mina vagante, insomma, agli antipodi della civiltà del consenso e del compromesso: l'individuo antico, l'individuo eterno, l'Individuo, contro la società di massa che per adulterare e ingabbiare la vita ha inventato le convenzioni, le regole, e come loro difensori i corrotti «onorevoli», gli obbedienti caporali. Totò contro, dunque. Pazienza se la parola «contro» è presente soltanto in 3 titoli su 97: in realtà quasi non c'è film di Totò in cui la bombetta anarchica non si collochi a priori contro qualcuno o contro qualcosa, non cerchi di mandare per aria, di smantellare pezzo dopo pezzo, la società della noia, delle ingiustizie, delle false certezze. E per smontare quello che molti credono l'unico modo e l'unico mondo possibile Totò comincia sempre dal primo gradino: dalle parole, da quegli appellativi che non hanno più alcun rapporto con la verità (la parola «onorevole» riservata ai politici), da quei nomi propri che sono perlopiù nomi impropri (ma la gente li indossa lo stesso come se fossero una conquista, un titolo onorifico, una verità divina). Senza contare le altre forme di rivolta: gli schiaffi, gli sputi in un occhio, le toccate, i «non mi tocchi!», perfino le distruzioni vere e proprie come quella della casa in *Totò cerca moglie*. Per questo, contrariamente a quanto aveva decretato la critica dell'epoca, i suoi grandi film sono quelli più sconclusionati, sbilenchi, pompieristici, smodati; non le commedie crepuscolari e pseudo-filosofiche come *Yvonne la Nuit* (1949, di Giuseppe Amato) o *Destinazione Piovarolo* (1955, di Domenico Paolella), ma le farse incontinenti dirette con meravigliosa e insostituibile impersonalità dai vari Carlo Ludovico Bragaglia, Steno, Camillo Mastrocinque e, sopra tutti, Mario Mattoli. Fu proprio Mattoli a reinventare cinematograficamente Totò, che dopo la parziale riuscita di *San Giovanni decollato* era di nuovo incappato in filmetti senza sapore e senza valore (*L'allegro fantasma*, 1941, di Amleto Palermi; *Due cuori fra le belve*, 1943, di Giorgio Simonelli). Grazie al suo fiuto infallibile quest'attore che sembrava visceralmente inadatto al cinema interpretò fra il 1947 e il 1960 ben 62 film, di cui 8 nel solo 1950 e 7 nel solo 1954. E almeno una dozzina di essi sono le *slapstick comedies* più folli e divertenti che abbia avuto il cinema italiano.

In questa sorta di enciclopedia comica universale Totò si trova alle prese con varie situazioni, come Charlot che era di volta in volta ballerino, pompiere, pittore, soldato, facchino, boxeur, apprendista, garzone di caffè, pazzo per amore, eccetera; e ogni volta fa tutto quello che è materialmente possibile fare e soprattutto disfare per quanto riguarda quel ruolo e quella situazione, sviscerandone tutte le potenzialità comiche, portando la situazione di partenza fino alle estreme conseguenze logiche e illogiche. Questi film nascevano in quattro e quattr'otto, su copioni buttati giù in fretta e furia; ma non bisogna dimenticare che a buttarli giù era pur sempre gente come Age & Scarpelli, Sergio Amidei, Vitaliano Brancati, Alessandro Continenza, Ennio De Concini, Ennio Flaiano, Ruggero Maccari, Marcello Marchesi, Vittorio Metz, Ettore Scola, Rodolfo Sonego, Steno, oltre ai registi che li diressero. E anche Totò e le sue spalle, a cominciare dall'impagabile Mario Castellani, vi portavano il loro contributo personale con gag e battute improvvisate durante la lavorazione senza troppo badare ai posteri e al copyright (a cui si interessano solo gli eredi materiali dei grandi, che sono quasi sempre uomini piccoli).

A inaugurare la grande stagione di Totò al cinema è *I due orfanelli* (1947) di Mario Mattoli, libera parodia al maschile del celebre romanzo d'appendice e degli infiniti film che ne erano stati tratti. Sbaglierebbe tuttavia chi volesse cercarvi la parodia filologica di una sola opera o di un solo genere: preso per buono lo spunto di partenza, la parodia si estende a macchia d'olio a tutto l'universo, alla vita, alla storia, perfino all'attualità. In una sequenza che è un piccolo film nel film Totò impersona un Napoleone vagamente mussoliniano, che ricorda il Nerone di Petrolini; così come il siparietto finale ha una cattiveria amara da futura commedia all'italiana e anticipa con scetticismo popolaresco tanta storia dell'Italia a venire, con i ladri che non vanno in galera, anzi («Quello è un furbo, e la vita è fatta per i furbi: probabilmente diventerà ministro»). Anche per questo il film piacque molto al pubblico: quello di Totò era un surreale con i piedi per terra.

Così il successivo *Fifa e arena* (1948), sempre di Mattoli, è ambientato per buona parte in una Spagna da zarzuela, ma c'è un club di torere denominato «Montecitoros» dove le discussioni finiscono sempre in rissa; e *Totò al Giro d'Italia*, stesso anno e stesso regista, abbina l'eterno mito di Faust allo sport più in voga dell'epoca, con la partecipazione quasi documentaria di alcuni famosi ciclisti nella parte di se stessi. Dal 1949 riprende anche la collaborazione con Bragaglia, e i meccanismi comici si perfezionano, il surreale coi piedi per terra rompe gli argini e non si pone più limiti. *Totò le Mokò*, irresistibile parodia del mitico *Il bandito della Casbah* (*Pépé le Moko*, 1936) di Duvivier, è costruito ai limiti del virtuosismo sulla confusione verbale fra banda (di gangster) e banda (musicale). *Totò cerca moglie* (1950) è un monumento all'equivoco come le migliori commedie di Feydeau e si chiude con una trovata di metacinema che anticipa il finale di *Mezzogiorno e mezzo di fuoco (Blazing Saddless*, 1974) di Mel Brooks: Totò e la moglie si rifugiano nell'atrio di un cinema, scorgono un cartellone del film in cui si trovano ed entrano in sala per vedere come andrà a finire. Nello stesso anno *Figaro qua, Figaro là* è, più che una parodia, una versione riveduta e scorretta del *Barbiere* rossiniano e racchiude un omaggio degli autori alle proprie origini più autentiche, con Totò che indossa i panni di Pulcinella (così come nel tridimensionale *Il più comico spettacolo del mondo* di Mattoli, 1953, indosserà quelli di clown). Dopo la buona riuscita e gli ottimi incassi di *Totò le Mokò* l'Africa torna a essere terra di conquista di Totò in due film di Mattoli del 1950: lo spassoso *Totò sceicco*, alla fine del quale Totò finisce nella mitica Atlantide e s'imbatte nel Gatto Atlantico; e *Tototarzan*, dove l'uomo marionetta si incrocia con l'uomo scimmia, tappa inevitabile nel campionario di situazioni possibili: molto divertente soprattutto la prima parte del film, in cui si raccontano i molteplici tentativi di integrare il buon, anzi il cattivo selvaggio nella cosiddetta civiltà.

In questi stessi anni Totò, che ha ormai completamente abbandonato il teatro per il cinema, lo recupera in qualche modo in una serie di farse cinematografiche tratte abbastanza fedelmente da farse teatrali: *47 morto che parla* di Bragaglia (1950), da una commedia di Petrolini; e quattro film da commedie di Eduardo Scarpetta, uno realizzato nel 1951 da Metz e Marchesi (*Sette ore di guai*), gli altri diretti con grandissima vivacità dal solito Mattoli: *Un turco napoletano* (1953), *Il medico dei pazzi* (1954) e *Miseria e nobiltà* (1954). Se il film petroliniano guarda all'*Avaro* di Molière, con il comico napoletano in un ruolo insolitamente gelido e negativo da Ebenezer Scrooge, la trilogia di Mattoli costituisce una delle vette comiche dell'arte di Totò. È vero che il suo personaggio, a contatto con testi teatrali preesistenti, dai meccanismi delicati e quasi perfetti, appare leggermente imborghesito e compie delle rivoluzioni storicamente e geograficamente più limitate (il bersaglio è la società piccolo-borghese e piccolo-aristocratica della Napoli *fin de siècle*). Ma i temi della fame e del sesso, resi un po' astratti dallo spettro della censura democristiana nei film d'ambientazione italo-contemporanea, emergono qui con una verità fisiologica da commedia dell'arte (si pensi alla sequenza dell'harem da spiaggia in *Un turco napoletano* e a quella proverbiale della spaghettata selvaggia in *Miseria e nobiltà*); e la fotografia in Ferraniacolor, con i suoi colori kitsch, sfrontati, vagamente tridimensionali, contribuisce a creare delle stampe d'epoca dall'evidenza insieme aristocratica e plebea.

Tuttavia il culmine comico dell'arte di Totò e il suo manifesto involontario ma lampante sono due film degli anni '50 non desunti da testi teatrali veri e propri, ma attribuibili fin dal soggetto allo stesso Totò: *Totò a colori* (1952) di Steno, che è tratto da una serie di sketch di avanspettacolo e di rivista di Totò; e *Totò all'inferno* (1955, di Camillo Mastrocinque), su un soggetto scritto appositamente per il cinema dal comico napoletano. *Totò a colori*, giudicato poco meno che un'infamia dai critici dell'epoca, è diventato uno dei pochi *cult-movies* del cinema italiano, ove si intenda per *cult-movie* un film che non pretendeva in partenza di essere un capolavoro ma lo diverrà suo malgrado. In questo caso il futuro *cult-movie* è anche un'antologia che raccoglie il meglio del teatro di Totò e lo trasferisce in un film che nella sua apparente sgangheratezza è comunque cinema a tutti gli effetti, e non semplice teatro filmato. Del resto si tratta del primo lungometraggio italiano interamente a colori: i colori sovraccarichi e ingenui della Ferrania, che richiedevano luci di scena così forti da costringere gli attori a mettersi una borsa di ghiaccio sotto la parrucca per non andare a fuoco. Celebri e proverbiali alcune sequenze, che da questa antologia mascherata passeranno pari pari alle future antologie dichiarate: la parodia degli esistenzialisti di Capri, il Pinocchio disarticolato, Totò direttore d'orchestra e di fuochi d'artificio, e soprattutto l'aggressione all'onorevole in wagon-lit, che è un po' la summa dell'arte comica di Totò, una serie di acrobazie nel vuoto, di variazioni su un tema quasi inesistente, che portano alla distruzione non solo della parola ma del concetto stesso di «onorevole».

Uguale carattere di autocelebrazione, di testamento artistico anticipato, ha *Totò all'inferno*, il primo degli 11 film di Totò diretti da Camillo Mastrocinque. Laureato in architettura, scenografo in Francia e in Italia fin dai tempi del muto, autore di film non disdicevoli in epoca fascista, Mastrocinque – che spesso si firmava con orgogliosa modestia Mastro5 – fu uno dei più abili direttori di attori e film comici, ed è un'ingiustizia o un supremo vezzo ironico del destino il fatto che non abbia ricevuto nemmeno gli onori postumi tributati per esempio a Mattoli. *Totò all'inferno* è un'esplosione di pura follia surreale, un vangelo del totoismo, una di quelle opere che non si limitano a sfruttare il mondo esistente ma ne creano uno loro con le sue regole e le sue leggi. Tutto, qui, la vita, la morte, la cronaca, la storia, il piacere, il dolore, la ragione, la religione, il diavolo, Dio, i sentimenti, il sesso, le angosce, le cosce, gli uomini, i caporali, tutto è unificato nell'universo di Totò e ha dunque una sua logica, una sua coerenza, una sua necessità. Totò scende all'inferno come Dante, come Maciste, medita di aprirvi una bottega di pizzaiuolo, scopre di essere stato Marc'Antonio e di avere amato Cleopatra in un'altra vita, s'inventa con lei una sorta di esperanto latineggiante, diventa il rivale in amore di Satana, incontra Elena di Troia equivocando su nome e provenienza come facevano prima o poi tutti gli attori d'avanspettacolo, si getta a corpo morto nel Girone delle Lussuriose, scopre un buco nero che collega il mondo del colore a quello del bianco e nero, l'inferno dei morti a quello dei vivi. Quest'ultimo è un cabaret esistenzialista alla Jean-Paul Sartre, Totò vi sbeffeggia l'intellighènzia senza intelligenza, butta giù trentaquattro denti a un antenato dei punk, si veste da contrabbasso, induce i trucidi a cantare in coro *Malafemmena*, poi viene ricondotto agli Inferi attraverso un tunnel autostradale, per un processo infernale che anticipa il Giudizio Universale e in cui verrà trattato come un futuro Fracchia o Fantozzi. Alla fine si convince che tutto questo è materiale buono per un film, ma i suoi compari gli dicono che il film è già stato fatto, che lui ci si trova dentro fino al collo, che anzi sta per finire, che è finito. Il genio si confonde con la sciatteria, il cattivo gusto diventa una riflessione filosofica su se stesso, i colori sono i più belli ed estremi degli anni '50, le pareti del cabaret esistenzialista anticipano senza saperlo l'arte povera di dieci anni dopo, i diavoli sembrano quelli dei viaggi nell'impossibile di Méliès, l'inferno è dipinto come una copertina della «Domenica del Corriere» o una *Silly Symphony* di Walt Disney. E l'opposizione di Totò a tutto, a tutti, è più evidente che mai, specie nel Regno dei Morti dove si dovrebbe essere tutti uguali: tutto di bianco vestito contro quel rosso infuocato, furioso, infinito. Non per niente, al Giudice Infernale, Totò fa l'unica autentica dichiarazione di poetica (naturalmente involontaria) della sua carriera, molto più pregnante dei filosofemi piccolo-borghesi di *Siamo uomini o caporali?*: «Vostro Onore, mi oppongo: mi oppongo a tutto, a priori».

3. *Luci e ombre del varietà (Il carrozzone dei comici)*

Visto il successo che dalla fine degli anni '40 arride ai film di Totò, il cinema italiano recluta per gli anni '50 anche altri comici provenienti dal varietà e dintorni. Il fascismo li aveva usati a piccole dosi, sempre un po' timoroso della loro sfrontatezza. Adesso vengono perlomeno sdoganati, anche se saranno controllati a vista dalla censura democristiana. Innanzitutto cominciano a venire filmati gli spettacoli teatrali nudi e crudi, come aveva già fatto Blasetti con Petrolini, in film che appartengono più alla storia del teatro che alla storia del cinema: una serie di numeri staccati ripresi dalla macchina da presa come se la macchina da presa non ci fosse; e quanto alla scaletta, va benissimo quella del varietà classico: canzoni, scenette, cosce e qualche numero d'arte varia. A inaugurare la moda e dettare le modalità è l'immancabile Mattoli con il suo *I pompieri di Viggiù* (1949), dove peraltro la parte del leone la fa ancora Totò. Seguono a ruota *Maracatumba, ma non è una rumba* (1949, di Edmondo Lozzi),

55

Botta e risposta (1950, di Mario Soldati), *La bisarca* (1950, di Giorgio C. Simonelli), *Café chantant* (1953, di Camillo Mastrocinque), *Viva la rivista!* (1953, di Enzo Trapani), *Gran varietà* (1954, di Domenico Paolella) e pochi altri; dopodiché il genere troverà lo sbocco più comodo e più logico nei sabati sera televisivi e nei film di spogliarelli alla *Europa di notte* (1959, di Alessandro Blasetti). Anche nei brevi anni d'oro questa forma di teatro filmato, di pre-televisione, non ebbe un grande successo di pubblico: i lazzi dei comici e le gambe delle ballerine hanno ben altro sapore dal vivo.

Funzionarono meglio, nei primi anni '50, i film dove i singoli comici, pur partendo da situazioni e personaggi messi a punto in teatro, venivano inseriti in un vero contesto cinematografico, con tanto di storie, comprimari, avventure e disavventure, ragazze, amori, lieto fine. Il buon Macario, dopo la trilogia satirica dell'uomo qualunque, preferì rifugiarsi in situazioni più prudenti, magari scopiazzando da lontano Charlot (come nell'esile *Il monello della strada* di Borghesio, ispirato a *Il monello, The Kid*, 1921, di Chaplin); ma ebbe lo stesso i suoi guai con la censura a causa del grazioso *Adamo ed Eva* di Mario Mattoli (1949): più per il titolo e per l'argomento in sé che per il modo non certo rivoluzionario in cui era stato trattato. Aldo Fabrizi, lanciato nel cinema da un film tranviario, finì fatalmente coinvolto in altre vicende di rotaie: ferroviere internazionale in *Signori, in carrozza!* (1951, di Luigi Zampa), tranviere romano in *Hanno rubato un tram* (1954, dello stesso Fabrizi). Ma era stato anche un prete campione d'incasso in *Roma città aperta*, e infatti eccolo reindossare abiti talari nel suo *Benvenuto, reverendo!* (1949). Diresse, oltre a questi, altri film tipicamente anni '50, fra cui la divertentissima trilogia inaugurata da *La famiglia Passaguai* (1951) e conclusa da *La famiglia Passaguai fa fortuna* e *Papà diventa mamma* (1952): uno dei vertici comici dell'epoca. Anche nei numerosi e spassosi film in coppia con Peppino De Filippo e poi con Totò, il suo personaggio resterà sempre uguale: il brav'uomo a cui tutti si son messi in testa di angustiare la vita, cominciando magari col pestargli i piedi o col fargli gratta-gratta sulla pancia.

Vittima designata, per via anche delle dimensioni fisiche tascabili, è pure Renato Rascel, ma soprattutto nei suoi film più impegnati e crepuscolari, su cui torneremo. In quelli più leggeri il suo personaggino è sormontato fisicamente da questo mondaccio di colossi veri e di palloni gonfiati, ma a ben guardare non si fa metter sotto da nessuno, ha quasi sempre lui l'ultima parola e l'ultima stoccata. In *Amor non ho! Però, però...* (1951) raggiunge momenti di gentilezza stralunata, quasi poetica; in *Napoleone* (1952, di Carlo Borghesio) amplifica per il grande schermo una delle sue più fortunate macchiette teatrali; in *L'eroe sono io* (1952, di Carlo Ludovico Bragaglia) è un finto eroe di fotoromanzi a pochi mesi da *Lo sceicco bianco* di Fellini. Poi, come a tutti i comici di allora, gli capita di finire un po' dappertutto: nelle Americhe (*Io sono il Capataz*, 1950, di Giorgio Simonelli; *Il bandolero stanco*, 1952, di Fernando Cerchio), fra i gangster (*Rascel-fifì*, 1956, di Guido Leoni), fra i vampiri (*Tempi duri per i vampiri*, 1959, di Steno), e perfino a combattere nel Pacifico (*Rascel marine*, 1958, di Guido Leoni). Più inconsueti nel panorama comico italiano i tentativi di portare sullo schermo i primi musical all'americana di Garinei e Giovannini: Broadway e Hollywood restano assai lontane per mezzi, orizzonti e scalinate, ma *Attanasio cavallo vanesio* (1953) e *Alvaro piuttosto corsaro* (1954), di Camillo Mastrocinque, e *Come te movi, te fulmino!* (1958), di Mario Mattoli, sono film vivaci, colorati, mediterranei, ricchi di battute divertenti che ne fanno più dei musical comici che delle commedie musicali.

Ben diverso il personaggio portato sullo schermo da Walter Chiari, attore per molti versi controcorrente e perfino contronatura nell'universo comico italiano: non meridionale, non brutto, anzi decisamente prestante nel suo atletismo alla Douglas Fairbanks, e per di più instancabile parlatore, monologatore, un po' il papà di tutti i comici di cabaret. La sua traduzione in cinema era piuttosto difficile, e risultò goffa in film come *Arrivano i nostri* (1951, di Mario Mattoli), *Era lui... sì! sì!* (1951, di Vittorio Metz e Marcello Marchesi), *Era lei che lo voleva* (1953, di Marino Girolami). Ma *L'inafferrabile 12* di Mattoli (1950), sul neonato mito del Totocalcio, è una parodia dei melodrammoni popolari abbastanza azzeccata e divertente, con tutto che fosse stata prodotta dalla famiglia Agnelli per far pubblicità alla propria squadra del cuore e del portafoglio, la Juventus. E di un certo rilievo comico e formale sono anche le tre commedie dirette per Chiari da Mario Soldati fra il 1951 e il 1952: *È l'amor che mi rovina*, *Il sogno di Zorro*, e soprattutto *O.K. Nerone*, che accomuna in una satira a ritmo di swing la Roma antica, la Roma moderna e i suoi recenti conquistatori, gli americani. Senza contare *Cinema d'altri tempi* di Steno (1953), delicata e gustosissima rievocazione comico-patetica dei primordi del cinema, una sorta di *Il silenzio è d'oro* (*Le Silence est d'or*, 1947, di René Clair), di *Vecchia America* (*Nickelodeon*, 1976, di Peter Bogdanovich) all'italiana. Resta tuttavia l'impressione che

Walter Chiari non sia stato sfruttato al meglio dal cinema: forse per i suoi occhi piccoli e poco cinematografici, forse per la sua voce roca e un po' strascicata (nei primi tempi veniva addirittura doppiato), forse perché gli furono spesso affibbiati personaggi spavaldi e caciaroni quando gli riuscivano assai meglio – lo dimostrerà negli anni '60 – quelli di perdente nato, di timido sognatore. Una scarsa fortuna cinematografica arrise anche ad altri comici settentrionali: come il milanese doc Tino Scotti, un po' troppo «bauscia» ed esuberante nei film costruiti su misura per lui (*È arrivato il cavaliere!*, 1950, di Steno; *Milano miliardaria*, 1951, di Marchesi e Metz; *Fermi tutti, arrivo io!*, 1953, di Sergio Grieco); o come il ligure Carlo Dapporto, che faceva un po' troppo il parigino e non seppe mai staccarsi nel cinema dai suoi personaggi di teatro. Perfino il futuro Premio Nobel Dario Fo naufragò al primo tentativo: *Lo svitato* di Carlo Lizzani (1955), che voleva rifarsi, ma non ci riuscì, alle comiche del muto. E Ugo Tognazzi, futuro astro della commedia, ebbe molte difficoltà e poche occasioni all'inizio di carriera: dei suoi primi film da protagonista si salva solo *Una bruna indiavolata* (1951) di Bragaglia, commedia a inseguimenti molto vivace costruita su misura e su misure per la maggiorata Silvana Pampanini.

Per la Pampanini e per la più brava e cinematograficamente meno fortunata Delia Scala fu costruita anche una delle commedie più ariose dell'epoca, *Bellezze in bicicletta* di Carlo Campogalliani (1951), che testimonia con il suo successo di pubblico un'altra formula vincente di quegli anni: i film di attrici, o di canzoni, con partecipazioni speciali di comici maschi (c'era molto spesso, come in questo caso, l'impareggiabile Peppino De Filippo, su cui torneremo fra poco). Nel film di Campogalliani le due protagoniste sgambettano per mezza Italia, oltre che per mostrare le gambe, per raggiungere la compagnia di varietà di Totò, qui impersonato dal sosia Dino Valdi. Il cerchio si chiude. Attraverso il cinema, il teatro dei comici celebra se stesso, ignorando che il peana è in realtà un epicedio. Sono gli anni dei film sul varietà, che vorrebbero cantarne le luci e invece ne evidenziano le ombre, lasciandoci la sensazione che questo teatro dell'allegria fosse tutto sommato piuttosto triste: *Vita da cani* (1949) di Steno e Monicelli; *Ci troviamo in galleria* (1953), film d'esordio di Mauro Bolognini; *Luci del varietà* (1950), film d'esordio di Federico Fellini. Opere d'incerta classificazione, che di commedia hanno gli interpreti, le situazioni di partenza, ma non più l'atmosfera, le situazioni di arrivo. Proprio nel 1952, del resto, un omaggio cinematografico all'antenata del varietà, la commedia dell'arte, arrivò via Perù con un film franco-italiano diretto da uno dei padri nobili del cinema, Jean Renoir, e interpretato dall'attrice simbolo prima del teatro leggero e poi del cinema impegnato, Anna Magnani. Il film si intitolava *La carrozza d'oro*, la carrozza era anche il carrozzone dei comici, che è d'oro per chi se n'è lasciato trasportare almeno una volta e che verrà però abbandonato, di lì a poco, in cambio di motoscooter, automobili, torpedoni turistici.

4. *La coppia più comica del mondo*

A metà anni '50, e dopo film in un certo senso già riassuntivi come *Totò a colori* e *Totò all'inferno*, il comico italiano numero uno sembra in lieve declino. Negli stessi anni delle *slapstick comedies* più folli e incontenibili si registrano film un po' stanchi, commendatoriali, specie quelli tratti da opere teatrali semiserie: come *L'uomo, la bestia e la virtù* (1953, di Steno), da Pirandello, dove l'unico fatto di rilievo è l'improbabile presenza di Orson Welles al fianco di Totò; o come i plumbei *Totò cerca pace* (1954, di Mario Mattoli) e *Il coraggio* (1955, di Domenico Paolella). Anche il proverbiale *Siamo uomini o caporali?* (1955, di Camillo Mastrocinque), che pure fu un grande successo commerciale e che Totò considerava il proprio testamento ideologico, non è fra i suoi film migliori: Totò vi fa intenzionalmente della «filosofia» dimenticando – o forse non avendo mai saputo – che lui non ne ha bisogno, che la sua filosofia inconfutabile erano già i personaggini in frac e bombetta che irridevano i politici supponenti e si facevano beffe dei commendatori ben pasciuti.

Inconsciamente conscio del rischio di un'involuzione, Totò corse ai ripari proponendo ai produttori di mettergli accanto un attore in grado di riattizzare il fuoco della sua comicità: e chi meglio di Peppino De Filippo, che Totò conosceva e stimava fin dagli anni '20 e che proveniva come lui dalla scuola della fame e del varietà? Separatosi nel 1945 dal fratello Eduardo, Peppino aveva intrapreso una carriera cinematografica in proprio, intensa e distratta, fatta quasi esclusivamente di partecipazioni straordinarie (di nome e di fatto). Era apparso come *guest star* in una trentina di commedie perlopiù minori, minime, e si può star certi che ogni sua apparizione rappresentava tuttavia un'oasi di sano divertimento, una trasfusione di ritmo a film per il resto piuttosto anemici. Era stato particolarmente divertente in coppia con Aldo Fabrizi in alcune farse non prive però di una certa serietà, di qualche risvolto patetico: come *I due compari* di Carlo Borghesio (1954), dove Peppino era l'elemento perturbatore, travolgente e fisiologico come il miglior Totò. Aveva anche supervisionato e praticamente diretto un film di cui era protagonista assoluto, rispettosamente tratto da una sua commedia e dunque molto teatrale: *Non è vero... ma ci credo!* (1952), sul napoletanissimo tema della superstizione. E nella sua attività di ospite straordinario aveva partecipato, con gli spazi di una spalla ma i tempi comici di un comprimario, a due film di Totò del 1952: lo spiritoso e misogino *Totò e le donne* di Steno e il grigio e melodrammatico *Una di quelle* di Fabrizi.

Fu proprio l'ottima riuscita dei pochi duetti comici di questi due film a convincere Totò e i produttori, e così nacque, per 12 film, quella che sarebbe stata la più grande coppia comica del cinema italiano. Peppino si rammaricò più di una volta del fatto che questi film non venissero adeguatamente preparati; ma a distanza di tempo, proprio in questo sembra consistere la loro forza comica: nel fatto che quasi sempre i duetti dei due grandi comici venivano recitati a soggetto, improvvisati durante le riprese. Totò era l'assurdo incarnato, l'anarchia beffarda; Peppino la logica pacata, il desiderio di concretezza e di tranquillità. E naturalmente l'empito di follia aggressiva dell'uno si incontrava e si scontrava con la citrullaggine calma dell'altro, dando vita alla miscela esplosiva della comicità, una comicità travolgente, fisiologica, cattiva, che con le sue fulminanti azioni e reazioni incrociate è l'esatto contrario della *slow burn*, combustione lenta, di Stanlio e Ollio.

Lo si vede fin da *La banda degli onesti* (1956, di Camillo Mastrocinque), che pure non è una farsa senza rete, ma una commedia misurata e apparentemente tranquilla, anticipatrice di un capolavoro come *I soliti ignoti* nel ritratto di un gruppuscolo di delinquenti all'acqua di rose del tutto incapaci di delinquere e destinati a veder naufragare senza frutti le proprie imprese criminose. Tutte le armi comiche della irresistibile coppia sono già affilate in questo film, con Totò che s'ingegna di danneggiare il compagno in tutti i modi possibili e anche qualcuno impossibile. Ma la loro espressione massima si ha in *Totò, Peppino e la... malafemmina*, dello stesso anno e dello stesso regista, che tra l'altro sarà il più grande successo commerciale della coppia. Se in *La banda degli onesti* Totò e Peppino erano due personaggi di diversa provenienza che finivano in coppia e in società nel corso del film, qui sono subito una cosa sola, inseparabili e complementari come Stanlio e Ollio, e ci fanno dimenticare con la loro carica dirompente gli insopportabili intermezzi sentimentali dei «belli» Teddy Reno e Dorian Gray: mai l'intelligenza ebbe, sia pure mascherata da stupidità, una vittoria così schiacciante sulla bellezza. Memorabili molte sequenze, proverbiale quella in cui i due cafoni trasformano la dettatura di una lettera che è poco più di un biglietto in un'impresa complicatissima, in una fatica da far passare in secondo piano quelle di Ercole.

Sempre nel 1956, e sempre sotto la direzione di Mastrocinque, *Totò, Peppino e i fuorilegge* è un calco del film precedente e contiene parecchie scene divertenti, benché Peppino scompaia dalla circolazione nella seconda parte: i due allegri forsennati hanno comunque il tempo di mettere a ferro e fuoco un locale notturno, che è una delle loro specialità massime. Decisamente più fiacco il successivo *Totò, Peppino e le fanatiche* di Mattoli (1958), forse il film meno divertente della coppia, con tutto che Totò e Peppino vi si esibiscano, in una sequenza, in abiti da clown. Ma siamo di nuovo ai vertici dell'arte comica con *La cambiale* di Mastrocinque (1959), che è a suo modo un film riassuntivo della comicità anni '50 e un ponte di passaggio verso i '60. La struttura è a episodi concatenati, come in tante commedie soprattutto minori dell'epoca; gli attori rappresentano al meglio il passato, il presente e il futuro (ci sono, oltre a Totò e Peppino, Macario, Tieri, Tognazzi e Vianello, Gassman); e questa storia di una cambiale che passa di tasca in tasca per tornare infine al mittente respira già l'aria del boom, sia pure con i polmoni ancora un po' contadini del decennio agli sgoccioli. Nel ruolo di due imbroglioni di vocazione e di professione, Totò e Peppino sono irresistibili nella sequenza finale del processo: le cagnare in tribunale erano frequenti nelle commedie anni '50, ma questa è la madre di tutte le cagnare, oltraggio smisurato alle leggi, all'autorità, alla logica, e dimostrazione definitiva che Totò e Peppino erano comici buoni per tutte le stagioni, non soltanto per la loro.

5. *La commedia di paese (i* Pane e amore*)*

I film neorealisti o presunti tali, commedie comprese, avrebbero dovuto educare il pubblico. Ma il pubblico, passati i primi entusiasmi, non era più andato a vederli: preferiva, pubblico ingrato, i film comici di Totò e compagnia bella, altro che farsi educare. Per salvare in qualche modo il neorealismo occorreva dunque qualcosa di nuovo, cioè qualcosa di vecchio. Ed ecco la formula vincente della commedia italiana anni '50: superare il cinema neorealista dall'interno, mediante la creazione di una narrativa popolare che sommasse gli elementi esteriori del neorealismo (più che altro i panni sporchi, o i panni scarsi quando si trattava di ragazze) ai vecchi elementi della commedia brillante di sempre (equivoci, travestimenti, scambi di persona).

L'operazione di salvataggio del neorealismo, benché ad alcuni fosse sembrata piuttosto un tentativo di affondarlo definitivamente, andò in porto sotto il nome postumo di «neorealismo rosa»: che comprende il filone campagnolo dei «Pane e amore» e quello cittadino dei «Poveri ma belli». La ricetta era semplice: neorealismo più telefoni bianchi, ossia la somma di due ottimismi, quello della volontà e quello della fantasia. Insomma, una commedia brillante *en plein air*, priva di astrazioni e di sofisticazioni, trapiantata nei campi e nei rioni popolari. Certamente in questo neorealismo per tutti c'è molto Strapaese: dominano la macchietta e il bozzetto fini a se stessi; le radici economiche e sociali dei fenomeni non vengono studiate a fondo, anzi non vengono studiate affatto. Tutto ciò che succede, pare succeda per effetto della Natura, dell'Amore e del Caso. La povertà è subita come un dono di Dio, il calcolo non sovrasta mai le leggi del cuore: per qualche attimo le «bersagliere» e le «belle ma povere» possono essere tentate, in via del tutto confidenziale, da matrimoni vantaggiosi e relative scalate sociali, ma subito se ne pentono e scelgono l'amore, mantenendo ben saldo l'ordine sociale, i ricchi coi ricchi, i poveri coi poveri, i giovani coi giovani.

Eppure la pesantezza bucolica dell'arcadia viene evitata, perché in queste campagne senza sudore, in questi rioni senza lavoro e senza voglia di lavorare, non mancano mai l'umorismo e la fantasia, e nei personaggi, così come negli autori, c'è forse ingenuità, ma non c'è malafede. È una commedia di giovani, come saranno quelle degli anni '80; ma qui i giovani sono le forze nuove di un paese nascente, non ancora frustrato da delusioni politiche e sociali: la loro ingenuità è stato naturale, non disimpegno, o riflusso, o cretinismo di riporto. Quanto ai vecchi, ce ne sono molti, ma in forma di macchietta, barbogi gonfi e spelacchiati che finiscono scornati come nelle commedie goldoniane. Le persone di mezza età, protagoniste della futura commedia all'italiana, pare non esistano: dopo il matrimonio, unica mira delle ragazze e desiderio inconfessato anche dei loro partner, ci si chiude nel proprio guscio borghese e la vita perde ogni interesse, perché finiscono i giochi dell'amore, del caso e dell'aria aperta. Soltanto da vecchi, quando si resta vedovi, o scapoli, o si è rinsanguati dall'arteriosclerosi galoppante, si torna a essere protagonisti, sia pure in negativo, di questa vita a piedi nudi, istintiva, breve, tutta esaurita in se stessa.

A dare il «la» alla commedia di paese fu soprattutto, in virtù anche di un Gran Premio al Festival di Cannes 1952, *Due soldi di speranza* di Renato Castellani, storia dell'amore povero e dunque difficile fra un soldatino in congedo e una popolana, nel paesello vesuviano di Cusano – in realtà Boscotrecase, dove il film fu girato. Il contesto è indubbiamente neorealistico: ambienti reali, personaggi ispirati a gente vera, attori non professionisti, dialetto, povertà e panni sporchi. Ma a ben guardare, poi, tutto questo realismo è più apparente che reale: la sceneggiatura fu riscritta da Titina De Filippo in un napoletano molto italianizzato; gli attori si doppiarono o furono doppiati in studio; la timida esordiente Maria Fiore aveva già in tasca, ben prima dell'uscita del film, un contratto per *Bellezze in motoscooter* (1952, di Carlo Campogalliani); e i panni sporchi, più che lavati, vengono levati con abile fiuto commerciale quando il giovane protagonista strappa i vestiti alla fidanzata sulla piazza del paese e le urla «spògliati qua, davanti a tutti quanti!».

L'affabulazione è più evidente e dichiarata in *Pane, amore e fantasia* (1953), il film di Luigi Comencini a cui il pubblico tributò un successo superiore ad ogni previsione. A dire il vero Comencini, che aveva alle spalle opere di tutt'altro genere come *Proibito rubare* (1948) e *La tratta delle bianche* (1952), avrebbe voluto fare un film drammatico sui contrasti fra Nord e Sud. Ma la presenza di Gina Lollobrigida, appena lanciata come «maggiorata» da un episodio del blasettiano *Altri tempi*, portò il film su altri binari; così come quella di Vittorio De Sica, che riprende da qui una rinnovata carriera di attore. Se in *Due soldi di speranza* c'erano comunque attori presi dalla strada e stracci veri, qui ci sono divi di prima grandezza e «stracci sapientemente sdruciti» (Spinazzola), studiati a puntino perché si veda il più possibile il ti vedo e non ti vedo della «Bersagliera». Tuttavia anche da questi idilli campestri emerge un'Italia povera, bombardata, terremotata, scalza. E se i personaggi sono indeboliti dalla facilità delle consolazioni amorose, dallo scetticismo rassegnato della gente del Sud, da una filosofia manzoniana della serena accettazione di ogni sventura, ciò non significa che ignorino totalmente le proprie condizioni, che passino la vita a sognare prìncipi azzurri e paesi di cuccagna. «La povera gente già ce sta all'inferno» ricorda la Lollobrigida al prete che vorrebbe consolarla mettendole paura.

Purtroppo l'idea degenerò subito in filone. Lo stesso Comencini, maestro di commedie suo malgrado, realizzò prontamente un *Pane, amore e gelosia* (1954). Dino Risi vi aggiunse un *Pane, amore e...* (1955), dove Sophia Loren prende il posto della Lollobrigida e i puntini quello della fantasia. Mario Camerini tentò di darne una versione storica con *La bella mugnaia* (1955), che era un rifacimento assai scolorito, con tutto che fosse a colori, del vecchio *Cappello a tre punte*; e l'austero comunista Giuseppe De Santis ne tentò una versione intellettualistica con *Giorni d'amore* (1955). Molto più autentici di questo, nella loro dichiarata falsità, film come *Carmela è una bambola* (1958, di Gianni Puccini) e soprattutto *La nonna Sabella* (1957, di Dino Risi), che prende un personaggio secondario dei *Pane e amore*, la serva con voce baritonale di Tina Pica, e ne fa la protagonista di una farsa divertente, aggraziata, così ben organizzata da raggiungere a tratti l'umanità della commedia.

Ma intanto l'Italia sta cambiando rapidamente, anche più rapidamente del suo cinema. Alla fine della *Nonna Sabella* i protagonisti partono in treno, nonna compresa, alla volta di Roma («A Roma: o Roma o morte!» urla la Pica a mo' di slogan). E in una delle migliori e ultime commedie del filone, *Il medico e lo stregone* di Mario Monicelli (1957), il dottorino di città Marcello Mastroianni ha facilmente la meglio sul guaritore di campagna Vittorio De Sica. L'addio alla commedia paesana arriva con *Un ettaro di cielo*, girato nel 1957 dal critico d'arte e documentarista Aglauco Casadio ma uscito soltanto alla fine del 1958. Mastroianni vi impersona una specie di Mago di Oz, un Dulcamara del ventesimo secolo che vende agli anziani pescatori della Bassa il cloruro contro la bomba atomica e qualche pezzetto di cielo, nel senso letterale del termine. I vecchietti sognano l'aldilà, dove forse la loro vecchiaia e la loro povertà peseranno meno che in queste valli di lacrime e ingiustizie; ma prima di buttarsi serenamente in acqua per raggiungere i possedimenti celesti, si concedono un lauto pranzetto a base di anguille. Lo scarto verso il surreale è ancora una volta sintomatico della fine di un'epoca e di un'utopia: se in *Miracolo a Milano* i poveri affrontavano il cielo con le loro scope magiche, in *Un ettaro di cielo* provano addirittura ad acquistarlo. Tutto sembra confermare qualcosa che già sospettavamo: per i poveri e i vecchi non è aria, da nessuna parte. Se proprio si è poveri, se è davvero inevitabile, non resta che sperare nella bellezza.

6. *La commedia di città (i* Poveri ma belli*)*

Se il neorealismo rosa in senso stretto è un fenomeno essenzialmente di campagna, sono molte le commedie d'ambientazione cittadina che rientrano in una sua definizione più vaga e più ampia. Del resto queste città anni '50, che poi sono quasi sempre Roma, sembrano tutte periferie di se stesse e fanno immancabilmente capo al rione, che è una sorta di paese. Come per il pianista d'oceano di Baricco e Tornatore, per gli orizzonti della commedia '50 la città è troppa, è un tutto non affrontabile: può essere accettata solo se presa a piccole dosi, se scomposta in tanti piccoli paesi e tante piccole storie. Per questo si sviluppa, con la commedia di città, il sottofilone delle storie parallele o storie intrecciate, dove le vicende di vari personaggi si alternano e si incrociano mantenendo tuttavia il loro carattere episodico, casuale.

Il primo esempio e un po' il modello del rosa cittadino è *Una domenica d'agosto* (1949, di Luciano Emmer), che pure è ambientato in città solo per pochi minuti all'inizio e alla fine, mentre per il resto si svolge sulla spiaggia di Ostia. Ma la spiaggia è una piccola città, dove si trasferisce in massa la città mantenendo la rigorosa suddivisione in classi sociali, recinti, rioni; e comunque Roma è presente per assenza, per contrasto, grazie al montaggio alternato che ne mostra il deserto estivo da catastrofe nucleare. Il film segnò l'esordio di Luciano Emmer, regista anni '50 per eccellenza: non diresse praticamente alcun film fuori dal decennio, a parte un'autocelebrazione quasi postuma (*Basta! Ci faccio un film*, 1990); e con il suo tocco svelto e lieve fu uno dei massimi specialisti delle storie parallele e dunque della commedia di città. Lo si vede anche dal successivo *Parigi è sempre Parigi* (1951), che inaugura un altro filone tra i più battuti negli anni seguenti: la commedia di viaggi all'estero. Perfino la Ville Lumière vi è vista, con gli occhi di un gruppo di italiani, come un grosso paese (viene da pensare alla lettera dell'emigrato in *La nonna Sabella*: «Nuova York è come una piccola Pòllena»). Poi, nei successivi *Le ragazze di Piazza di Spagna* (1952) e *Terza liceo* (1954), la commedia di Emmer tornerà ai suoi luoghi naturali: i quartieri, la gente, le strade di Roma.

Sono questi i protagonisti anche delle migliori commedie brillanti del decennio, che portano la firma di Alessandro Blasetti, grande esploratore di generi, e guardano più alla commedia americana e francese che al neorealismo in salsa rosa: *Prima comunione* (1950) è un pedinamento zavattiniano a metà fra Capra e René Clair, un *Cappello di paglia di Firenze* con l'abito da cerimonia al posto del copricapo e le strade di Roma al posto delle vie di Parigi; *Peccato che sia una canaglia* (1954) e *La fortuna di essere donna* (1956) celebrano a ritmo di vaudeville la bellezza prorompente di Sophia Loren e la vivacità bonariamente truffaldina del popolo dei rioni; *Amore e chiacchiere* (1957) è una commedia di amori giovanili e insieme una favola dai toni già di commedia all'italiana sul tema della speculazione edilizia. Senza contare *Altri tempi* (1951) e *Tempi nostri* (1954), che inaugurarono la moda dei film a episodi: non più storie intrecciate in un tutto unico, ma antologie di racconti indipendenti l'uno dall'altro. Tutti questi film hanno un ritmo frenetico, indiavolato, decisamente cittadino, da ouverture delle *Nozze di Figaro* mozartiane: i loro personaggi si agitano e corrono dall'inizio alla fine, senza nemmeno sapere dove e perché, come se fosse il ritmo il vero contenuto della vita. E tuttavia Blasetti, come il Verdi del *Falstaff*, celebra il ritmo comico e fisiologico della vita ma guarda con partecipe tenerezza gli amori dei giovani, benedetti dalla natura; mentre riserva le sue cattiverie di uomo buono a una borghesia petulante e perbenista che con i soldi è riuscita a comprarsi tutto ma non la felicità.

L'animazione delle commedie di Blasetti, culminante in scene d'assieme che sembrano concertati o finali d'atto di opera buffa, si trasmette nel corso degli anni '50 ad altre commedie: specialmente quelle a sfondo giudiziario o comunque giallo-rosa, che sfociano spesso e volentieri in chiassate da pretura o da commissariato come quella memorabile di *Peccato che sia una canaglia*. La più celebre e riuscita è *Un giorno in pretura* (1953) di Steno, dove il giudice Peppino De Filippo si avvelena la giornata e la vita cercando di risolvere alcune beghe di quartiere, marginali ai fini della Giustizia, determinanti ai fini della sua salute. Ma sono movimentati e divertenti nella loro innocenza anche *Accadde al commissariato* di Giorgio C. Simonelli (1954), il conseguente *Accadde al penitenziario* di Giorgio Bianchi (1955), l'improbabile *Il bigamo* di Luciano Emmer (1955) e il ben concertato *Guardia, guardia scelta, brigadiere e maresciallo* di Mauro Bolognini (1956), assai significativo della temperie ideologica dell'epoca per come dipinge con una certa cattiveria la guardia semplice, un Alberto Sordi in forma strepitosa, mentre diventa pavido e accomodante quando si tratta di raffigurare il maresciallo Gino Cervi. Pieno di gente che corre e si agita è anche *Susanna tutta panna* di Steno (1957); mentre il coevo *Parola di ladro* di Gianni Puccini e Nanni Loy è un simpatico tentativo di giallo-rosa all'americana, amabile, elegante e un po' superficiale, un Lubitsch senza le amarezze segrete e le profondità nascoste di Lubitsch.

Ma persino nei film a base di guardie e ladri, protagoniste della commedia anni '50 restano la gioventù e la bellezza, in campagna come in città. Giovani, e dunque belle anche se non belle, sono le eroine delle tante commedie che raccontano sogni di ragazze con relativa realizzazione. Per sottolinearne meglio la gioventù, anzi, c'è quasi sempre in questi film almeno un personaggio femminile più avanti negli anni che si staglia malinconicamente dal gruppo e si erge quasi a monito: in *Le ragazze di San Frediano* di Valerio Zurlini (1954), insolitamente ambientato a Firenze, è Corinne Calvet; nei *Pappagalli* di Bruno Paolinelli (1956) è Elsa Merlini, ex segretaria-Cenerentola dei telefoni bianchi; nel garbato *Gli innamorati* di Mauro Bolognini (1955), tutto ambientato non solo in un unico rione ma addirittura in un'unica piazza, è Cosetta Greco, che pure ha soltanto 25 anni. E in molti film è Franca Valeri, una delle poche attrici comiche italiane, che fin dai primi anni '50 mette a punto il suo personaggino di donna loquace e non bella, inevitabilmente spaesata in questo paese di maggiorate e farfalloni. Il suo punto d'incontro con il filone della bellezza facile è una delle migliori commedie del decennio, *Il segno di Venere* di Risi (1955), che racconta una storia straziante, simile a quelle dei felliniani *La strada* (1954) e *Le notti di Cabiria* (1957), con toni quasi di cronaca, come se niente fosse. La Valeri vi impersona una donnetta sprovveduta e indifesa che si ritrova come rivale in amore addirittura Sophia Loren ma viene ugualmente illusa dalla sottocultura delle chiromanti e dei fotoromanzi: non si accorge, se non nell'ultima sequenza, di avere consumato in totale solitudine l'età dei sogni e delle canzoni, il breve «periodo di Venere».

Certo la bellezza è uno degli ingredienti basilari del cinema di tutti i tempi. In questi anni '50 italiani, tuttavia, sembra bastare a se stessa, senza puntare per forza alla conquista del capitale. Come se Cenerentola rinunciasse alla carrozza magica e al Principe

Azzurro per una zucca e uno stalliere: ancora più favola della favola. Con l'eccezione dell'Elsa Martinelli di *Donatella* (1956, di Mario Monicelli), che impalma un uomo facoltoso con tanto di benedizione dell'ex fidanzato, le ragazze del neorealismo rosa e dintorni fanno magari le stupide – un po' per vezzo e un po' per schermaglia – con qualche riccone, ma alla fine si accontentano del loro dirimpettaio squattrinato: a patto che sia bello, ovviamente, e pazienza se la bellezza è ancor meno della ricchezza alla portata di tutti. Anche per questo la commedia più significativa e proverbiale dell'intero decennio resta fin dal titolo *Poveri ma belli* (1956, di Dino Risi), che fu girato al risparmio in meno di un mese e incassò trenta volte più di quanto era costato, salvando dal fallimento la vacillante Titanus. A qualcuno il film sembrò perfino azzardato: per il manifesto pubblicitario che sbatteva in faccia a tutti il sedere da combattimento di Marisa Allasio (poi censurato per intervento del Papa), ma anche per l'immagine apparentemente spregiudicata di una certa gioventù. In realtà questi ragazzi, che a prima vista ne sanno una più del diavolo, proibiscono le calze di seta alla sorella quindicenne e dopo aver corteggiato goffamente la bella del quartiere scelgono la vicina di casa, rientrando senza rimpianti nei propri orizzonti limitati. Se anche vivacchiano arrangiandosi, se il lavoro resta per loro un'onta, tuttavia non arrivano nemmeno agli ingenui piani truffaldini dei futuri «soliti ignoti»: più che poveri-ma-belli sono poveri-ma-buoni.

Del resto i tempi stanno cambiando in fretta, e questo cinema di giovani si dimostra fragile e breve come la giovinezza. Marisa Allasio, l'attrice simbolo del filone cittadino, interpreta ancora la seconda puntata della saga (*Belle ma povere*, 1957), ma non la terza (*Poveri milionari*, 1958). La sua carriera si esaurisce in un soffio come quel cinema: dopo soli sei anni lascia Cinecittà, lei che vi aveva recitato più volte la storia di Cenerentola al contrario, per sposare un nobile vero, con tanti saluti ai poveri ma belli. Il suo addio al cinema è prefigurato in *Marisa la civetta* (1957), diretto da Mauro Bolognini e sceneggiato fra gli altri da Pier Paolo Pasolini, commedia giovanilistica non più molto solare, anzi perfino malinconica con i suoi cieli annuvolati, le giostre deserte, la musica degli organetti di Barberia sullo sfondo. Nell'ultima sequenza Marisa se ne va per sempre perdendosi nelle terre sconosciute del matrimonio, da cui a quei tempi nessuna viaggiatrice ritornava; e al ragazzino che le domanda «Marisa, non torni più?», risponde con un secco «no». Le grandi epoche finiscono all'improvviso.

Che la vita non fosse tutta facile giovinezza e allegra povertà lo si era già visto in alcune commedie cittadine anteriori a *Poveri ma belli: Racconti romani* di Gianni Franciolini si concludeva già nel 1955 con il doloroso inquadramento dei giovani protagonisti; l'ottimo *Padri e figli* di Monicelli (1957) mostrava in controluce i primi contrasti generazionali. Ma è il matrimonio a troncare definitivamente la breve stagione della gioventù felice. I poveri ma belli, che erano degli eterni adolescenti, a contatto con il matrimonio e con la vita adulta si dissolvono come vampiri sul far del giorno. Vivevano per sposarsi, e adesso che ce l'hanno fatta il matrimonio li annulla, li cancella. Basta vedere l'ultimo film della trilogia di Risi, *Poveri milionari*, dove la sequenza finale del ritorno al rione è una rimpatriata di ragazzoni precocemente invecchiati in luoghi che non esistono più, che paiono sfuggire sotto i piedi come un *tapis roulant*. Anche Comencini, che aveva dato il suo contributo al rosa cittadino con *La bella di Roma* (1955), realizza fra il 1957 e il 1959 una trilogia di film, peraltro abbastanza modesti, dei tempi nuovi: *Mariti in città, Mogli pericolose, Le sorprese dell'amore*. Come si capisce dai titoli, i giovani protagonisti hanno ormai famiglia in proprio, non sono più poveri-ma-belli, non si accontentano più per pranzo di pane-amore-e-fantasia: occorre già qualche condimento piccante, con il sapore nuovo degli anni '60. Un film del 1958 di Bolognini e Pasolini, *Giovani mariti*, chiude il cerchio: dietro a questi ragazzi che sentono avvicinarsi a grandi passi l'età adulta, si comincia ad avvertire il vuoto incolmabile della vita, e perfino l'ombra della morte. Aveva visto bene il regista per eccellenza della giovinezza, Renato Castellani, che nel 1955 iniziò a girare un film uscito due anni dopo, *I sogni nel cassetto*: l'ennesima storia di giovani squattrinati e senza pensieri, che però nella penultima sequenza cambia improvvisamente di rotta e incontra la morte. Non quella di un vecchio, ma quella della sposina Lea Massari. La morte non è più una questione fra persone d'età, ma un alter ego della vita, una compagna di viaggio della giovinezza: come nel quarto atto della *Bohème* pucciniana, dove Mimì muore in mezzo a giovani, circondata dai temi estasiati della giovinezza. Cala un alone, un sipario di malinconia, da cui il neorealismo rosa non si riprenderà più.

7. Verso la commedia all'italiana

Il decennio delle maggiorate di campagna e dei fusti di città non si esaurisce in questi film «buonisti»: ci sono anche, a parte le farse anarchiche di Totò, delle commedie «cattiviste», o perlomeno realiste, polemiche, alcune perfino politiche, una sorta di ponte gettato fra il neorealismo e la commedia all'italiana. Certamente la censura democristiana è più capillare e più imprevedibile di quella fascista; e in un paese in cui perfino una farsa di serie B come *Gli zitelloni* di Giorgio Bianchi (1958) verrà sequestrata per vilipendio alla magistratura, non si può concepire una vera satira politica, meno che mai nei confronti del neo-regime democristiano. Eppure qualche esempio di commedia a sfondo politico non manca, a cominciare da due film scritti da Vitaliano Brancati e diretti da Luigi Zampa: *Anni difficili* (1948) e *Anni facili* (1953). Gli anni difficili sono quelli del fascismo, gli anni facili quelli della sedicente democrazia, ma per l'appunto l'aggettivo «facili» suona ironico prima ancora di aver visto il film; e le due commedie denunciano con un certo coraggio la continuità fra il regime fascista e quello democristiano, fratelli nella corruzione, nel clientelismo, nel moralismo becero, nella presenza di uomini che facilmente si rigenerano senza andare mai a fondo.

La politica si fa ancora più esplicita e corposa in *Don Camillo* (1952), il film di Julien Duvivier ispirato al romanzo omonimo di Guareschi e interpretato con grande simpatia da Fernandel (il parroco democristiano) e Gino Cervi (il sindaco comunista). Questa vivace commedia paesana dove la politica conta più della bellezza e dell'amore ebbe un grandissimo successo di pubblico e diede fatalmente vita a una serie di sèguiti: ancora divertente il secondo (*Il ritorno di Don Camillo*, 1953), sempre meno gli altri, non più diretti da Duvivier ma da Carmine Gallone (*Don Camillo e l'onorevole Peppone*, 1955; *Don Camillo monsignore... ma non troppo*, 1961) e poi, decisamente fuori epoca, da Comencini (*Il compagno Don Camillo*, 1965) e Camerini (*Don Camillo e i giovani d'oggi*, 1972). Non si può certo parlare di cattiveria per questi film, che nacquero all'insegna del buonismo (Frank Capra avrebbe voluto dirigerne uno) e che anzi anticipano senza saperlo il «compromesso storico» e tanti altri compromessi italiani. Sta di fatto però che mentre negli altri paeselli veri o immaginari del neorealismo rosa si parla solo di pane e amore, nella Bassa di Guareschi l'argomento del giorno è sempre la politica: non si vive fra le nuvole, non si chiudono gli occhi sul mondo. E poi, in un'epoca in cui si pensava ancora che i comunisti mangiassero i bambini, il Peppone di Gino Cervi servì più di tanti proclami e quaderni del carcere a far capire che i comunisti erano esseri umani come gli altri: non proprio degli stinchi di santo, d'accordo, ma nemmeno il diavolo.

Un tentativo più indiretto di umanizzare gli uomini della sinistra si registra anche in una bella commedia amara di Alberto Lattuada del 1953, *La spiaggia*: dove la prostituta in vacanza Martine Carol viene snobbata dalle brave signore borghesi, abituate a prostituirsi in modo molto più insospettabile, in letti molto meno casuali, ma trova la comprensione del sindaco comunista Raf Vallone. Il film provocò vere sollevazioni negli ambienti clerico-fascisti: nel lussuoso albergo in cui è ambientato dimorano già tutti i vizi, le ridicolaggini, il menefreghismo cosmico di quella borghesia fatua e festaiola che sarà la protagonista in negativo delle grandi commedie di Risi e compagni («Chissà se le stelle sono abitate?» «Sì, ma non prendiamoci anche queste preoccupazioni»: Clelia Matània e Mario Carotenuto); e Martine Carol è il primo personaggio del cinema italiano a vivere le solitudini del consumismo, a subire l'emarginazione in quanto non partecipa ai riti dell'incombente miracolo economico («Nessuno le rimprovera di essere quello che è, ma di non avere avuto successo»).

La vera commedia di costume nasce però con i personaggi interpretati dall'attore romano che per quasi tre decenni ne sarà l'esponente per antonomasia: Alberto Sordi. I quasi sessanta film da lui interpretati fra il 1951 e il 1959 non sono tutti opere di valore né commedie della cattiveria; eppure, quasi sempre, lui vi porta un tocco di personale perfidia, mettendo poco per volta a fuoco il suo personaggio quasi totalmente negativo: millantatore, piagnucoloso, mammone, puttaniere, ipocrita, vile, sempre pronto a tirare il sasso e nascondere la mano. È in queste vesti, vero concentrato di negatività allo stato puro, che si presenta nel primo film da protagonista assoluto: *Mamma mia, che impressione!*, commediola sconclusionata e logorroica diretta nel 1951 da Roberto Savarese con l'aiuto di Vittorio De Sica. Al pubblico non piacque, perché era difficile identificarsi in questo petulante giovane cattolico da «Comunione e Liberazione». Ma vi fu chi lo notò: ad esempio un certo Federico Fellini, che l'anno seguente lo volle protagonista del suo primo film, *Lo sceicco bianco*. Qui l'attore è già al meglio, sinistra caricatura di un giovanottone a prima vista bello, intrepido, gagliardo, ma sotto sotto vigliacco, approssimativo, vanesio, fanfarone, davvero «brutto dentro», quasi patetico tanto è incapace di stare alla pari con le proprie smargiassate, con la propria romanesca immagine di superficie. Ancora una volta gli spettatori non gradirono il cocktail di connotati negativi: per poter avere Sordi anche nel film successivo, Fellini fu costretto a toglierne il nome dai manifesti. Ma la sua tenacia fu premiata ed ebbe come risultato il film destinato a lanciare definitivamente sia Fellini che Sordi: *I vitelloni* (1953), commedia di fine stagione ante litteram, in cui i luoghi della solitudine dell'individuo, della sua scoperta della vanità della vita, sono gli stessi di certe future commedie all'italiana: la spiaggia, la festa, il ballo, il libertinaggio, perché è proprio nei momenti di divertimento obbligato che l'uomo avverte di essere una parte marginale e insignificante dell'universo.

Se *I vitelloni* riavvicinò Sordi al pubblico, il successo definitivo arrivò nel 1954 con *Un americano a Roma* di Steno, dove viene riproposto a distanza di pochi mesi l'esilarante personaggio di *Un giorno in pretura*: Nando Moriconi, giovane di borgata che vive la vita e la periferia di Roma come se fossero l'America. Sordi, che aveva molto inseguito il successo, lo sfruttò fino in fondo, arrivando a interpretare la bellezza – e in qualche caso la bruttezza – di 21 film nel solo biennio 1954-1955: quasi sempre in ruoli di ospite straordinario o coprotagonista, come il terribile e spassoso sfruttatore di vecchiette di *Piccola posta* (regia di Steno, come per quasi tutti i film più divertenti di quegli anni). Ma talvolta anche in ruoli di protagonista che vanno ben al di là della macchietta, a cominciare da due commedie del 1955, esemplari vicende di conformismo e trasformismo: *L'arte di arrangiarsi* di Zampa, fra i primi tentativi di storia italiana condensata e riscritta, attraverso le trentennali vicende di un arrampicatore sociale buono per tutti gli usi, fascista ai tempi del fascismo, poi comunista nel 1945, democristiano nel 1948, comunque sempre a galla in un modo o nell'altro, sempre sul carro dei vincitori; e *Un eroe dei nostri tempi* di Monicelli, vicissitudini di un impiegatuccio pavido che per sfuggire alle insidie della vita e della storia vi finisce sempre dentro a capofitto: capirà infine che l'unico modo per non prendersi le manganellate – metaforiche e reali – è quello di darle, e allora si arruolerà nella polizia. S'inaugura nel 1954 anche la galleria di ritratti tematici di italiano medio che Sordi arricchirà anno dopo anno fino alla fine della carriera. Il primo è quello del non eccelso *Il seduttore* di Franco Rossi, che segna anche l'incontro dell'attore con il suo sceneggiatore prediletto Rodolfo Sonego. Il seguito ideale è *Lo scapolo* di Antonio Pietrangeli (1956), che appartiene ormai a tempi nuovi: protagonista non è più l'eroe del borgo, l'americanuccio della parrocchietta, ma un attivissimo commerciante di elettrodomestici, un borghese in ascesa che partecipa al nascente boom economico, che va in giro a fare il vitellone ma finirà inevitabilmente per capitolare, per smentire il titolo del film e adeguarsi pure lui a tutto, come tutti.

Anche Renato Rascel, accanto alle numerose farse e parodie, interpretò con grande sottigliezza alcune commedie prefantozziane sul grigiore a buon prezzo della vita impiegatizia: *Il cappotto* di Lattuada (1952), protagonista uno dei primi status-symbol del cinema italiano (trasformate il cappotto anni '30 in automobile, in villa con piscina, e avrete le commedie anni '60); *La passeggiata*, 1953, unica prova registica dello stesso Rascel; e poi, nel 1959, il variopinto e nostalgico *Policarpo ufficiale di scrittura* di Mario Soldati, lieve commovente ballata del tempo che va. Ma con il loro sapore crepuscolare e le loro origini letterarie questi film, che pure celebravano l'integrità e la pulizia morale nella società dei burocrati e dei corrotti, non parvero al passo coi tempi: la statura di Rascel non era più sufficiente per l'epoca.

Fu piuttosto il solito Totò a lasciare un segno anche nella commedia di costume, con alcuni film che insieme a quelli di Sordi rappresentano i diretti antecedenti della commedia all'italiana. *Totò cerca casa* (1949, di Steno) è anche l'opera d'esordio, per il momento ancora in collaborazione con l'amico Steno, di quello che sarà uno dei principali maestri del genere, Mario Monicelli: la comicità surreale di Totò viene trapiantata in un'Italia povera, pannosporchista, mal ricostruita, riassunta nel finale inseguimento automobilistico alla Mack Sennett in cui viene letteralmente abbattuto il Monumento alla Ricostruzione. L'Italia del dopoguerra, dove si aspetta che da un giorno all'altro passi la nottata, fa da sfondo anche a *Napoli milionaria* (1950), che Totò interpretò senza compenso pur di poter essere diretto dall'amico Eduardo (il quale realizzerà nel 1953 una delle prime e delle poche commedie a sfondo operaio del cinema italiano: *Napoletani a Milano*). Ma è *Guardie e ladri* di Steno e Monicelli, del 1951, il più evidente punto di collegamento fra neorealismo e commedia all'italiana: la guardia e il ladro che si inseguono per tutto il film sono uniti in realtà dagli stessi problemi (la famiglia, il futuro dei figli, i soldi che non bastano mai, il paese da ricostruire); e la solidarietà che si crea fra loro, e che creò vari problemi con la censura, è un'accusa a quanti credono che viviamo nel migliore dei modi e nel migliore dei mondi. L'equilibrio fra comico e tragico è quasi chapliniano; e le avventure di Totò e Fabrizi sono sarcasticamente sovrastate dal cupolone di San Pietro, altezzoso e indifferente al di là delle baracche e dei casamenti popolari.

Lo stesso tono di commedia amara troviamo in altri film del Totò '50: *Totò e i re di Roma* di Steno e Monicelli (1952), commedia impiegatizia alla Rascel-travet con finale nell'aldilà; *Dov'è la libertà?* di Roberto Rossellini (1954), dove Totò, vista l'aria che tira nel paese ricostruito, sceglie la prigione come Charlot in *Tempi moderni* (*Modern Times*, 1936); *Totò e Carolina*, girato da Monicelli nel 1953 e uscito solo nel 1955 con una quarantina di tagli perché la censura non poteva tollerare che il folle, il libero Totò non facesse più il ladro ma la guardia; *L'oro di Napoli* di De Sica (1954), affresco napoletano a episodi dove fanno a gara di bravura il «pazzariello» Totò vessato da un guappo, la pizzaiola Sophia Loren e il docente di pernacchio Eduardo; fino ad *Arrangiatevi!* di Bolognini (1959), che inserisce la coppia Totò/Peppino in una vicenda semiseria sulle case di tolleranza appena chiuse per effetto di una legge falsamente progressista. E anche sul versante satirico non mancano film che hanno come bersaglio qualche specifico fenomeno di costume: *L'imperatore di Capri* di Comencini (1949), sul bel mondo post fascista che celebra i suoi riti in quel di Capri; o *Totò lascia o raddoppia?* di Mastrocinque (1956), assieme al sordiano *Domenica è sempre domenica* uno dei primi film sulla neonata televisione. Non per niente in quel film chiave che è *I soliti ignoti* (1958) sarà proprio Totò, docente di scasso e arti truffaldine varie, a passare il testimone ai futuri re della commedia all'italiana, rappresentati per ora da Gassman e Mastroianni: la sua lezione non soltanto metaforica attesta la continuità fra le diverse epoche del cinema italiano e la contiguità di generi solo apparentemente distanti come la commedia di costume e la farsa.

Taccuino 1945-1958

1946: L'Italia diventa una repubblica. / Carlo Emilio Gadda, *Quer pasticciaccio brutto de via Merulana* ■. / Giovanni Guareschi, *Diario clandestino* ■. / Eduardo De Filippo, *Questi fantasmi* ●, *Filumena Marturano* ●. / Garinei & Giovannini, *Si stava meglio domani* ▼.

1947: De Gasperi si reca negli Usa e ottiene un prestito di 100 milioni di dollari, mentre l'Italia, soprattutto al Sud, è ancora presidiata dai soldati americani. [«Paese che vai, americani che trovi»: Totò a Fiorella Mari in *Siamo uomini o caporali?*, 1955]. / Giuseppe Marotta, *L'oro di Napoli* ■. / Michele Galdieri, *C'era una volta il mondo* ▲. / Mostra del cinema di Venezia: Premio per la migliore attrice ad Anna Magnani (*L'onorevole Angelina*).

1948: Elezioni politiche: vince la Democrazia Cristiana, che per la campagna elettorale ha mobilitato preti, suore e moribondi. [«E perciò, miei cari fedeli e amati concittadini, io vi esorto a dare il vostro suffragio ad un partito che sia popolare, e cioè democratico e quindi rispettoso della vostra fede cristiana: un partito, per concludere, che sia democratico e cristiano...»: la predica del parroco Antonio Acqua in *Divorzio all'italiana*, 1961]. / Giovanni Guareschi, *Mondo piccolo: Don Camillo* ■. / Larici-Fragna, *I pompieri di Viggiù* ▲. / Eduardo De Filippo, *Le voci di dentro* ●. / Garinei & Giovannini, *Al Grand Hotel* ▼. / Entra in vigore la nuova Costituzione. La censura, per cui il testo rimanda alle disposizioni del 1947 e del 1923, interviene su vari film fra cui *L'onorevole Angelina* (vengono tagliate le battute di un poliziotto) e *Come persi la guerra* (viene ritenuta «inopportuna e offensiva» la figura di un sacerdote). [«Quante volte, cara, quante volte?» «Ma che fai?» «Il democratico-cristiano: censuro la tua anima»: Totò e Carla Calò in *Totò le Mokò*, 1949].

1949: Secondo un sondaggio Doxa il 25% delle case italiane manca di acqua corrente, il 40% di servizi igienici, il 90% di termosifoni. [«Oh, ma che odore infernale, che puzza di zolfo!» «No, mamma, sono io: ho fumato una Nazionale»: Giuditta Rissone e Totò, dopo che il diavolo se n'è appena andato dalla loro casa, in *Totò al Giro d'Italia*, 1948]. / Giacobetti-Kramer, *Che mele!* ▲ / Galdieri-Totò, *Bada che ti mangio* ▲.

1950: Mostra di Venezia: Premio internazionale speciale a *Prima comunione*.

1951: Festival di Cannes: Gran Premio a *Miracolo a Milano* (ex-æquo con *La notte del piacere* di Sjöberg) *.

1952: Italo Calvino, *Il visconte dimezzato* ■. / Rastelli-Panzeri-Mascheroni, *Papaveri e papere* ▲. / Garinei & Giovannini, *Attanasio cavallo vanesio* ▼. / Festival di Cannes: Gran Premio a *Due soldi di speranza* (ex-æquo con l'*Otello* di Welles).

1953: Dino Buzzati, *Un caso clinico* ●. / Durano-Parenti-Fo, *Il dito nell'occhio* ▲. / Garinei & Giovannini, *Alvaro piuttosto corsaro* ▼. / Mostra di Venezia: Leone d'argento a *I vitelloni* (ex-æquo con altri 5 film).

1954: La RAI inizia le trasmissioni ufficiali (3 gennaio). [«La televisione è l'oppio →

---

* Si noti, in questo e nei seguenti «Taccuino», che i premi ai film comici vengono dati quasi immancabilmente ex-æquo.

dei popoli»: Ugo Tognazzi in *Permettete, signora, che ami vostra figlia?*, 1974]. / Panzeri-Ripa, *Aveva un bavero* ▲. / Il film *Terza liceo* viene vietato ai minori perché il più simpatico dei professori vi legge «l'Unità».

1955: La Fiat presenta la Seicento [«Papà, se ti fai superare da quella Seicento non ti voglio più bene»: *Una domenica d'estate*, 1962].

1956: Chiosso-Buscaglione, *Che bambola!* ▲ / Garinei & Giovannini, *Buonanotte Bettina* ▼. / Nelli & Mangini, *A prescindere* ▲. / Festival di Berlino: Premio per la miglior attrice a Elsa Martinelli (*Donatella*).

1957: Italo Calvino, *Il barone rampante* ■. / Nisa-Carosone, *Tu vuo' fa' l'americano* ▲. / Festival di Berlino: Premio per la miglior regia a Mario Monicelli (*Padri e figli*).

1958: Entra in vigore la legge Merlin, che prevede la chiusura delle 560 case chiuse esistenti in Italia: quasi 3000 prostitute si ritrovano, non solo metaforicamente, in mezzo a una strada. / Chiosso-Buscaglione, *Eri piccola così!* ▲ / Hollywood: nomination all'Oscar per *I soliti ignoti*.

1958-1970: Riso amaro.
Gli anni d'oro della commedia all'italiana

1. La commedia del boom

La morte brusca e inattesa della protagonista di *I sogni nel cassetto*, l'invecchiamento precoce dei poveri ma belli, l'emarginazione esistenziale di certi personaggi di Franca Valeri e di Totò, la feroce scalata al successo di quelli sordiani, sono tutti campanelli d'allarme: il cinema comico e in particolare la commedia stanno imboccando una strada che del tutto comica non è più. Nasce alla fine degli anni '50 un genere nuovo, che rientra nelle storie del cinema comico ma potrebbe anche entrare in quelle del cinema drammatico. Attraverserà almeno vent'anni di cinema italiano con il nome che a molti sembrò spregiativo, e che invece è semplicemente qualificativo, di «commedia all'italiana». Ci sono ancora oggi vari testi che identificano con questo termine l'intera produzione comica italiana, perlomeno a partire dal 1945; e altri che rifiutano per stima o per disistima di usare il complemento di qualità e parlano soltanto, genericamente, di «commedia italiana». A noi sembra che entrambe le posizioni finiscano per generare confusione: è vero che i confini non sono sempre facili da stabilire, ma è innegabile che una certa scuola o corrente o quanto meno tendenza porti a distinguere un certo numero di commedie dal corpus più vasto e onnicomprensivo della commedia cinematografica italiana. Dalla commedia tradizionale, a cui fanno riferimento le commedie dei telefoni bianchi ma anche quelle del neorealismo rosa e dintorni, la commedia all'italiana si distacca innanzitutto per la presenza di numerosi elementi drammatici.

Come diceva Masolino D'Amico, «racconta storie che si potrebbero trattare anche tragicamente»[1]. Vi è ospite assai spesso la morte, compresa quella dei protagonisti; e non c'è quasi mai il lieto fine, che invece rende proverbiali e scontate fin dall'inizio soprattutto le commedie hollywoodiane: i rari casi di presunto *happy end* sono quasi sempre un inganno, basta una piccola correzione di campo e di veduta a riportare le cose alla più realistica dimensione di pessimismo, come nell'ultima inquadratura di *Divorzio all'italiana*. Anche gli altri elementi specifici della commedia di tutti i tempi, gli equivoci, i travestimenti, gli scambi di persona, si presentano invertiti di segno: in *C'eravamo tanto amati* il proletario Manfredi scambia il ricco Gassman per un povero ancora più povero di lui, ma non c'è niente di esilarante in ciò, e da qui anzi ha inizio la parte più amara del film. Si arriva al punto in cui la battuta e la situazione comica non fanno più ridere: il riso va di traverso, si blocca in gola come un groppo.

L'altro fondamentale tratto distintivo della commedia all'italiana è il continuo far riferimento alla società contemporanea, perfino in film ambientati venti secoli prima, e il collocarsi in posizione critica, o meglio polemica, nei suoi confronti. La posizione-opposizione è quella di alcuni personaggi, perlopiù affidati ad attori di grande popolarità, che rappresentano l'individuo nei suoi lati positivi ma anche negativi, il suo contrasto con una società che sta diventando sempre più di massa. Non c'è riuscito il socialismo a fare gli uomini tutti uguali, ci sta riuscendo la società dei consumi (in negativo, naturalmente: il livellamento è verso il basso). Ma c'è qualche sacca di resistenza, qualche isolato cavaliere senza cavallo che si colloca ai margini, che si colloca contro: senza sovvertire le leggi dell'intero universo come faceva Totò, ma proclamando comunque la propria inappartenenza a questa società. È l'uomo antico, l'uomo eterno, l'uomo animale, l'uomo: quello che preesiste e sopravvive alle singole società, alle epoche, ai sistemi sociali. Non sono tutti degli Zorro questi personaggi, ci sono anche molti Wile Coyote, e gli stessi Don Chisciotte assumono spesso i connotati di Sancho Panza. Ma encomiabile è comunque la loro propensione a non integrarsi nella società che ammicca con occhi furbi e tentatori dai cartelloni pubblicitari, dagli schermi televisivi, dalle spiagge, dalle autostrade, e che ha anteposto l'apparenza alla sostanza, l'avere all'essere, i bisogni immaginari a quelli reali.

---

[1] Masolino D'Amico, *La commedia all'italiana*, Mondadori, Milano 1985.

Va da sé che tale società non è la società in senso astratto, ma una società ben precisa, facilmente identificabile: quella del boom, l'illusorio miracolo italiano che portò fra il 1952 e il 1962 al raddoppio del reddito nazionale, a un incremento vertiginoso dei consumi, ma anche alle prime grandi evasioni fiscali, alle speculazioni edilizie, all'immigrazione selvaggia nelle metropoli del Nord, alla distribuzione sempre più ingiusta della ricchezza. La commedia all'italiana propriamente detta è circoscrivibile al periodo 1958-1980, fra i due estremi rappresentati da *I soliti ignoti* e *La terrazza*; ma la sua età d'oro restano gli anni '60, e i capolavori massimi sono quasi tutti racchiusi nel periodo 1958-1964, quello appunto del boom – nel 1964 l'economia nazionale comincia a scricchiolare inducendo il governo Moro a lanciare una strategia di limitazione dei consumi. Tuttavia all'origine della nuova commedia non ci sono soltanto ragioni storico-sociali, ma anche un fattore non economico: quasi per un tacito accordo, alcuni sceneggiatori, registi e attori raggiungono la maturità e una comunione di intenti e di vedute negli stessi anni. I principali esponenti del genere (gli sceneggiatori Age e Scarpelli, Ruggero Maccari, Rodolfo Sonego, i registi Luigi Comencini, Pietro Germi, Nanni Loy, Mario Monicelli, Dino Risi, gli attori Vittorio Gassman, Nino Manfredi, Marcello Mastroianni, Alberto Sordi, Ugo Tognazzi) sono tutti nati fra il 1914 e il 1925 e si ritrovano nel 1958 attorno ai quarant'anni: l'età in cui, diceva Charles Péguy, si diventa quello che si è. Fra i maestri soltanto Ettore Scola risulta un po' più giovane, essendo nato nel 1931, e infatti sarà il dominatore della seconda fase della commedia.

Parto di menti quarantenni che si erano tuttavia esercitate in dieci anni di attività ad alto livello, la commedia all'italiana ha dunque inizio nel 1958 con *I soliti ignoti* di Monicelli, scritto insieme al regista da Age, Scarpelli e Suso Cecchi D'Amico: film nato abbastanza casualmente, per sfruttare le costosissime scenografie dell'etereo *Le notti bianche* di Visconti (proprio come il primo film comico del nuovo corso di Totò, *I due orfanelli*, era nato per utilizzare scene e costumi di un precedente film serio di Mattoli, *Il fiacre n. 13*). I ladruncoli protagonisti, che vorrebbero realizzare il colpo del secolo e finiscono a cucinarsi un piatto di pasta e ceci, sembrano usciti da un giallo-rosa anni '50 tipo *Susanna tutta panna* o *Guardia, ladro e cameriera*. Ma ne sono usciti, appunto: per entrare in una commedia dei tempi nuovi dove le loro ingenue ambizioni furfantesche non sono più figlie di povertà, ma subdolamente indotte dai nascenti miti della civiltà dei consumi: la bella casa, gli elettrodomestici, la lambretta, le amanti da cinema americano, la dolce e la comoda vita. Se ai poveri-ma-belli andava tutto bene, a questi loro cugini non ne va una dritta: sono perdenti nati, simbolo della banda è il capo Vittorio Gassman, pugile dilettante che alla sua prima apparizione finisce k.o. al primo secondo della prima ripresa, lasciando già intuire come andranno a finire le cose a lui, ai colleghi e più in generale all'Italia del boom. Ma nuovo è anche lo stile del film, con il suo montaggio secco e moderno, le macchiette che assumono la consistenza di personaggi, la colonna sonora jazz al posto delle consuete marcette alla viva i pompieri. Compare anche la morte in scena, bruscamente (Memmo Carotenuto che finisce sotto un tram), e l'effetto rispetto alla commedia dell'epoca è paragonabile a quello del duello iniziale del *Don Giovanni* mozartiano rispetto all'opera buffa settecentesca. Mario Monicelli, che pure aveva già alle spalle una dozzina di film di qualità, mette definitivamente a punto il suo stile nazional-popolare, che ne farà il regista più universale della commedia all'italiana. Ma vanno anche registrati il primo ruolo comico di Gassman, che Monicelli faticò non poco a imporre ai produttori; l'esordio italiano di un'attrice tunisina dal luminoso futuro, Claudia Cardinale; e la prima apparizione di due attori-personaggio che diventeranno la personificazione stessa del caratterista e si diffonderanno in decine di commedie degli anni '60: l'ometto siculo del sardo Tiberio Murgia e l'anziano «Capannelle» di Carlo Pisacane.

Da questo film impeccabile, che ebbe successo in tutto il mondo e indusse il maestro del brivido Alfred Hitchcock a commissionare un copione ad Age e Scarpelli, si diparte un breve filone di commedie giallo-rosa: dal puntuale séguito *Audace colpo dei soliti ignoti*, affidato nel 1959 a Nanni Loy, a *Il mattatore* di Risi (1959), show personale di Gassman che vi interpreta 18 ruoli fra cui Hitler, Greta Garbo e la Regina d'Inghilterra. Se queste commedie segnano tutto sommato un passo indietro rispetto a *I soliti ignoti* e costituiscono semmai il culmine del cinema brillante anni '50, un'aria amarognola da tempi nuovi si respira in altri due film: *Crimen* di Camerini (1960), dove i tre protagonisti Manfredi, Gassman e Sordi impersonano i tre tipi di italiano che domineranno il cinema satirico degli anni '60 (il proletario pluriperdente, il piccolo-borghese voltagabbana e arrivista, il borghese trucido e male arrivato); e *A cavallo della tigre* di Comencini (1961), dove tuttavia l'atmosfera carceraria, assai lontana da quella del boom, non piacque al pubblico: che in questi film amava vedere i difetti della «boom-society» ma tale società voleva per l'appunto vedere.

C'è tuttavia un'eccezione a questa sete di moderno, di stracontemporaneo, e sono le commedie in cui il presente è riletto in controluce attraverso il passato; o il passato riletto attraverso il presente, che è poi la stessa cosa. Il punto di partenza di questo filone, e l'affermazione definitiva della nuova commedia dal riso amaro, è un altro film di Monicelli sceneggiato da Age e Scarpelli: *La grande guerra* (1959), dove la più atroce di tutte le guerre è raccontata attraverso le vicende di due sgangherati antieroi, Gassman e Sordi, che alla fine diventano in qualche modo eroi e si fanno fucilare per una patria che non li merita, che a causa di un estremo equivoco da commedia ignorerà il loro sacrificio per intitolare invece strade e piazze ai generali-macellai. È un film in grigio, livido, piovoso, dove si ride per non piangere, proprio come i mille e mille fantaccini mandati all'inutile massacro cantavano per non morire. E per la prima volta il finale di una commedia non solo non è del tutto lieto, ma risulta apertamente tragico. Il Leone d'oro a Venezia, assegnato ex-aequo e con qualche titubanza per via dei toni moderatamente antimilitaristi, rappresentò comunque un attestato di dignità per il nuovo genere.

Ebbe così inizio il filone della commedia all'italiana a indirizzo storico-moderno; e il leggero attenuarsi della censura, corrispondente al primo leggero calo elettorale della D.C., permise di trattare argomenti che fino a pochi anni prima non potevano nemmeno essere nominati. L'Italia dell'armistizio di Badoglio è protagonista di due film del 1960: lo sbilenco *Il carro armato dell'8 settembre* di Puccini e il più compatto *Tutti a casa* di Comencini, quest'ultimo una sorta di «Grande guerra 2» dove la guerra è un'altra ma simile è lo spazio finale riservato – con un certo ottimismo di marca neorealista – agli eroismi dell'ultima ora. Il fascismo dei pennacchi e delle divise è invece il tema di un grande successo commerciale di Luciano Salce del 1961, *Il federale*, che non piacque però ai critici più allineati: anche perché il protagonista è un uomo di latta, un fascistello ottuso e ignorante, ma non si esibisce alla fine nel numero politicamente corretto della conversione in extremis e mantiene fino in fondo una sua coerenza. Inizialmente pensato per Totò e De Sica, il film segnò una tappa fondamentale nella carriera di Ugo Tognazzi, il suo passaggio dai ruoli di farsa a quelli di commedia;

e originò un breve sottofilone sul ventennio: soprattutto alcuni film del 1962 (da *Il cambio della guardia* e *Il mio amico Benito* di Giorgio Bianchi a *La marcia su Roma* di Risi) con un piede nella farsa e l'altro nella commedia di costume. Il fascismo era ancora troppo vivo nel ricordo e nella cattiva coscienza degli italiani per essere trattato coi toni amarognoli ma realistici della commedia nuova.

Fa in parte eccezione un film di Zampa ispirato a Gogol', *Anni ruggenti* (1962), dove la vicenda del timido assicuratore scambiato per un ispettore del partito si carica poco per volta, nella sua apparente giocosità da commedia degli equivoci, di risvolti amari: specie quando il poveretto torna a essere quello che è, un uomo qualunque non protetto da tessere, divise e regimi. Esaurito anche per mancanza di coraggio il sottofilone in camicia nera, il risultato migliore della commedia storico-moderna è un film che, non dovendo confrontarsi con gli «anni difficili», può permettersi toni più epici e al tempo stesso più pensosi: *I compagni* di Mario Monicelli (1963), sulle prime lotte operaie nella Torino *fin de siècle*. Un po' come il personaggio di Mastroianni, intellettuale fondamentalmente incompreso ed emarginato dalla gente per cui si batte, il film non ebbe il giusto successo presso il pubblico italiano, intimorito anche dal titolo un po' forte per l'epoca; ma piacque molto all'estero e si guadagnò due nomination all'Oscar.

Che i film storici facessero comunque riferimento anche alla società contemporanea, lo si capisce da uno dei capolavori della commedia e del cinema italiano: *Una vita difficile* di Dino Risi (1961), saga ventennale di storia patria che inizia come commedia storica nel 1943 – più o meno dove finiva, anche ideologicamente, *Tutti a casa* – e si conclude in pieno boom negli anni '60. Risi vi narra magistralmente la vita difficile, in perenne opposizione al consorzio sociale, di un uomo senza grandi qualità, medio per eccellenza, ma a suo modo coerente, onesto, idealista al cento o perlomeno al novantanove per cento, estraneo un po' per natura e un po' per scelta ai meccanismi del boom («Non è vero che sono sfortunato, la verità è che non ho mai cercato la fortuna»). Nonostante i suoi difetti e le sue debolezze, quest'uomo svetta moralmente su un'Italia facile, incoerente, mercenaria, sempre pronta a concedersi al miglior offerente: le sequenze chiave sono quelle in cui Sordi sputa sulle automobili del boom nella notte versiliana e lo schiaffo finale che rifila al commendatore, simbolo di una rivolta individuale che probabilmente non servirà a nulla ma che è bello pensare possibile.

Una vita difficile addita in Risi il regista per eccellenza dell'epoca, prontissimo a individuare con tempismo cronometrico ogni nuovo fenomeno di costume; e adatto più d'ogni altro, lui che era laureato in medicina, ad analizzare la patologia della «boom-society». Al pari dei grandi medici di una volta, Risi non ha bisogno di lunghe sedute o di lastre, per andare a fondo gli basta il tocco di superficie: come in letteratura Fitzgerald, riesce a dir tutto senza esprimere giudizi, senza salire mai in cattedra; e descrive al tempo stesso una società spensierata e i tarli che alacremente vi lavorano sotto. Nel fotografare nitidamente questa Italia '60, assume la posizione professionale e distaccata di chi, pur avendo individuato una malattia mortale, preferisce non svelarla al paziente; e tuttavia sembra già dire, col senno di poi, per quella impercettibile nostalgia delle cose che ci prende talora nel momento stesso in cui le viviamo: però su quelle spiagge ci si divertiva, con quelle auto decapottabili si volava, quelle canzonette scioccherelle erano un tonico formidabile.

Sono quasi tutte sue le principali commedie del boom, compresa quella che più di ogni altra lo rappresenta anche nella memoria collettiva: *Il sorpasso* (1962), un road-movie girato in sei settimane che sarà ammirato e copiato in tutto il mondo. Dal viaggio automobilistico di Gassman e del breve amico Trintignant attraverso l'Italia del boom emerge con lucidità quasi riassuntiva un paese al culmine del benessere e della spensieratezza, eppure già turbato dai primi presentimenti. Più significativo ancora di quello italiano il titolo con cui il film fu distribuito in America: *Easy Life*. La vita facile conduce a cento all'ora sull'orlo del precipizio, ma c'è il sospetto che tanto valga arrivarci così. Gassman può essere visto come una specie di Mefistofele che si porta in macchina la sua preda Faust, ma è davvero lui il diavolo? E la sua spacconeria quasi infantile non è forse una forma di vitalismo disperato? Delle ultime spiagge per cui tutti passiamo quella di Castiglioncello '60 non è poi la peggiore, e la forza del film sta anche nell'ambiguità di fondo, nell'equidistanza del regista dalle due diverse concezioni di vita rappresentate da Gassman e Trintignant.

Questa commedia amara che era stata pensata per Alberto Sordi e che Mario Cecchi Gori aveva prodotto di malavoglia si laureò campione d'incassi nel 1962. La borghesia delle prime visioni vi si era vista rispecchiata nei pregi e nei difetti, e non era rimasta scossa più di tanto dalla morte finale di Trintignant: in fondo Gassman si salva, domattina avrà dimenticato tutto. E cosa guarda, giù in fondo al baratro, nell'ultima sequenza? Niente, solo la morte di un estraneo, di uno che dopotutto aveva il coraggio di starsene sulla spiaggia in camicia, pantaloni e muso lungo. A *Il sorpasso* seguì una sorta di post scriptum 1963: *Il successo*, che a dispetto del titolo propiziatorio ebbe scarso successo. Interpreti principali, sceneggiatori, scenografo, montatore e produttore erano gli stessi; e anche Risi fu convocato a metà film per sostituire il regista a cui era stato inizialmente affidato, Mauro Morassi. Ma la storia di quest'uomo che calpesta ideali, amici e famiglia pur di agguantare il benessere risultò fin troppo schematica ed esemplare.

Molto più incisivo e aggressivo il Risi seguente: *I mostri* (1963), di nuovo un film che fotografava al fulmicotone la propria epoca e che infatti fece epoca. In venti episodi brevi e brevissimi sfila in passerella l'intera società del boom come in un rullino di fotografie. E naturalmente – in assenza di sviluppo – noi vediamo soltanto il negativo, un campionario di vizi allo stato puro, energico, fulminante, senza sconti, tutto giocato sul ritmo: solo nell'ultimo episodio («La nobile arte») la crudeltà si veste di tenerezza con la storia dei due pugili suonati che tentano un'impossibile *rentrée* nella carriera e nella vita. Ebbe meno fortuna, nello stesso anno, un'altra bella commedia di Risi, *Il giovedì*: film solo apparentemente minore dove il regista, attraverso il breve incontro di un padre col figlioletto che non vede da anni, riesce a sintetizzare nello spazio narrativo di poche ore tutta un'epoca (ormai col fiatone, sono bastati pochi anni). Ci sono le auto, la spiaggia, i balli e le canzonette, insomma tutti i luoghi mitici del boom, ma è sempre più evidente ciò che vi cova sotto: l'automobile senza benzina viene abbandonata in mezzo alla strada, la spiaggia si svuota a causa di un temporale; e il protagonista Walter Chiari cerca di sedurre il figlio con tutte le risorse del consumismo, ma il piccolo gli si affeziona proprio quando scopre che il genitore è un simpatico fallito rimasto ai margini del boom.

Anche Luciano Salce, che dei registi di allora è a tutt'oggi il più sottovalutato, seppe fotografare il boom nella doppia componente di euforia adrenalinica e malinconie latenti. La sua commedia più aggiornata resta *La voglia matta* (1962), che ebbe molti problemi con la censura perché raccontava un weekend di foia balneare del maturo ingegner Tognazzi per la sedicenne dai capelli corti e dalle gambe lunghe Catherine Spaak. Pur con tutto il suo ammiccante gallismo da borghese in vacanza quest'altro personaggio-tipo del boom è della stessa pasta (e ceci) dei soliti ignoti; e benché qui il sesso prenda il posto dei soldi, il risultato è lo stesso: tutto sembra facile, easy life, ma alla fine niente riesce. Il vecchio quarantenne arrivato esce dal film con la coda fra le gambe e capisce dov'è arrivato veramente: alla frutta (un po' come il protagonista di un film di Franco Giraldi del 1968, *La bambolona*, ennesima riedizione anch'esso della sindrome da *Angelo azzurro*). Mentre sullo sfondo si stagliano come un «babau», più fenomeno di costume che esseri umani, i giovani '60: non elevati a ribelli come in certi film americani, ma ridotti a caricature nella loro svagata crudeltà, nel loro aggiornato conformismo. Così erano visti, perlomeno, da questo cinema di quarantenni o su di lì.

Più rappresentativo di ogni altro della società del boom e del suo punto di non ritorno è tuttavia un altro film del 1963, *Il boom*, a cui spetta l'Oscar dell'incomprensione: considerato una cenerentola nella filmografia di De Sica e Zavattini quando invece è uno dei loro film più belli e amari, girato fra l'altro benissimo con movimenti di macchina bruschi e nervosi perfettamente in linea con l'epoca. Tutti qui parlano del boom, vivono come se ci fosse il boom, ma il boom dov'è? Chi l'ha visto davvero? Noi vediamo soltanto le tribolazioni di un ricco (Sordi) costretto a vendere un occhio per continuare a esser ricco, per mantenere – nel doppio senso del termine – l'amore della moglie e la stima degli amici. I critici sostennero che, se Zavattini avesse potuto realizzare il copione originario, in cui la tratta dell'occhio non avveniva nell'Italia del boom bensì in quella delle baraccopoli e dei disoccupati, il film avrebbe avuto ben altro spessore. Ma non è vero, a noi sembra molto più implacabile così com'è: che si venda un occhio perché si muore di fame è crudele; che lo si debba vendere per conservare i «ti amo» della consorte e per non rinunciare al superattico e all'automobile, è agghiacciante.

La fine del boom è nell'aria, la presentono nel 1963 i cinque ex amici che si ritrovano per una notte di bisboccia nel malinconico *La rimpatriata* di Damiano Damiani. Tanto che in un film del 1964 come *La vita agra* di Carlo Lizzani si usa già l'imperfetto: «Allora c'era ancora il miracolo economico» ricorda Tognazzi, anarchico convertito che voleva far saltare in aria un grattacielo ma finisce per lavorarci dentro facendovi carriera. E l'anno seguente una commedia di Scola, peraltro più brillante che amara, si intitola senza troppi giri di parole *La congiuntura*. Gli ultimi fuochi, che sono soltanto falò da spiaggia, brillano in una commedia di Risi del 1966, *L'ombrellone*, uno dei migliori film che siano mai stati realizzati sugli svaghi idioti e sui miti fatui della borghesia in decadenza: divertirsi è ormai soltanto un dovere, le vacanze si trasformano in una specie di guerra isterica, con le trincee di sabbia, le invasioni di tedeschi, gli ammassi di carne umana, i morti sulle autostrade affollate.

Del resto il destino finale della «boom society» era già prefigurato in un breve episodio del 1963, «Il pollo ruspante», contributo di Ugo Gregoretti al multiregistico *Ro.Go.Pa.G. - Laviamoci il cervello*. Essenziale, aggressivo, amarissimo, l'episodio racchiude tutta un'epoca in meno di mezz'ora. Il piccolo borghese Tognazzi si reca con moglie e figli, al volante della propria Seicento, a vedere il terreno fuori città su cui sta sorgendo una zona residenziale. Vorrebbe comprarne un lotto, ma i prezzi sono troppo alti. Ritornando a casa, si mette a superare indispettito le auto di grossa cilindrata e va a schiantarsi contro un camion. Tutto qui. Ecco che cosa aveva visto Gassman sul fondo del precipizio, nell'ultima sequenza del *Sorpasso*: se stesso.

2. La galleria di ritratti

La commedia all'italiana non è fatta soltanto di affreschi sociali e metafore del boom: vi è anche un ricco filone di ritratti a tema inerenti la vita lavorativa e la vita privata di uomini e donne, dove il boom e la sua società restano soltanto uno sfondo, sia pure determinante per l'inquadramento dei personaggi.

Nei primi anni '60, anche per via del leggero allentamento delle maglie censorie, molti titoli indossano la divisa: *Il vigile* (1960, di Luigi Zampa), *Il corazziere* (1960, di Camillo Mastrocinque), *Il carabiniere a cavallo* (1961, di Carlo Lizzani), *Il commissario* (1962, di Luigi Comencini), *Il comandante* (1963, di Paolo Heusch). Non si creda però che le benemerite Armi e i rispettabili Corpi vengano messi in burla. Sotto la divisa c'è l'uomo, come ricorda Ugo Tognazzi riempito di botte nel *Federale* per aver finalmente indossato, il giorno della caduta del fascismo, l'agognata divisa. E comunque i protagonisti di questi film non si appropriano mai completamente del ruolo indicato nel titolo: il «corazziere» è il piccoletto Rascel, e dunque indosserà la prestigiosa divisa soltanto in uno spot pubblicitario; il «commissario» non sarà mai tale se non nelle promesse ingannatrici dei superiori; il «carabiniere a cavallo» il cavallo lo ha perduto e passa tutto il film a cercarlo; e il «comandante», nell'unico film di Totò che si possa definire commedia all'italiana in senso stretto, è un militare a riposo, corpo inutile e ingombrante nella società del boom per quarantenni: non riesce a comandare più nessuno, nemmeno se stesso. Quanto al *Vigile,* che si ispirò con qualche eccesso farsesco alla storia vera di un vigile urbano perseguitato per aver multato un'autorità, le fortune del protagonista sono assai instabili e non miglioreranno di certo alla fine del film, quando Sordi avrà mandato il sindaco De Sica a schiantarsi con la sua auto. Del resto anche il *Moralista,* nel film di Bianchi del 1959, è dietro la maschera di censore democristiano un pezzo grosso della tratta delle bianche; il *Mantenuto* del film di Tognazzi (1961) viene reputato tale per un equivoco ma lo diventerà davvero solo alla fine; e il protagonista di *Mafioso* di Lattuada (1962) è un onesto lavoratore e cittadino medio che soltanto per un ricatto della mafia vera assumerà per qualche ora il ruolo assegnatogli dal titolo.

Questi titoli sono idealmente fra virgolette, com'era fra virgolette la società dell'epoca, tutta occupata a vivere al di fuori delle proprie possibilità. E quando non siano fra virgolette, si tratta di film tristi, i cui protagonisti sognano di uscire dal ruolo del titolo per assumerne magari uno con le virgolette. È il caso di una delicata commedia del 1959 di Puccini, *L'impiegato,* dove Manfredi raggiunge il benessere e l'amore soltanto nei sogni, come i protagonisti dei più celebri *Sogni proibiti (The Secret Life of Walter Mitty,* 1947, di Norman Z. McLeod) e *Le belle della notte (Les Belles de nuit,* 1952, di René Clair), ma nel paese del boom presunto i sogni non diventeranno realtà; o del film vagamente espressionistico che Elio Petri trasse nel 1963 da un romanzo di Mastronardi: *Il maestro di Vigevano,* dove il boom viene trapiantato nella provincia lombarda ed è toccante il ritratto dell'omino onesto incapace di farsi strada in questa società di arrivisti in cui tutti ti fanno le scarpe, cosa che non accade soltanto nei calzaturifici di Vigevano.

La galleria di monografie del lavoro raggiungerà l'apice commerciale nel 1968 con uno dei più grandi successi di cassetta della commedia all'italiana, *Il medico della mutua* di Zampa. Questa volta il titolo non sembrerebbe virgolettato, ma implicitamente lo è: sia perché il protagonista Sordi fatica non poco a diventare medico della mutua; sia perché, quando lo diventa, seppellisce in un cassetto il giuramento ippocratico e si trasforma in imprenditore della disgrazia altrui, in «cacciatore di mutuati». Il film era una brillante satira della classe medica, ma anche dell'italiano medio e della malattia da lui contratta negli anni del miracolo economico, l'arrivismo: esaurito il boom del paese, si accendono qua e là focolai di boom individuali, di vite facili e redditizie. Questo stesso italiano è protagonista di uno dei pochissimi film che nel '68 trattino i temi del '68, a cominciare dalla contestazione: *Il profeta* di Risi. L'uomo del titolo è più che mai da chiudere fra virgolette: durante un ingorgo campale prende coscienza della civiltà dei consumi e si fa contestatore globale, andandosene a vivere sui monti come un eremita; ma poco per volta verrà riassorbito dai meccanismi del consumismo e si farà infine i soldi con un locale alla moda chiamato «Il Profeta»: ecco le virgolette definitive.

Se questi uomini sono quasi tutti dei fior di mascalzoni, le speranze per la società non possono che venire dalle donne. Fin dagli anni '50 fiorisce in questo cinema che pure è fatto quasi esclusivamente da uomini un filone di ritratti femminili, commedie in minore più attente alle psicologie dei personaggi e alla vita di tutti i giorni di quanto non lo siano alla società contemporanea e ai suoi problemi politico-economici: l'uomo pensa alla storia, la donna alla vita. Specialista di questa diramazione psicologica della commedia di costume fu Antonio Pietrangeli, il regista e critico romano, anche lui laureato in medicina, scomparso prematuramente in un incidente di mare proprio nel 1968, l'anno in cui i semi del femminismo daranno i primi frutti. Se già i suoi film migliori degli anni '50 (*Il sole negli occhi*, 1953; *Nata di marzo*, 1957) erano commedie al femminile, così delicate per l'epoca da non sembrar quasi commedie, le sue attenzioni all'anima – più che al corpo – delle donne culminano in quattro film dei primi anni '60: *Adua e le compagne* (1960), storia davvero poco comica di alcune prostitute spiazzate dalla legge Merlin; *La parmigiana* (1963), sulle deludenti esperienze amorose di un'orfana ai primi e ultimi turbamenti; il suo capolavoro *La visita* (1963), una specie di breve incontro senza amore nella provincia emiliana, dove gli amanti per corrispondenza Sandra Milo e François Périer scoprono con malcelata delusione le loro vere personalità – ecco l'ennesima situazione di commedia ribaltata; e *Io la conoscevo bene* (1965), altra commedia poco commedia, su una ragazza libera sfruttata per benino dai maschi navigati che sanno come volgere a proprio vantaggio la libertà delle donne.

Le protagoniste dei film di Pietrangeli, così come quelle di altre commedie femminili dell'epoca (*La cuccagna*, 1962, di Salce; *L'attico*, 1962, di Puccini; *La bugiarda*, 1965, di Comencini) pagano i loro tentativi di libertà e le loro scelte non matrimoniali con l'emarginazione e la solitudine. Rischiano spesso di finire sulla strada, e non è proprio quella di Kerouac. Ma da metà decennio qualcosa comincia a cambiare, le nuove donne capiscono quale sia il guadagno più che bastevole dei loro comportamenti liberi: la libertà. È il caso di Monica Vitti nel brillante e un po' fatuo *Ti ho sposato per allegria* di Salce (1967), o della Cardinale versione brasiliana in *Una rosa per tutti* di Franco Rossi (1967), o ancora della Cardinale e della Spaak unite e contrapposte in *Certo, certissimo, anzi... probabile* (1968, di un altro regista molto sensibile alla psiche femminile, Marcello Fondato). Ma soprattutto è il caso di Virna Lisi in una delle commedie più intelligenti e brillanti del decennio: *Tenderly* di Franco Brusati (1968), unico esemplare di commedia sofisticata all'italiana. Se i film a base di donne non fanno quasi mai ridere, questo è invece molto divertente; ma dietro l'ossatura da *screwball comedy* alla *Susanna* mette a confronto con sorridente cattiveria due concezioni opposte della vita: quella maschile ottusa e musona, quella femminile istintiva e libertaria. Lei si perderà nei meandri della vita con il suo corteggio di bambini, animali, momenti brevi e assoluti, rivoluzioni quotidiane; lui diventerà senatore. E il film resta, nel 1968, uno dei pochi che avrebbero potuto appropriarsi dello slogan sessantottino «allegria e fantasia al potere».

I protagonisti di *Tenderly* sfiorano di continuo il matrimonio ma non si sposano mai: sono mosche bianche, per non dire pecore nere, nella società e nella commedia di metà '60 in tutt'altre faccende affaccendate. Quando infatti si mettono insieme uomo e donna, la miscela risulta esplosiva, anzi implosiva, e mortale, soprattutto per l'amore: si chiama matrimonio. La galleria sociologica della commedia all'italiana ha una predilezione per i ritratti di coppia, e potremmo quasi parlare per questo filone di «commedia matrimoniale» se non fosse che bisogna invece parlare, vista la sostanza di questi film, di «commedia antimatrimoniale». Se in un paese ancora molto cattolico e impretato passò il referendum sul divorzio, il merito va anche alle numerose commedie di successo che ebbero per tema l'arretratezza dei costumi sessuali e gli orrori della vita matrimoniale. Significativi già due ritratti sordiani di fine '50: *Il marito* di Loy e Puccini (1958), dove il neo-sposo Sordi scopre subito dopo il matrimonio la metà fino a quel momento oscura della consorte (finirà per farsi commesso viaggiatore e professarsi scapolo con le belle clienti); e *Il vedovo* di Risi (1959), dove il titolo è di nuovo da intendersi fra virgolette perché il protagonista fa di tutto per uccidere la moglie ma non ci riesce: novello Wile Coyote, sarà lui a finire vittima dei propri piani criminosi e a render vedova la moglie.

Che la soppressione del coniuge sia l'unica scappatoia concessa dalla legge per uscire dalle paludi insalubri del matrimonio, lo dimostra nel 1961 il film più celebre e riuscito sull'argomento: *Divorzio all'italiana*, che segna anche la conversione alla commedia del regista genovese Pietro Germi (dopo il poco significativo precedente di *La presidentessa*, 1952). In verità il film, nelle intenzioni originarie degli autori, avrebbe dovuto essere drammatico; ma durante la stesura del copione essi si resero conto che nella retriva Sicilia anche i fatti più drammatici – come il delitto d'onore, protetto e quasi autorizzato dall'articolo 587 del codice penale – assumevano contorni farseschi. La commedia che ne venne fuori è, a conti fatti, una satira feroce, dirompente, però con una sua serietà di fondo, come a dire: voi ci ridete sopra, ma non c'è mica tanto da ridere. La storia del barone Mastroianni, che favorisce le proprie corna per essere così autorizzato a sbarazzarsi della ingombrante consorte, sembra quei fatti che nei giornali di fine Ottocento venivano riportati sotto il titolo «Cose da Medioevo». Ma Germi, collocando la vicenda in una cittadina neanche troppo immaginaria con ventimila abitanti e ventiquattro chiese, dove il parroco invita dal pulpito i fedeli a votare liberamente «un partito che sia democratico e cristiano», aggancia i malcostumi antichi a quelli moderni. Con un paradosso di fondo: la società che un film come *Divorzio all'italiana* fa agognare è quella stessa, moderna e sfrenata, che film come *Una vita difficile* o *Il boom* fanno detestare.

L'uxoricidio imputabile non già a tedio coniugale ma ad abissi ancestrali della mentalità si trasferisce in Sardegna nel 1966 in un film poco felice di Zampa, *Una questione d'onore*. Ma ce n'è anche una versione femminile e cristiana, da far rabbrividire: il film del 1963 è *L'ape regina* (che però fu re-intitolato, per ordine della censura, *Una storia moderna: l'ape regina*), il regista Marco Ferreri (una sorta di fiancheggiatore della commedia all'italiana, autore di vari film assimilabili al genere e tuttavia estremamente personali negli orizzonti e nello stile). Qui la mogliettina cattolica Marina Vlady, che porta stampato sulla camicia da notte il motto «Non lo fo per piacer mio ma per far piacere a Dio», sfianca a furia di sesso il marito Ugo Tognazzi e poi lo lascia morire in solitudine ottenuto l'unico suo scopo, quello di riprodursi. È il matrimonio cattolico allo stato puro, non c'è neanche il tempo per annoiarsi e disamorarsi.

E dire che per raggiungere questo benedetto matrimonio c'è chi si finge addirittura in punto di morte, come la Loren con Mastroianni in *Matrimonio all'italiana* di De Sica (1964), versione panoramica e da esportazione di una delle più celebri opere teatrali di Eduardo, *Filumena Marturano*. E forse vorrebbe essere maritata, o perlomeno lo vorrebbero i suoi cari, la Stefania Sandrelli protagonista dell'altro grande grottesco siciliano di Germi: *Sedotta e abbandonata* (1964), passerella quasi goyesca di personaggi ripugnanti, sudaticci, sdentati, urlanti, deformati anche interiormente dal sole siciliano e dagli zoom ficcanti del regista. Se per tante commedie all'italiana si è parlato di riso amaro, per questa sarebbe il caso di parlare di riso isterico.

Queste cose succedono al Sud, dove si profila una specie di genere cinematografico a sé, tipo il western nel cinema americano. Per quanto riguarda le commedie ambientate da Roma in su, soprattutto nella seconda metà del decennio, il matrimonio viene descritto nella sua tragedia oscura: il tran tran quotidiano. C'è probabilmente un rapporto tra la fine del boom, con le sue energie trascinatrici, e questo ripiegarsi sulla vita privata e sui suoi grigiori. Fatto sta che la prima commedia virtualmente divorzista è nel 1963 *Le ore dell'amore*, uno dei film migliori di Salce, dove i coniugi di turno, distrutti dalla convivenza, decidono di tornare a frequentarsi da amanti. In *Il magnifico cornuto* di Pietrangeli (1964), dalla farsa tragica di Crommelynck, il problema coniugale è quello di quando l'amore in qualche modo c'è ancora, la gelosia: il solito Tognazzi ha una moglie fedelissima, e «magnifico cornuto» si crede soltanto, rimordendogli forse la coscienza per certe scappatelle; ma a furia di congetturare e di lanciare accuse a vuoto, finirà per diventarlo davvero, per togliere le virgolette al titolo.

L'unica via d'uscita da questi matrimoni senza divorzio, qualora non si voglia praticare l'uxoricidio, resta per gli uomini, come ai tempi delle *pochade*, l'amante giovane. È la soluzione praticata nel gigioneggiante *Il tigre* di Risi (1967) da Gassman, capitano d'industria ultraquarantenne che si prende una cotta per una ragazzina e pensa di mollare per lei la famiglia. Essendo però un tigre fra virgolette, non riesce a compiere il grande passo: alla fine, sempre più incapace di decisioni, immagina se stesso in un improbabile *happy end*, volteggiare con paglietta e abito da passeggio insieme alla moglie e all'amante complici e sorridenti, pronte a cedersi cortesemente il passo e il partner in una scenografia da musical hollywoodiano. Meno cattivo e più amaro il ritratto maschile che emerge da un bel film di Loy dello stesso anno, *Il padre di famiglia*, nuova saga ventennale di storia pubblica e privata sul modello di *Una vita difficile*. Qui ai problemi coniugali si aggiungono quelli portati dai figli, alla crisi professionale quella di un'Italia che era la fidanzata di tutti e adesso sembra un cattivo matrimonio, o più semplicemente un matrimonio. Il protagonista Manfredi si defila poco per volta dalla famiglia come dai propri ideali, e adesso che non è più tempo di fidanzate si fa anche lui l'amante. Alla fine viene fuori che il vero padre di famiglia, naturalmente fra virgolette, è la moglie Leslie Caron, che è rimasta coraggiosamente a margine, che da donna ha accettato la vita per quello che è e, soprattutto, per quello che non è.

Gli uomini invece vanno giù pesanti, e se un'amante non basta provano a farsene più d'una: come Tognazzi che in *Ménage all'italiana* di Franco Indovina (1965) ha otto mogli; come Sordi che nel suo *Scusi, lei è favorevole o contrario?* (1966) ha un'amante per ogni giorno della settimana; come Tognazzi, ancora lui, che nel compassato *L'immorale* di Germi (1967) ha tre famiglie – anche se, più morale dei predecessori, è perlomeno affezionato a tutte. Più laido di tutti il tognazzesco protagonista dello sboccato e volgare *Venga a prendere il caffè da noi* di Lattuada (1970), che sposa una donna non proprio per amore, poi va a letto con le sue sorelle e, già che c'è, con la domestica: il risultato finale è un colpo apoplettico, Tognazzi sconterà le proprie donnesche imprese su una sedia a rotelle senza più doversi preoccupare che la legge sul divorzio passi o non passi. Ma la società fondata sul matrimonio e sul tradimento aveva trovato già qualche anno prima il suo apice cinematografico in *Signore e signori* (1965), terzo tassello della tetralogia cattivista di Germi, uno dei film più sarcastici e graffianti della propria epoca. Abbandonata per sempre l'amata-odiata Sicilia, il regista di *Divorzio all'italiana* ne scova una versione nordica nel Veneto delle lettere anonime e dei pettegolezzi a perdifiato: è un trionfo di corna, corna cattoliche, corna di gente che va a messa tutte le domeniche, che pensa soltanto a far l'amore e quando vede l'amore vero lo denuncia ai carabinieri.

Ai borghesi del film di Germi il divorzio non servirebbe a molto, visto che lo praticano già tutti i giorni fra le pieghe dei loro matrimoni di copertura. Sembrano invece reclamarlo a gran voce, come un triste diritto dell'uomo moderno, film tipo *Amore mio aiutami* di Sordi (1969), dove Sordi e la Vitti passano attraverso la triste trafila del «mi sono innamorata di un altro uomo», delle sberle che non restituiscono l'amore e poi della separazione effettiva ma non ufficiale; o *Cuori solitari* di Giraldi (1970), dove i coniugi annoiati Ugo Tognazzi e Senta Berger sperimentano senza entusiasmo e senza successo la contromisura estrema dello scambio di coppie. Nella realtà il divorzio diventa legge alla fine del 1970 lasciando gli autori della commedia all'italiana vagamente perplessi, come quasi sempre i progressisti di fronte al progresso avvenuto. Dopotutto che cosa fanno i neo divorziati? Corrono subito a risposarsi, ricadono in matrimoni che sono fotocopie sbiadite dei precedenti, come si vedrà in due film del 1972: il garbato *Causa di divorzio* di Fondato e soprattutto il caustico ma a suo modo perfino rassegnato *Alfredo Alfredo*, con cui Germi conclude felicemente la sua carriera e tristemente la sua vita, sempre meno fiducioso nelle potenzialità della razza umana. Ora che il divorzio è cosa fatta, la commedia che si era tanto battuta in suo favore sembra la commedia americana quando negli anni '60 il sesso viene liberalizzato, quando al posto dei cartelli «Do not disturb», sulle porte delle camere da letto, sarebbe stato ormai opportuno appendere un cartello molto più disperato: «E adesso?»

3. Le altre strade della commedia all'italiana

Ci sono però altri modi e altre prospettive per guardare l'Italia '60. Quando, nel 1964, la commedia del boom sembra aver esaurito il proprio impeto innovativo, si tenta di spezzarla, di rieditarla in versione tascabile sul modello dei *Mostri* di Risi: è il boom della commedia a episodi staccati, che ha il suo exploit quantitativo nel 1964 e nel 1965 con una ventina di titoli. Le ragioni di questi film erano essenzialmente produttive: mettere insieme diversi attori di grido in un unico film senza pagarli uno sproposito e senza correre il rischio dei troppi galli in un unico pollaio; sfruttare soggetti già acquistati e non realizzabili diversamente; cercar di attirare pubblici diversi in un solo spettacolo con varie gradazioni interne di qualità e di gusto. Ma i risultati non furono sempre deplorevoli: gli episodi brevi sono la traduzione cinematografica di un genere letterario nobile e antico, la novella; e con la scusa della brevità ci si possono permettere licenze narrative particolari e anche qualche arditezza in tema di sesso. Il più celebre di questi episodi resta quello in cui Sophia Loren, istruita per l'occasione da un maestro del Crazy Horse, si esibisce in uno spogliarello da antologia: bastò a rendere proverbiale un film non tra i migliori di De Sica, *Ieri, oggi, domani* (1963). Molte commedie a episodi hanno per tema principale la donna, da *Se permettete parliamo di donne* (1964), che segnò l'esordio ancora un po' acerbo di Scola nella regia, alla sfilza di *Bambole, Fate, Streghe, Dolci signore*. Altre hanno l'obiettivo puntato sul matrimonio e sulle sue conseguenze: *La mia signora*, (1964, di Brass, Comencini, Bolognini), *Le belle famiglie* (1964, di Ugo Gregoretti). Ma si raccontano anche storie di sesso e di sessi che sarebbero troppo ingombranti per un film intero: dalla muta avventura ferroviaria fra vedova e soldatino in *L'amore difficile* (1962, di Manfredi, Bonucci, Sollima, Lucignani) al circense triangolo d'amore fra due nani e una donna cannone in *La donna è una cosa meravigliosa* (1964, di Mauro Bolognini); dalla neo-sposina che decide di farsi uomo in *I nostri mariti* (1966, di Zampa, Risi, D'Amico) al professore ridotto a eccitarsi coi rumori del gabinetto in *Controsesso* (1964, di Rossi, Ferreri, Castellani). Perfino la mostruosità fisica può divertire e far commedia: uno degli episodi più ameni è il sordiano «Guglielmo il dentone», da *I complessi* (1965, di Risi, Rossi, D'Amico) dove un uomo fin troppo pieno di qualità riesce a farsi strada in televisione nonostante un macroscopico difetto fisico. E in questi calderoni che tutto contengono, come le pentole delle streghe, anche i toni surreali possono venire accettati dal grande pubblico: nell'episodio felliniano dell'elefantiaco *Boccaccio '70* (che a dispetto del titolo è del 1962) il censore piccolo piccolo Peppino De Filippo è alle prese con una donna gigante di baudelairiana memoria, uscita in carne, ossa e latte da un cartellone pubblicitario; in quello ferreriano di *Oggi, domani, dopodomani* (1965) l'industrialotto Mastroianni si angoscia per cercar di capire fino a che punto sia possibile gonfiare un palloncino senza farlo scoppiare: alla fine, dilaniato dall'irrisolvibile dubbio, si butta dalla finestra e va a schiantarsi su un'auto in sosta, ma poiché siamo ancora in odor di boom l'episodio si chiude con il proprietario dell'auto che impreca e dà di matto per i danni alla carrozzeria. Non mancarono del resto film a episodi dalla struttura più complessa, ispirata in parte al vecchio modulo delle storie intrecciate e in parte a certi rotocalchi cinematografici degli anni '50: l'ottimo *Made in Italy* di Nanni Loy (1965) racconta usi e costumi degli italiani a mo' di dizionarietto popolare; *Io, io, io... e gli altri* (1965), che Blasetti considerava il proprio testamento artistico, è un bloc-notes di appunti, un brillante elzeviro sul tema dell'egoismo umano, molto di attualità nell'Italia ancora fresca di boom.

Un'altra strada percorsa dalla commedia di costume in cerca di idee e situazioni nuove è quella dei viaggi all'estero, già timidamente sperimentata negli anni '50 con *Parigi è sempre Parigi* e con alcune commedie turistiche che peraltro erano essenzialmente balneari contandovi la permanenza assai più del viaggio (*Costa Azzurra*, 1959, di Vittorio Sala; *Brevi amori a Palma di Majorca*, 1959, di Giorgio Bianchi). Adesso anche il viaggio diventa uno status-symbol, a tratti già un fenomeno di massa; comunque, un erede diretto del boom e delle sue energie bisognose di sfogo. Dopo aver esplorato l'Italia e gli immediati dintorni, si va ad esplorare il mondo; ma il mondo è solo un modo per capire meglio l'Italia, come insegna il Marco Polo di Calvino che più si perde in quartieri sconosciuti di città lontane e più impara a conoscere i campielli di Venezia dove correva da bambino. Specialista della commedia di viaggi fu il veneto Gian Luigi Polidoro, che in effetti aveva vissuto lungamente a Parigi e New York ed era stato documentarista per l'Onu. Il suo primo viaggio cinematografico lungo fu nella Svezia dei liberi costumi: ne diede una versione poco più che documentaristica (*Le svedesi*, 1960) e una in forma di commedia (*Il diavolo*, 1963). Poi mandò i suoi italiani medi in giro per i continenti: in America (*Una moglie americana*, 1965) e in Asia (*Una moglie giapponese?*, 1968). Questi film erano delle commedie di costume tristi, dai personaggi che a contatto con la vastità del mondo mostravano tutta la loro piccolezza; ma erano anche dei documentari sugli usi e costumi degli altri popoli. Anche Sordi fu un gran viaggiatore e diede un contributo commercialmente rilevante al filone con il suo primo film da regista, *Fumo di Londra* (1966), e poi con *Un italiano in America* (1967): film girati con troupe di cinque o sei persone al massimo, con la macchina a mano, senza permessi, ai limiti involontari del cinema-verità. Molto più costruita e divertente una versione femminile del filone: *La ragazza con la pistola* di Monicelli (1968), per cui Monica Vitti sostituì all'ultimo la Cardinale e fu trasformata un po' artificiosamente in una bruna siciliana che va in Inghilterra a vendicare il proprio onore. Ma questa non è una commedia-documentario sull'Inghilterra, bensì una commedia-documentario sulla Sicilia; così come il malinconico *Parigi o cara* di Vittorio Caprioli, che nel 1962 aveva portato nella capitale della bella vita la donna di vita Franca Valeri, non era un film sulla Francia ma una commedia di psicologie femminili tipo *Il segno di Venere*. Certo tutti questi viaggiatori si sentono un po', inizialmente, dei Cristoforo Colombo: sperano di trovare qualche continente perduto, magari anche soltanto del pensiero, e alla fine si ritrovano più soli e confusi di prima, avendo scoperto che di perduto c'è soltanto il loro io. Sintomatico il caso di Sordi alla fine di *Riusciranno i nostri eroi a ritrovare l'amico misteriosamente scomparso in Africa?* di Scola (1968), commedia africana vagamente ispirata a *Cuore di tenebra* di Conrad, che prelude per temi e stile ai viaggi senza ritorno degli anni '70: il mal d'Africa è soltanto una versione esotica del mal di vivere, e l'avventura nel Continente Nero potrebbe anche intitolarsi «Riusciranno i nostri eroi a ritrovare se stessi?». Lo stesso senso di smarrimento universale, ma più realisticamente legato a contingenze storiche ed economiche, pervadeva del resto la migliore commedia di viaggi del decennio, che ancora una volta porta la firma e il ritmo frenetico e aggressivo di Dino Risi: *Il gaucho* (1964), dove si mettono a confronto alcuni italiani d'Italia, che vanno in Argentina in cerca del boom mancato in patria, e alcuni italiani d'Argentina, che sognano invece l'Italia lontana e questo benedetto boom di cui tutti parlano. Fatto sta che aveva ragione il lied di Schubert: «Là dove tu non sei, là c'è la felicità!». E tutto il film, allegramente amaro, è riassunto nella memorabile scena dell'incontro dopo tanto tempo fra gli amici Gassman e Manfredi, che sulle prime giocano a fingersi ricchi e felici, poi poco per volta scoprono di essere rimasti dei poveracci tutt'e due in una malinconica, anzi «malincomica» gara a chi sta peggio.

Ai viaggi nello spazio si affiancano quelli nel tempo, i cui risultati non sono molto diversi. Esauritasi la commedia storico-moderna, da metà decennio prende corpo la commedia storico-antica. Le epoche lontane hanno il profumo esotico di certi viaggi, il passato remoto diventa un'interpretazione del presente: come nelle operette di Offenbach che rivisitavano l'antichità mitologica con lo spirito irridente e autoironico della borghesia francese dell'Ottocento. Non sono particolarmente rilevanti *La mandragola* di Lattuada (1965), da Machiavelli, che però nell'edizione originale conteneva un suggestivo dialogo di Totò con la Morte; né *L'arcidiavolo* di Scola (1966), che tuttavia pullula di allusioni al nostro secolo e contiene una divertente partita di calcio d'epoca rinascimentale. Sono invece tra i capolavori massimi del cinema comico italiano i due grotteschi medievali diretti nel 1966 e nel 1970 da Monicelli su un copione dei soliti Age e Scarpelli: *L'armata Brancaleone* e il suo sèguito, *Brancaleone alle crociate*, raro caso di «numero due» superiore al «numero uno» per vastità di orizzonti e ricchezza di invenzioni. Costruiti sulle spalle di un Vittorio Gassman assolutamente incontenibile e vivacizzati dai dialoghi in una sorta di latino dialettalmaccheronico, i due film raccontano le avventure e disavventure eroicomiche di un manipolo di poveracci che, non molto diversamente dai «soliti ignoti», si imbarcano in imprese più grandi di loro e raramente riescono a portarle a termine. Ma il loro condottiero non è un Wile Coyote, e nemmeno un Rodomonte, bensì un cavaliere errante, un Don Chisciotte, accompagnato da una mezza dozzina di Sancho Panza e da varie Dulcinee perfide o infoiate o innamorate: la ferma ingenuità con cui crede in se stesso gli conferisce una statura effettivamente eroica; e alla fine il suo duello impossibile con la Morte non è indegno della partita a scacchi di Max von Sydow nel bergmaniano *Il settimo sigillo (Det sjunde inseglet*, 1956).

Con quest'ultimo *Brancaleone*, di cui Monicelli e compagni ebbero il coraggio di non tentare ulteriori séguiti, si approda al fantastico. Ma nel cinema italiano pure questo può far commedia di costume: anche perché fantasmi e alieni vengono messi a contatto, come fossero normali personaggi-simbolo, con la realissima società terrena e terrestre delle ricchezze mal distribuite e delle ingiustizie legalizzate. Molto bello nel 1960 *Fantasmi a Roma* di Pietrangeli, garbato cocktail di commedia brillante-sentimentale alla Clair e commedia perfida alla Risi, con i suoi spettri gentili che si dondolano sulle acque del Tevere alla ricerca della vita perduta e intanto provano a combattere cavallerescamente la volgarità dei nuovi ricchi: Pietrangeli riserva ai suoi fantasmi la stessa delicatezza psicologica riservata alle sue donne. Poco meno riuscita un'altra commedia di fantasmi, questa più tradizionalmente a sfondo amoroso: *La ragazza del bersagliere* di Blasetti (1967), divertimento lievemente amorale che però non piacque agli spettatori. Il fatto che la prosperosa Graziella Granata abbia così voglia di fare all'amore da venir quasi meno al proprio patto sentimental-platonico, e il fatto che i due protagonisti abbiano «consumato» prima di essere sposati e ci riprovino continuamente anche quando lui è puro ectoplasma, lasciarono un po' spiazzato il pubblico italiano cresciuto alla scuola fantastica hollywoodiana, dove la perdita del corpo pone fine ai desideri più prettamente terreni semplificando le cose anche alla censura.

De Sica e Zavattini ritentarono il miracolo di *Miracolo a Milano* con un altro film molto sottovalutato dai difensori del realismo a tutti i costi: *Il giudizio universale* (1961), kolossal umoristico a episodi intrecciati dove una voce nel cielo di Napoli annuncia il Giudizio Universale e incomincia a chiamare i singoli imputati in ordine alfabetico. La gente si agita un po', cerca di farsi scontare i propri peccati, ma alla fine Dio fa come gli autori e rinuncia al giudizio: meglio per tutti una festa da ballo, secondo l'antica tradizione dei tarallucci e vino. Nel 1964 si segnalano anche, benché viste da pochi, le due commedie di fantascienza *Omicron* di Ugo Gregoretti e *Il disco volante* di Tinto Brass, dove gli extraterrestri sono trattati alla stregua di terrestri: uno finisce in fabbrica, e da semplice alieno che era diventa alienato; l'altro viene ucciso e poi abbandonato come una marionetta in disuso in fondo a un pozzo.

Certo in queste zone franche dei generi i confini della commedia all'italiana sono particolarmente difficili da stabilire, decine di film anche importanti stanno a cavallo fra cinema comico e cinema drammatico. È il caso di Marco Ferreri, che le vere commedie all'italiana le realizzò a fine anni '50 in Spagna (soprattutto il velenosissimo *El cochechito*, una sorta di *Umberto D.* alla rovescia). Ma sulla strada indicata da *L'ape regina* e da alcuni episodi sciolti diresse anche in Italia un paio di film che, dietro al velo del grottesco, sono commedie di costume su una società che è grottesca essa stessa, un po' per natura e un po' per cultura. *La donna scimmia* (1963) potrebbe essere una normale commedia del boom per come la donna del titolo viene sfruttata ed emarginata, a prescindere da tutti i suoi peli; e *Marcia nuziale* (1965) è in fondo una commedia antimatrimoniale a episodi, il più ragguardevole dei quali ambientato in un futuro di bambole di plastica dove non solo più i sentimenti ma anche i partner sono diventati artificiali.

Il tono grottesco dei film di Ferreri si ritrova in altre quasi-commedie di metà '60: *Chi lavora è perduto* (1963), esordio all'insegna dell'anarchia ideologica e formale di un Tinto Brass non ancora tentato dalle più facili e redditizie forme femminili; *Il fischio al naso* di Tognazzi (1967), elaborazione non abbastanza coraggiosa di un racconto di Buzzati, dove un industriale dal brillante futuro viene ricoverato in una clinica di lusso per il disturbo del titolo e non ne esce più; *La Cina è vicina* di Marco Bellocchio (1967), ritratto di borghesia in humour nero, certo un po' sovraccarico nello stile, a testimonianza della poca dimestichezza del regista con il comico; e in qualche modo perfino *Uccellacci e uccellini* di Pier Paolo Pasolini (1966): pure Pasolini come Bellocchio non aveva il senso della commedia, ma la presenza di Totò – nel ruolo più astratto e didascalico della sua carriera – ravviva questa favola poetica sul crepuscolo delle ideologie e ne fa un road-movie, sia pure molto intellettualistico, sulla società contemporanea. Anche un altro musone senza leggerezza, Francesco Maselli, si cimenta in due commedie «di sinistra» (*Fai in fretta ad uccidermi... ho freddo!*, 1968, e *Ruba al prossimo tuo*, 1970): ma erano molto più di sinistra quelle dei Risi e dei Monicelli che non lo erano dichiaratamente. Sono del resto gli anni in cui il serissimo Bernardo Bertolucci collabora al copione della parodistica e poco riuscita *Ballata da un miliardo* di Puccini (1966); in cui il mansueto Comencini dirige una parodia non irresistibile ma senz'altro molto movimentata dei film alla James Bond (*Italian Secret Service*, 1967); in cui il popolare Monicelli gira una strana commedia nera, impopolare e farsesca, con inquadrature fisse e un cast di nessun richiamo (*To', è morta la nonna!*, 1969); in cui Eduardo De Filippo realizza in proprio una versione internazionale e pompieristica di una delle sue commedie più intime, *Le voci di dentro* (*Spara forte, più forte... non capisco*, 1966). E Pasquale Festa Campanile, forse il regista che più d'ogni altro riuscì a sprecare il proprio talento, azzarda una serie di mediocri commediole a sfondo erotico che incrociano con abile fiuto commerciale telefoni bianchi e satira di costume introducendo perlomeno temi sessualmente inediti nel cinema italiano: *La matriarca* (1968) racconta un caso di libertinaggio postumo al femminile, con tanto di condimento sado-maso; *Scacco alla regina* (1969) descrive gli ambigui rapporti fra una diva e la sua segretaria; *Il merlo maschio* (1971) è la storia di un uomo che deve farsi voyeur per agguantare il successo.

Se questi film travalicano la commedia per eccesso, altri la mancano per difetto, e viene da fare quanto meno il nome di Ermanno Olmi: le sue opere rispondono più a una poetica personale che a esigenze e convenzioni di genere, ma le avvicina alla commedia di costume di quegli anni il loro tema prediletto, la solitudine degli uomini puri nella società dei consumi e degli uomini adulterati. In mezzo a vari film decisamente drammatici brillano per lieve ironia e situazioni da commedia i bellissimi *Il posto* (1961), sul difficile inserimento di un ragazzo nella società del posto fisso e della solitudine obbligata, e *Durante l'estate* (1971), dove un omino quasi chapliniano distribuisce a destra e a manca titoli nobiliari in base alla nobiltà d'animo delle persone: finirà in galera a scontare la propria favola, ma anche dietro le sbarre continuerà a credere che in mezzo a tanti farabutti appaia ogni tanto, in incognito, qualche principe.

4. *L'ultimo Totò*

Anche negli anni d'oro della commedia all'italiana il cinema comico puro continua a sopravvivere. Si capisce che è una specie in estinzione, che suona un po' anacronistico con quel suo profumo di avanspettacolo nell'Italia delle lottizzazioni selvagge e dei cavalieri del lavoro. Tuttavia ha ancora un suo spazio, una sua necessità, un suo pubblico; e vede ancora sulla breccia il proprio campione, Totò. Totologi e totomani sono concordi nel rilevare la stanchezza dei suoi film comici degli anni '60; ma questo è vero solo in parte, e se si considerano gli ultimi tre anni della sua carriera. In realtà fra il 1958 dei *Soliti ignoti* e il 1968 del postumo *Capriccio all'italiana* Totò interpretò ben 47 film. Di questi una buona metà sono molto divertenti e una dozzina almeno sono ancora capolavori assoluti dell'arte comica: la media non è poi molto diversa da quella degli anni '40 e '50. Certo dal 1956 Totò era quasi cieco; e molti film dal 1958 in avanti li girò di malavoglia con l'unico scopo di pagare un debito di centinaia di milioni col fisco (benché fosse il più popolare e il più redditizio, Totò non era il meglio pagato degli attori italiani; e molti guadagni li investiva direttamente nelle sue opere di beneficenza, in questo davvero meritandosi la patente di nobiltà secondo i criteri del film di Olmi). Tuttavia la sua comicità attraversa indenne, come quella di Stanlio e Ollio, anche i film più improbabili; e Steno e Sergio Corbucci, i nuovi registi che prima si affiancarono e poi presero definitivamente il posto di Mattoli e Mastrocinque, erano anch'essi molto bravi a farsi invisibili di fronte ai comici mattatori.

Anche a livello produttivo, del resto, si tentano nuove strade per Totò. Essendo stato spedito ormai dappertutto, perfino all'inferno, non si sa più dove mandarlo: restano giusto Parigi (in *Totò a Parigi*, che conta fra l'altro una nuova sequenza in vagone letto dopo quella celeberrima di *Totò a colori*) e la luna (in *Totò nella luna*, che nel 1958 è il primo film di fantascienza realizzato in Italia). Bisogna dunque giocare la carta degli accoppiamenti: se Totò, anche per ragioni fisiche, non regge più da solo il peso comico di un intero film, basterà affiancargli altri attori di sicura comicità. La sua spalla per eccellenza Mario Castellani è un caratterista di grande bravura, per molti versi insostituibile, ma resta pur sempre una spalla, che fa ridere indirettamente perché va a rimbalzare contro la comicità di Totò. È come un satellite, che non splende di luce propria: ci vuole invece una stella, che brilli accanto a quella di Totò fin dai titoli di testa. E Peppino De Filippo, insieme spalla e comprimario, satellite e stella, non sempre è disponibile, anteponendo di regola gli impegni teatrali a quelli cinematografici.

Così nel 1958 si tenta la carta Fernandel, che tanto bene funzionava in coppia con Gino Cervi; ma il film mezzo francese e mezzo italiano, *La legge è legge* di Christian-Jaque, si rivela troppo francese e troppo poco italiano per ispirare Totò. Anche la coppia con Vittorio De Sica funziona meno bene del previsto, De Sica subisce Totò con troppa disinvoltura, non ne fa una malattia come Peppino o Fabrizi; ma restano comunque divertenti e garbati *Totò, Vittorio e la dottoressa* di Mastrocinque (1958), dove la dottoressa è la diva televisiva d'importazione Abbe Lane, e *I due marescialli* di Corbucci (1962), che introduce il principe della risata nel filone resistenziale facendone un ladruncolo trasformista a cui una divisa rubata conferisce animo da eroe: come Benigni nel futuro *La vita è bella*, Totò verrà fucilato, ma un malizioso siparietto finale insinua qualche dubbio, forse più forte del coraggio e della paura è l'italica arte di arrangiarsi. Si tentò anche un doppio misto che sulla carta avrebbe dovuto fare faville: Totò e Anna Magnani. Ma nel loro unico film in coppia, *Risate di gioia* di Monicelli (1960) c'era – a dispetto del titolo – poco da ridere e poco da gioire: il film era lento e noioso, come tutti quelli tratti da racconti di Moravia, e la Magnani dell'Oscar e dei premi neorealisti non era troppo convinta di recitare al fianco di un guitto che nessuno premiava mai, a parte il pubblico.

Più riuscita l'accoppiata Totò/Nino Taranto, che erano amici e si stimavano a vicenda. Divertente soprattutto il loro primo film insieme, *Tototruffa '62*, che era naturalmente del 1961 [2], per la regia del

---

[2] Così come *Boccaccio '70* uscirà nel 1962 e il monicelliano *Casanova '70* nel 1965. Era il segreto degli euforici anni '60: vivere in anticipo il futuro, anche quello che non ci sarebbe stato.

solito Mastrocinque: appesantito da lunghe divagazioni musical-sentimentali, ma da ricordarsi per alcune truffe dei due compari come la vendita della Fontana di Trevi a un turista americano e la beffa al padrone di casa (che offre a Totò il più spassoso travestimento femminile della sua carriera). Ma sono buffi e movimentati, nei loro toni dichiaratamente farseschi, anche i due film di Corbucci in cui la coppia Totò/Taranto diventa un terzetto grazie all'apporto di Macario: *Lo smemorato di Collegno* (1962), vagamente ispirato al caso Bruneri/Canella, e *Il monaco di Monza* (1963), parodia più della *Monaca di Monza* di Carmine Gallone (1962) che dei *Promessi sposi* manzoniani.

Diede sporadici ma ottimi frutti, dopo quello amarognolo di *Guardie e ladri*, anche la coppia Totò/Fabrizi, versione piccolo-borghese di quella Totò/Peppino. Lo schema è lo stesso, Totò all'attacco e Fabrizi in difesa. Ma diversamente da Peppino, che reagisce in genere come un cane a cui hanno pestato la coda (grandi abbaiate e nessun risentimento prolungato), Fabrizi subisce con la pazienza obesa dei bovidi: si accende anche lui, qualche volta, ma dopo aver lungamente accumulato, e comunque con una certa mansuetudine rassegnata, da eterno predestinato. Per questo i ritmi di Totò e Fabrizi sono più lenti di quelli di Totò e Peppino, e le loro progressioni comiche fanno pensare piuttosto alla *slow burn* di Stanlio e Ollio. Purtroppo la coppia fu poco sfruttata: anche perché, fuori dalla finzione, Fabrizi aveva un caratterino da primadonna e dunque i litigi dei due attori sul set non erano molto diversi da quelli dei loro personaggi. Restano comunque, a cavallo fra 1959 e 1960, due buoni film della coppia: *I tartassati* di Steno, una specie di *Guardie e ladri* adattato all'Italia del boom, dove le guardie continuano a essere di un'onestà allarmante, ma intanto stentano a campare, mentre i ladri hanno fatto carriera e stanno impadronendosi del potere economico, cioè del potere; e *Totò, Fabrizi e i giovani d'oggi* di Mattoli, ennesima variazione sull'eterno tema dei ragazzi che si amano a dispetto dei loro genitori – che qui non sono proprio i Capuleti e i Montecchi, ma un pasticcere benestante e un impiegato statale povero.

L'accoppiata per eccellenza resta però, anche in questi anni, quella di Totò e Peppino, che toccano nel biennio 1960-1961 alcuni vertici della loro arte comica. *Signori si nasce* di Mattoli si direbbe tratto da una commedia di Scarpetta o di Feydeau, anche per l'ambientazione primo Novecento e per la sequela di equivoci e travestimenti: poiché Totò è un nobile impunito e Peppino un uomo casto e pio, il loro stato di rissa perenne raggiunge livelli davvero ragguardevoli. Ma è ancora poco se si pensa a ciò che succederà nell'irresistibile *Letto a tre piazze* di Steno: lo spunto di partenza dell'uomo che torna a casa dalla guerra dopo tanto tempo, come Stan Laurel in *Vent'anni dopo (Block-Heads*, 1938*)*, è la scusa per una interminabile gazzarra biconiugale, una litigata di un'ora e mezza, una zuffa infinita senza esangui parentesi sentimentali di personaggi minori, tanto più divertente perché questa volta i protagonisti appaiono in contrasto totale per ragioni ben precise, essendo i due mariti di una stessa moglie. Al confronto può apparire quasi soporifero il pur travolgente *Chi si ferma è perduto* (1961) di Corbucci, farsa impiegatizia con svariati equivoci da *pochade* e con finale pirotecnico in una sorta di albergo del libero scambio. Ma la bomba comica scoppia di nuovo in *Totò, Peppino e... la dolce vita* (1961), sempre di Corbucci, ultimo grande film della coppia e parodia della *Dolce vita* di Fellini realizzata in quattro e quattr'otto sullo stesso set dell'originale con un costo dieci volte inferiore. Un tempo sembrava blasfemo il semplice fatto che il film esistesse e richiamasse nel titolo il capolavoro di Fellini; oggi si può finalmente dire che ne è una versione proletaria, anarcoide, molto meno tollerabile per il pubblico borghese. In fondo *La dolce vita* di Fellini era, nella sua amarezza tragica, più ammiccante e accondiscendente: fustigatrice ma complice, come gli aforismi di La Rochefoucauld. Quella di Corbucci, pur con i suoi eccessi farseschi e il suo pressapochismo culturale, è più cattiva, più sanguigna, più radicale: implacabile e risentita, come i sonetti del Belli.

Nel 1962 *Totò e Peppino divisi a Berlino* di Giorgio Bianchi, benché prendesse spunto da un fatto di scottante attualità come la costruzione del Muro di Berlino, risultò poco divertente e molto datato. Il muro che era riuscito a dividere la città più tragica d'Europa riuscì anche a dividere la coppia più comica d'Italia. Il successivo *Gli onorevoli* (1963) di Corbucci, che pure è una delle pochissime commedie a sfondo politico realizzate in Italia, vede Totò e Peppino affiancati soltanto nei titoli di testa: negli episodi intrecciati di cui si compone il film i due comici non appaiono insieme nemmeno una volta (anche se resta proverbiale il personaggio di Totò con il suo slogan «Votantonio! Votantonio!», che diventerà fra l'altro il nome di una lista autonoma).

Il capitolo dei «Totò e...» si era chiuso in realtà qualche mese prima con quella specie di passerella finale che è *Totò contro i quattro* di

Steno: una serie di sketch, quasi improvvisazioni a ruota libera su un tema che non c'è, dove Totò si incontra e si scontra con i suoi quattro partner per eccellenza, Peppino, Fabrizi, Macario e Taranto (provenienti in blocco da un'altra insalata mista tipica dell'epoca: *I quattro monaci*, 1962, di Bragaglia). Sono gli anni in cui Totò, che è ormai un genere cinematografico a sé, viene incrociato con tutto, come Gianni e Pinotto in America e Godzilla in Giappone: con i peplum (*Totò contro Maciste*, *Totò e Cleopatra*), con il filone storico-antifascista (*Sua Eccellenza si fermò a mangiare*, *I due colonnelli*), con i film di pirati (*Totò contro il Pirata Nero*), con i musical canzonettistici (*Rita la figlia americana*), perfino con il documentario sexy (*Totò di notte n. 1*, *Totò sexy*). E anche con l'horror, che è l'innesto più riuscito: si vedano *Che fine ha fatto Totò Baby?* (1964) di Ottavio Alessi e soprattutto *Totò diabolicus* (1962) di Steno, l'ultimo grande film comico di Totò da solo, impegnato però in sei personaggi diversi fra cui un irresistibile chirurgo miope.

Il massimo comico italiano morirà d'infarto il 15 aprile 1967: aveva girato, poche ore prima, una sequenza di funerale per *Il padre di famiglia* di Loy, dove sarà sostituito da Tognazzi. La sua ultima interpretazione cinematografica compiuta è l'episodio pasoliniano «Che cosa sono le nuvole» da *Capriccio all'italiana*, in cui l'uomo-marionetta impersona una marionetta linciata dal pubblico e gettata nella spazzatura. Quasi una metafora al contrario: nella sua carriera Totò era stato linciato dai critici per quelli che venivano definiti i «film-spazzatura»; poi, crudele beffa, era stato rivalutato negli ultimissimi anni per le interpretazioni di alcuni film semiseri che ne avevano snaturato e svilito le straordinarie qualità comiche. Pochi giorni prima di morire aveva dichiarato a un amico: «Chiudo in fallimento, nessuno mi ricorderà». Ebbe addirittura tre funerali: uno a Roma, uno nella sua Napoli in un bagno impressionante di folla, e un altro ancora a Napoli – con la bara vuota – per soddisfare i guappi del Rione Sanità dov'era nato. Ultimo bis, estrema gag della vita, come quella del vecchio *Totò e i re di Roma*, in cui Totò seguiva il proprio funerale a piedi per risparmiare le spese del carro.

5. I comici delle seconde visioni

Con la fine degli anni '50 la televisione, che aveva iniziato le trasmissioni nel 1954, comincia a diffondersi nelle case e nelle sere degli italiani e porta via al cinema soprattutto il pubblico delle seconde e terze visioni: le sale di periferia, di campagna, dove le pellicole arrivavano con preordinato ritardo, il più delle volte semidistrutte, spesso con un montaggio del tutto particolare e involontario, con tagli e giunte che nulla avevano da invidiare alle opere delle avanguardie. Per una contraddizione solo apparente, il lento progressivo abbandono delle sale di seconda e terza visione non portò però alla scomparsa dei film di serie B e serie C, che vi compivano la maggior parte del loro cammino cinematografico. Il pubblico medio, che un tempo frequentava quelle sale più per ragioni di portafoglio che per ragioni di gusto, si convertì alla televisione e al cinema delle prime visioni; ma un certo pubblico proletario e contadino, per cui la televisione dei primi anni '60 era fin troppo sofisticata, e comunque non abbastanza scollacciata, continuò a frequentare le sale di campagna e di periferia: non più per vedervi i film maggiori a distanza di qualche mese, ma per trovarvi dei film fatti su misura, che nelle prime visioni non erano nemmeno passati. Se dunque negli anni '40 e '50 i confini tra film di serie A e di serie B erano piuttosto incerti, stabiliti soprattutto a posteriori da critica e distribuzione, negli anni '60 si crea a priori un cinema di serie B che è destinato quasi esclusivamente alle sale dei poveri, che ha sempre meno rapporti con il cinema più importante e che si compone prevalentemente di film comici.

Alla fine dei '50 lo stacco non è ancora così netto, e non ci sentiremmo di confinare senza appello nella serie cadetta film pur modesti come le farse di Roberto Montero con Tina Pica protagonista (*Arriva la zia d'America*, 1956; *La Pica sul Pacifico*, 1959; *La sceriffa*, 1959). Qualche ragionevole dubbio di classificazione bisogna concedere anche ai primi film di Ugo Tognazzi, quasi tutti in coppia o comunque con la partecipazione di Raimondo Vianello: questi due comici di estrazione televisiva, assurti a popolarità nazionale con il varietà «Un, due, tre», erano tutt'altro che inadatti al cinema, dove trasferirono almeno in parte il loro umorismo cattivello, a tratti quasi anglosassone, tutto sommato abbastanza moderno e sorvegliato. La loro sfortuna fu di interpretare dei film a cavallo fra serie A e serie B proprio nel momento in cui la serie A dava capolavori di risonanza internazionale e la serie B si chiudeva nel suo isolamento delle ultime visioni. Paradossalmente, i loro film risultarono troppo sconclusionati e raffazzonati per la serie A, e troppo sofisticati per la serie B, ma sarà il caso di ricordarne almeno qualcuno del biennio 1959-1960, da

Non perdiamo la testa di Mario Mattoli a *Noi siamo due evasi* di Giorgio Simonelli, da *A noi piace freddo...!* di Steno a *Il mio amico Jekyll* di Marino Girolami. Poi il più adattabile Tognazzi venne promosso in serie A, il più funambolico Vianello retrocesso in B.

Fu il produttore-regista Marino Girolami a spadroneggiare più d'ogni altro nei territori senza legge della serie B, soprattutto fra il 1960 e il 1965 con una ventina di film perlopiù parodistici o balneari, interpretati da attori magari anche bravi, ma che furono mal utilizzati, o che non erano abbastanza cinegenici: oltre a Vianello, Gino Bramieri, Mario e Memmo Carotenuto, Walter Chiari, Carlo Dapporto, Tino Scotti, e fra le donne spesso e volentieri la valchiria Margaret Lee, che quasi in ogni film concedeva generosamente uno spogliarello da professionista. Ma i due re del comico di serie B furono senza ombra di dubbio Franco Franchi e Ciccio Ingrassia, i due attori siciliani che si possono considerare gli ultimi eredi diretti dell'avanspettacolo (dove soprattutto Ingrassia mosse i primi passi) e gli ultimi comici di origini davvero umili (Franchi iniziò come posteggiatore e saltimbanco di strada). Interpretarono, in gran maggioranza negli anni '60, più di 130 film, di cui 16 nel solo 1964 e 15 nel solo 1965: va da sé che erano film quasi totalmente improvvisati, basati su vaghi canovacci da commedia dell'arte, girati anche durante i viaggi di trasferimento e nelle pause di lavorazione, montati talvolta con materiali di scarto di altre pellicole, diretti senza la minima pretesa artistica da una serie di registi di mano facile e di bocca buona (Bruno Corbucci, Lucio Fulci, Marino Girolami, Gianni Grimaldi, Mariano Laurenti, Giorgio Simonelli). Costavano in media 100-120 milioni l'uno, ma arrivarono talvolta a incassare più di un miliardo.

Franco era l'uomo di gomma a metà fra Jerry Lewis e Totò, che infatti imitava assai bene; Ciccio lo scemo allampanato con qualche sospetto di astrazione alla Pippo. Diceva bene di loro Marcello Marchesi: «Uno è poco, due son troppi». Nonostante la bontà dei loro tempi comici e l'incontestabile buffoneria naturale, non raggiunsero mai le vette di un Totò: i loro film erano molto meno accurati e per di più resi prosaici dai brutti colori dell'epoca, le loro armi comiche si erano affilate in teatri minori e minimi di fronte a pubblici di pretese davvero modeste, la loro marcata sicilianità diminuiva agli occhi di un certo pubblico il loro essere degli italiani-simbolo, la loro anarchia distruttiva sembrava – ed era – molto meno volontaria e divertita di quella di Totò. Con tutto ciò, le scene spassose dei loro film non si contano, specie quando c'è alle spalle un minimo di lavoro da parte degli sceneggiatori. Sono particolarmente divertenti, ad esempio, per il gran numero di giochi di parole e variazioni comiche su temi dati, alcuni film sceneggiati da Dino Verde, personaggio fra i più brillanti e dimenticati dello spettacolo italiano: *Due mafiosi contro Goldginger* (1965) e *I due figli di Ringo* (1966) di Simonelli, *Satiricosissimo* (1970) e *I due assi del guantone* (1971) di Laurenti. E sfiorano la satira di costume certi film in bianco e nero di ambientazione o ambiente siciliano: da *L'onorata società* (1961), il loro primo film solistico, a *I due mafiosi* (1963) e *Sedotti e bidonati* (1964). Tentarono anche, con risultati modesti, qualche film più ambizioso a sfondo storico e/o politico: come *Due marines e un generale* (1965), dove spunta al loro fianco uno dei più grandi comici di tutti i tempi, Buster Keaton; *I due parà* (1966), ambientato in una repubblica sudamericana in cui si susseguono i colpi di stato; o *I due deputati* (1968), raro anche se poco riuscito esempio di satira politica esplicita. Sulle loro non robustissime spalle fu anche costruito il kolossal comico del cinema italiano, *Il giorno più corto* di Sergio Corbucci (1963), che annoverava nel cast 88 attori famosi ma si rivelò un insuccesso e anche una piccola truffa: alcuni degli 88 attori non parteciparono mai alle riprese, ma vennero rappresentati con spezzoni prelevati da altri film. La grande occasione di Franchi e Ingrassia poteva essere *Don Chisciotte e Sancio Panza* di Gianni Grimaldi (1968): i due comici sembravano particolarmente in parte nei celebri personaggi di Cervantes, e il film fu girato con qualche cura in più rispetto alla media, ma il risultato finale non è convincente e conferma i loro limiti naturali. Soltanto Comencini riuscì a ritagliare per loro, nel *Pinocchio* televisivo del 1972, due ruoli di grande aderenza, il Gatto e la Volpe. Ma ormai la stagione commerciale della coppia stava finendo, i due attori si separarono continuando per qualche anno a fare film in proprio: Ciccio/Don Chisciotte interpretò fra l'altro il ruolo dello zio matto nel capolavoro di Fellini *Amarcord* (1973); Franco/Sancio Panza interpretò vari film volgarotti e qualcuno scadente, ma anche una parodia puntuale e azzeccata, nella sua dichiarata volgarità, di un film intellettualistico e pretenzioso di Bertolucci: *Ultimo tango a Zagarol* (1972, di Nando Cicero), che un uomo di cultura come Masolino D'Amico definiva «uno dei migliori film-parodia di tutti i tempi».

Limiti di spazio e di conoscenza ci costringono a esaurire con Franchi e Ingrassia il discorso sul cinema comico di serie B degli anni '60, ma c'è da augurarsi che qualcuno gli dedichi un giorno studi più approfonditi, esaminando i singoli film nei loro pregi e nei loro difetti: non mancherebbero le sorprese. Molto spesso questi film erano di serie B più per scarsità di mezzi produttivi che per scarsità di idee: certe trovate, certe soluzioni narrative, risultano anzi più moderne e originali di quelle di tanti film di serie A condizionati dal debito con il neorealismo e dal doversi rivolgere a un pubblico borghese di supposta cultura. Due esempi per tutti. *Il vostro super agente Flit* di Mariano Laurenti (1966) è una parodia di *Il nostro agente Flint (Our Man Flint,* 1965) di Daniel Mann, con Raimondo Vianello al posto di James Coburn. I mezzi usati appaiono poco più che amatoriali, fin dai titoli di testa autoironici dove una gomma cancella i nomi di Richard Burton, Gregory Peck, Henry Fonda, Cary Grant, e lascia quello di Raimondo Vianello; le scenografie sono da gita aziendale della domenica, i costumi da festa in maschera all'oratorio, il palazzo presidenziale americano ricorda in modo sospetto un dopolavoro ferroviario; e per descrivere l'esplosione di un elicottero si ricorre a uno spezzone di valanga di un vecchio film in bianco e nero. Eppure la parodia si fa apprezzare per i ritmi comici appropriati, per alcune trovate spiritose, per una certa misura di fondo; e Vianello è divertentissimo nel prendersi sul serio, ma solo fino a un certo punto, in questo personaggio di superuomo così improbabile che in un film americano sarebbe quasi credibile: mezzi a parte, insomma, il film non ha niente da invidiare alle future parodie americane di Mel Brooks o dei fratelli Zucker. Ancora più gustoso, due anni dopo, *Arrriva Dorellik* di Steno, dove le tre «r» del titolo non sono un errore, ma una dichiarazione di poetica, e dove Johnny Dorelli appare più spassoso che mai nel ruolo del malvivente geniale e scalognato da lui messo a punto per il varietà televisivo «Johnny 7»: il film vorticoso e ricco di trovate è una sorta di *Pantera rosa* all'italiana, concluso da un impagabile inseguimento alla fine del quale criminale e poliziotto si tolgono la maschera e uno scopre di essere l'altro. Ci sono più idee in questo filmetto che in tanti film cosiddetti di serie A dove l'unica idea degli autori era: «Speriamo che i critici, che sono nostri amici, ne parlino bene come sempre».

Questo non significa che tutta la produzione minore sia da salvare in quanto tale. Ma con gli anni '60 si chiude un'epoca in cui anche la volgarità era ingenua, spiritosa, diretta, a suo modo perfino sana. Lo si vedrà per contrasto negli anni '80, quando il proliferare delle televisioni private diffonderà forme di volgarità molto più indirette e pericolose: gli spot selvaggi mascherati da «consigli per gli acquisti», gli applausi telecomandati, gli attori e i cantanti ridotti a imbonitori, i telegiornalisti ridotti a buffoni, le ballerine tutte uguali con gli stessi sorrisi e le stesse calze. Alle gambe sponsorizzate e alle calze smaglianti noi preferiamo le gambe nude e le calze smagliate; e un attore di valore come Raimondo Vianello ci piace ricordarlo nei panni di SuperFlit piuttosto che in quelli di uomo-sandwich per il partito-azienda del suo datore di lavoro.

> **Taccuino 1958-1970**
> **1959**: Scoppia il «boom economico». [«Guardateli: sempre in disparte stanno, loro sono gli unici a non essersi accorti di questo "bbbbooommmm"... Siamo tutti impazziti, ma loro non si sono accorti di niente, sono felici...». Alberto Sordi descrive i propri genitori agli arricchiti in festa: *Il boom*, 1963]. / Italo Calvino, *Il cavaliere inesistente* ■. / Achille Campanile, *Il povero Piero* ■. / Cesare Zavattini, *Come nasce un soggetto cinematografico* ♦. / Dario Fo, *Gli arcangeli non giocano a flipper* ●. / Mostra di Venezia: Leone d'oro a *La grande guerra* (ex-æquo con *Il generale Della Rovere* di Rossellini).
> **1960**: Luciano Bianciardi, *L'integrazione* ♦. / Ennio Flaiano, *Un marziano a Roma* ■. / Hollywood: nomination all'Oscar per *La grande guerra*.
> **1961**: Francesco Guccini, *Il sociale* ▲, *L'antisociale* ▲. / Eduardo De Filippo, *Il sindaco del rione Sanità* ●.
> **1962**: Nasce, con il quarto governo Fanfani, il cosiddetto centro-sinistra. Il boom economico è al culmine: in cinque anni i possessori di televisori sono passati dal 12% al 49%, quelli di frigoriferi dal 13% al 55%. L'Italia è tutta un cantiere. [«Qua costruiscono, costruiscono, ma il miracolo economico è finito: ce ne accorgeremo»: Riccardo Garrone in *La rimpatriata*, 1963]. / Luciano Bianciardi, *La vita agra* ■. / Cannuccia-Dori, *Andavo a 100 all'ora* ▲. / Rossi-Vianello, *Guarda come dondolo* ▲. / Luigi Tenco, *Cara maestra* ▲. / Garinei & Giovannini, *Rugantino* ▼. / Hollywood: Premio Oscar per la miglior sceneggiatura a *Divorzio all'italiana*.
> **1963**: Finito il boom, inizia la congiuntura. [«Eh già, l'Italia ha il benessere...» «Ma quale benessere? In Italia c'è il malessere che te se porta via...»: Nino Manfredi, emigrato italiano in Argentina, e l'amico Vittorio Gassman in *Il gaucho*, 1964]. / Alberto Arbasino, *Fratelli d'Italia* ■, prima versione. / Italo Calvino, *Marcovaldo* ■. / Carlo Emilio Gadda, *La cognizione del dolore* ■. / Umberto Eco, *Diario minimo* ■. / Fabrizio De André, *La guerra di Piero* ▲. / Rossi-Vianello, *I Watussi* ▲. / Festival di Berlino: Orso d'oro a *Il diavolo* (ex-æquo). / Il film *L'ape regina* viene bloccato per sei mesi dalla censura in quanto «contrario al buon costume e osceno nella sua impostazione». Uscirà, con l'aggiunta di un sottotitolo tranquillizzante, dopo aver subito tagli e correzioni ai dialoghi.
> **1964**: Dario Fo, *Settimo: ruba un po' meno* ●. / Hollywood: Premio Oscar per il ➔

miglior film straniero a *Ieri, oggi, domani*; nomination per la miglior sceneggiatura a *I compagni*. / Festival di Cannes: Premio per il miglior attore a Saro Urzì (*Sedotta e abbandonata*).
1965: A Trapani la diciottenne Franca Viola rifiuta le nozze riparatrici con il suo rapitore Filippo Melodia, che viene condannato a 10 anni di carcere. / Hollywood: nomination all'Oscar per *Matrimonio all'italiana*.
1966: Dino Buzzati, *Il colombre* ■. / De André-Villaggio, *Carlo Martello ritorna dalla battaglia di Poitiers* ▲. / Fo-Esposito, *Ho visto un re* ▲. / Paolo Pietrangeli, *Contessa* ▲. / Festival di Cannes: Palma d'oro a *Signore e signori* (ex-æquo con *Un uomo, una donna* di Lelouch).
1967: Fabrizio De André, *Bocca di Rosa* ▲.
1968: Inizia, a partire dall'Università di Trento, la contestazione studentesca. [«Il '68 è stato l'anno di prova della distruzione del mondo. Ma prima, prima c'è stata quest'epoca felice, incontaminata e pura in cui l'armonia...» «... Claudia Cardinale...» «... la bellezza...» «... la Dino Ferrari...» «... l'intelligenza collettiva...» «... la Juventus di Omar Sivori...» «... l'uomo nella sua sintesi più alta...» «... James Bond...» «... raggiunsero l'acme, il vertice irripetibile della cultura occidentale»: il preside Dario Cantarelli e il suo aiutante Mario Monaci Toschi illustrano gli anni '60 in una specie di conferenza-consiglio d'istituto in *Bianca*, 1984]. / Fabrizio De André, *Tutti morimmo a stento* ▲ (LP). / Jannacci-Fo-Fiorentini, *Vengo anch'io - No tu no* ▲. / Hollywood: nomination all'Oscar per *La ragazza con la pistola*.
1969: Mentre a Torino inizia il cosiddetto «autunno caldo» con lo sciopero di 50.000 metalmeccanici (11 settembre), a Milano in Piazza Fontana e a Roma si verificano degli attentati che provocano 16 morti e 114 feriti (12 dicembre). [«Siamo nel '69 e tutto va male. Le catapecchie crollano, ma le ville crescono; il vescovo s'è comprato una Mercedes per portare più in fretta il suo conforto spirituale; il Vaticano non paga le tasse, ma le pagate voi anche per lui. Siamo nel '69, e tutto va male. Ma nel '70 andrà anche peggio»: il mutilato in carrozzella Giuseppe Maffioli agli abitanti di una tranquilla città veneta in *Il commissario Pepe*, 1969]. / Fabrizio De André, *Il testamento* ▲. / Dario Fo, *Mistero buffo* ●.

1970-1980: Riso freddo.
La fine della commedia all'italiana

1. La commedia esasperata

Gli anni '60, che si chiudono ben prima della loro fine, lasciano il mondo e l'Italia allo smarrimento degli anni '70: anni di trame nere, di Brigate Rosse, di orizzonti grigi. Anche il cinema, come la società tutta, paga le promesse non mantenute del '68, le rivoluzioni sognate e mancate. Scompare con Totò e con gli ultimi Franchi & Ingrassia il cinema comico puro: il suo posto viene preso dal cinema erotico, che ne eredita gli spazi, il pubblico, gli istinti di trasgressione. Sopravvive invece la commedia all'italiana, ma sopravvive soprattutto a se stessa, portandosi alle conseguenze estreme. Negli anni '70 i film comici più riusciti sono quelli in cui si ride meno, le migliori commedie all'italiana quelle meno commedie e più «all'italiana». I temi si fanno sempre più cupi, sempre più difficili da trattare con la leggerezza della commedia: passi la crisi sociale ed economica, ma sul terrorismo e sulle catastrofi ecologiche diventa davvero arduo scherzare. Si avverte in certi film, molto più di quanto non accadrà negli anni '90, un'aura di fine millennio, come se si fosse arrivati al capolinea della civiltà: il fatto è che la generazione della commedia all'italiana è arrivata al suo capolinea privato, all'età di passaggio fra i cinquanta e i sessant'anni, fra quello che si è fatto e quello che non si è fatto né si farà mai più. La morte, che ai tempi del *Sorpasso* era ancora un'intrusione, una premonizione, adesso è di casa. Anche lo stile cinematografico si aggiorna: abbandonato il naturalismo, fra la macchina da presa e la realtà si coglie in modo sempre più distinto la presenza degli autori. Se gli anni '60 erano stati gli anni di Risi, maestro della prima impressione, dell'istantanea di costume, gli anni '70 sono quelli di Scola, maestro della costruzione a tavolino, della metacommedia: dopo l'era della Polaroid, delle fotografie che si sviluppavano da sole, eccoci all'era delle fotografie ritoccate in laboratorio.

L'attenzione alla realtà contemporanea resta spasmodica, ma non al punto da toccare proprio tutti gli argomenti: la contestazione e le sia pure illusorie rivolte studentesche sono le grandi assenti. Non bisogna dimenticare la componente anagrafica e generazionale di questa commedia di costume; e se i suoi esponenti maggiori navigano sulla cinquantina, per celebrare il '68 dei capelloni e dei figli dei fiori non resta loro che posare un'improbabile parrucca *beat* sulle chieriche commendatoriali dei Gassman e dei Manfredi. Come in *Contestazione generale* di Zampa (1970), dove l'unico episodio di un qualche rilievo epocale resta la ribellione privata, puntualmente inutile, del pretino di campagna Alberto Sordi: che ritrovandosi immerso in una società in cui tutto sembra facile e a portata di mano, anche il mitico sesso e l'inarrivabile amore, chiede ai propri superiori il permesso di prender moglie. Gli stessi autori che in questi anni si battono per il divorzio dei laici, sembrano lottare con altrettanta foga per il matrimonio dei religiosi: come si vede, sempre nel 1970, nel mediocre *Il prete sposato* di Marco Vicario e nel più riuscito *La moglie del prete* di Risi. Quest'ultimo film, anzi, ancora intriso di un cinismo euforico da anni '60, prospetta una soluzione per far contenti tutti o quasi: dato che il prete Mastroianni ambisce a sposare la cantante minigonnata Sophia Loren, i superiori pensano bene di promuoverlo a monsignore, quanto basta a fargli dimenticare sentimenti e donna amata: in fondo anche i preti sono uomini come tutti gli altri. Più romanticamente impossibile e improbabile, nel 1972, la storia d'amore fra un comunista e una suora, Celentano e la Loren, in *Bianco, rosso e...* di Lattuada: qualcosa forse succederà in cielo, quaggiù in terra non è ancora tempo di rivoluzioni e di amore. Ma il sistema cattolico-capitalistico emerge in tutta la sua nera potenza soprattutto in una commedia dell'assurdo di Marco Ferreri: *L'udienza* (1971), dove l'omino qualunque Enzo Jannacci insegue dall'inizio alla fine un colloquio con il Papa; senonché i Palazzi Vaticani sembrano il Castello di Kafka, e il poveretto scoprirà prima di morire la distanza incolmabile tra fede e religione. Che in quello stesso anno sono le protagoniste assolute di uno dei più grandi successi commerciali della commedia all'italiana: *Per grazia ricevuta* di Nino Manfredi, com-

media paesana pittoresca, *naïf*, in buona parte equidistante, ma un po' ruffiana verso la fine per l'arrendevolezza di fronte a Dio tipica dei mangiapreti pentiti.
Alla rispettosa confidenza con cui si tratta in forma di commedia la religione, corrisponde l'imbarazzo impaurito con cui vengono trattate le questioni politiche. Negli anni del boom la politica in senso stretto era praticamente scomparsa dagli schermi, sostituita a priori dal suo fine precipuo, l'arricchimento. Ricompare nel 1968 in un film di Salce, *La pecora nera*, dove una vicenda tipicamente italiana di corruzioni e malversazioni si inserisce in un intreccio classico di sosia e sostituzioni di persona. Era chiaro, pur nei limiti di un umorismo di grana un po' grossa, a cosa volesse alludere Salce: alla doppiezza dell'uomo politico italiano. Ci riuscirà meglio l'anno seguente in uno dei film meno visti e più boicottati della sua epoca, *Colpo di stato*, dove i comunisti colgono la storica vittoria alle elezioni politiche ma preferiscono non prendere il potere e lasciar credere a tutti che abbiano vinto i soliti democristiani. Girato con uno stile da cinema-verità e con punte di cattiveria risentita, il film non ebbe successo e resta tuttora un *desaparecido*. Fu però il primo e uno dei pochi a fare esplicitamente dei nomi e a disegnare, sia pure con toni non molto realistici, uno scenario politico abbastanza attendibile. Ma la gente non voleva sentir parlare di politica anche al cinema: ne aveva già abbastanza delle «Tribune politiche» televisive, e del resto non erano più i tempi dei candidi e onesti Peppone e Don Camillo. Si tentarono ancora alcune commedie politiche nel 1972, anno di elezioni anticipate e di spostamenti dell'elettorato verso destra: *All'onorevole piacciono le donne* di Lucio Fulci, *Incensurato provata disonestà carriera assicurata cercasi* di Marcello Baldi, *Il sindacalista* di Luciano Salce. Tutti film minori dove qualche felice spunto di partenza viene prudentemente annacquato in farsa. Lo stesso discorso vale del resto per l'unica commedia politica maggiore, *Vogliamo i colonnelli* di Mario Monicelli (1973), ispirata al tentato golpe Borghese: se era da farsa già la vicenda in sé, potete immaginare quali siano i toni del film, che appare oggi uno dei meno efficaci e pungenti di Monicelli. Insomma, in un periodo in cui le commedie si fanno sempre più serie, sembra che non si riesca a fare una commedia politica seria. Viene il sospetto che non sia una questione di commedia, ma soprattutto una questione di politica.
   Molto più seri, e comunque a loro modo politici, i film degli anni '70 in cui si affacciano alla ribalta, adesso che i nuovi ricchi sono

spariti, i nuovi poveri. Alcuni son poveri che si sono fatti i soldi e che adesso cercano invano di imborghesirsi, di appiattirsi contro la società della finta uguaglianza, come i personaggi di Sordi e signora nei tre irresistibili episodi da *Le coppie* (1970), *Il comune senso del pudore* (1976), *Dove vai in vacanza?* (1978): il culmine dell'impossibile scalata è, nell'ultimo film, una visita alla Biennale di Venezia in cui la grassa moglie di Sordi, stravaccata sulla sedia del custode, viene scambiata dagli intellettualissimi visitatori per un'opera d'arte contemporanea. Con molta più falsità, e da una prospettiva inguaribilmente intellettualistica, anche l'austero Elio Petri cercò di delineare un proletario tipico tentato dalla civiltà dei consumi: il film è *La classe operaia va in Paradiso* (1971), ambizioso, inconcludente, comico ma non divertente, abbastanza tollerato all'epoca anche se piacque meno che a tutti al suo destinatario principale, il proletariato.

Decisamente più popolari i poveri davvero poveri, davvero disperati, che emergono da alcuni film di maestri della commedia: a cominciare da *Lo scopone scientifico* di Comencini (1972), dove la partita a carte fra poveri e ricchi è una metafora fin troppo scoperta del destino degli uomini nella società capitalistica. Vincono com'è ovvio i ricchi, anche perché possono permettersi di giocare eternamente al rialzo, ma ai poveri resta la soddisfazione di avergli dato del filo da torcere e la possibilità di una vendetta finale al topicida. I poveri buoni, che ogni tanto però si stufano di essere buoni, hanno il loro poema eroicomico in *Pane e cioccolata* (1974), amara commedia chapliniana di Franco Brusati che ebbe il giusto successo in tutto il mondo grazie anche all'interpretazione di un Manfredi al culmine della carriera: vi si narravano le vicissitudini di un emigrato italiano in Svizzera, che nel suo viaggio fra i miserabili conosce via via poveri sempre più poveri, fino a un'agghiacciante stirpe di uomini-pollo ridotti non solo metaforicamente all'umiliazione terminale del coccodè. Ma la dignità più la calpesti e più ricresce, anche se il sociologismo e una certa cultura popolare sembrano fare di tutto per affossarla. Lo stesso Manfredi sarà ancora un povero quasi buono, venditore clandestino di caffè con tanto di bimbo a carico, in *Cafè Express* di Nanni Loy (1980), il cui buonismo finale cela un'ombra di disperazione. Poi il caffè comincerà a venderlo all'ingrosso, su scala industriale, in una serie di mediocri spot pubblicitari che metteranno praticamente fine alla sua carriera cinematografica. Quanto agli altri poveri, quelli che non andranno mai in Paradiso ma neppure si rassegnano all'inferno, erano stati protagonisti del provocatorio *Brutti, sporchi e cattivi* (1976): perfidi, ripugnanti, senza neanche più i sogni e i sentimenti che un tempo fiorivano nelle periferie, tristi abitatori di baraccopoli apocalittiche dove non c'è mai il sole, nemmeno il raggio isolato di *Miracolo a Milano*. La commedia, se di commedia si può parlare, resta pur nel suo calligrafismo a base di panoramiche e piani-sequenza la più sgradevole di Scola, un pugno nello stomaco e nella coscienza che avrebbe dovuto essere preceduto da un prologo di Pasolini; ma il regista degli accattoni e degli uccellacci morì prima della fine delle riprese, ucciso da poveri, o da chi i poveri li manovra per farli restare poveri.

Alla sottocultura ghettizzante che insieme alla religione è il vero oppio dei poveri sono dedicate con affettuosa cattiveria tre storie di *ménage à trois* proletari scritte dai soliti Age e Scarpelli per la regia dei principali maestri della commedia all'italiana. In *Straziami ma di baci saziami* di Risi (1968) il sottofondo continuo al fotoromanzo sentimentale dei burini Nino Manfredi e Pamela Tiffin e del sarto sordomuto Ugo Tognazzi sono le canzonette: nella sequenza più celebre del film, uno dei vertici della cattiveria risiana, i due innamorati per interposta cultura commentano il Canzoniere di Sanremo come se fosse quello del Petrarca; e tutto, perfino la natura, sembra in sintonia con questa infinita mediocrità. La vita di Manfredi & Co. è intrisa a tal punto di suggestioni canzonettistiche da somigliare essa stessa a una canzonetta: come si vede anche nel tenero e insieme amarissimo *Dramma della gelosia: tutti i particolari in cronaca* di Ettore Scola (1970), dove la vita sembra non soltanto una brutta canzone ma anche un cattivo melodramma. La formazione è Mastroianni-Vitti-Giannini, tutti contro tutti amorosamente uniti dalle disgrazie della vita, ma il triangolo non si chiude più nell'unico modo perfetto, che era quello dell'impossibile; e il film usa un linguaggio nuovo, ironicamente straniante, che sembra voler mettere in commedia certe soluzioni stilistiche della *Nouvelle Vague*. Più rassegnato nello stile e nei contenuti il comunque toccante *Romanzo popolare* di Monicelli (1974), dove i proletari Placido, Muti e Tognazzi cercano di agganciare i sentimenti e le situazioni della borghesia ma di borghese trovano soltanto la malinconia, la formidabile capacità di farsi scappare di mano la vita: alla fine non arriva nemmeno la morte come nei veri romanzi popolari, ma soltanto una rassegnazione che spegne il pianto in gola e diventa nebbia nel cervello.

Adesso che la società è sempre più immobile, riprendono i viaggi nel tempo. Pasquale Festa Campanile e il suo pubblico regrediscono fino alla preistoria in *Quando le donne avevano la coda* (1970) e nel conseguente *Quando le donne persero la coda* (1972): dove la cosa più rimarchevole non furono i costumi degli uomini preistorici, ma la mancanza di costumi di alcune donne contemporanee e in particolare della bella viennese Senta Berger. Sull'onda del successo dei due *Brancaleone*, il regista Franco Indovina ne tentò senza successo una versione intellettuale acuta e sgangherata, *Tre nel Mille* (1971), con l'ingombrante complicità interpretativa di Franco Parenti e di un Carmelo Bene addirittura doppiato. Sull'onda del clamore suscitato prima ancora di uscire dal *Fellini Satyricon* (1969), che è uno dei film più seriosi e monocolori di Fellini, l'esperto di viaggi Gian Luigi Polidoro tentò invece nel 1969 un *Satyricon* più satirico che bruciasse anche nei tempi di realizzazione quello felliniano, ma anche a lui venne fuori un film grigio, benché non privo di sbandate goliardiche: ci si era dimenticati che Polidoro era un esperto di viaggi nello spazio, non di viaggi nel tempo. La storia romana, sia pure intrecciata con la mitologia cristiana, funziona meglio in un film come *Il ladrone* di Festa Campanile (1980), il più riuscito del suo autore, che vi racconta la storia di Cristo attraverso quella parallela del ladruncolo illusionista Enrico Montesano: questi invidia al Maestro i suoi «trucchi» altamente perfezionati e vive tuttavia un proprio vangelo spensierato, rivolto più allo stomaco che all'anima. Sulla croce, mentre Gesù pensa agli affari del Cielo, al futuro dell'umanità, essendo in fondo un intellettuale idealista, uno che si avvelena la vita col vano proposito di cambiare il mondo, il buon ladrone si rassegna alla propria sorte: ricorda serenamente i giorni della vita, avendo sempre vissuto alla giornata, non all'eternità, e si ritrova ai piedi della croce, in lacrime, una donna bella d'amore carnale, non cortigiani a caccia di Paradiso.

Ma è la storia romana risorgimentale a far la parte del leone in questi anni, soprattutto per merito del regista Luigi Magni: che, discendente da una famiglia filopapalina, realizzò le migliori commedie anticlericali del cinema italiano. Vi si era allenato già come sceneggiatore per il film di Franciosa e Festa Campanile *Le voci bianche* (1964), impertinente pittoresca vicenda di cantanti castrati nella Roma settecentesca. Il successo lo ottenne però con il secondo film da regista, il campione d'incassi 1969 *Nell'anno del Signore*, che come il successivo *In nome del papa re* (1977) narrava con struttura da melodramma e toni da commedia vernacolare i destini di eroi risorgimentali giustiziati in nome del Signore dai preti di Roma. I due film erano disinvoltamente cattivi, nonostante qualche caduta nell'agiografia e nell'iconografia tradizionali, ma costringeranno Magni a una serie di fotocopie sempre più sbiadite e annacquate: *Arrivano i bersaglieri* (1980), *'O re* (1988), *In nome del popolo sovrano* (1990). Il risultato migliore del filone era stata un'insolita commedia musicale all'italiana del 1973, *La Tosca*, coraggioso tentativo di riproporre il melodramma pucciniano in chiave di musical, con meno sentimentalismi e più cinismo storico. Ed era condotto sul modello delle commedie risorgimentali anche l'excursus di Magni nella Roma dei libri scolastici: *Scipione detto anche l'Africano* (1971), dove il senato romano-antico, ottuso e corrotto, adombra quello romano-moderno. Poi, diventando vecchio e prudente, il mangiapreti si trasformò in un mezzo prete: i suoi film, che sapevano di zolfo, assunsero sempre più un sapore di sacrestia, da *State buoni se potete* (1983) a *Secondo Ponzio Pilato* (1987). E con l'esaurimento della vena migliore di Magni la commedia storica romanesca imboccherà la strada del disimpegno totale, attraverso due bonarie biografie di innocenti burloni d'altri tempi: *Il Marchese del Grillo* di Monicelli (1981) e *Il Conte Tacchia* di Sergio Corbucci (1982).

Quanto ai viaggi nello spazio, la loro epoca d'oro sembra finita. Il mitico e quasi irraggiungibile *estero* delle meraviglie sta diventando una merce che si acquista a buon prezzo nell'agenzia di viaggi all'angolo della strada. Più che le commedie turistiche o geografico-esistenziali, si diffondono quelle di mafia (*Anastasia mio fratello* di Steno, 1973; *Come una rosa al naso* di Franco Rossi, 1976) o quelle di viaggi con finalità commerciali (*Sistema l'America e torno* di Nanni Loy, 1974; e il coevo *Finché c'è guerra c'è speranza*, forse il miglior film da regista di Sordi, che vi tratta senza troppe divagazioni-cartolina un tema scottante e ignorato: la vendita di armi a quei paesi del Terzo Mondo di cui poi si biasimano gli incivili massacri). Ancora più tipicamente da commedia '70 i viaggi di poveracci che portano in giro per il mondo la propria miseria, giacché questa soltanto è la misura della fratellanza universale. Come Pippo Franco, che in un misconosciuto ma non spiacevole film d'ambiente africano del 1974, *La via dei babbuini* di Magni, è una specie di Dersu Uzala – finirà nelle fauci del coccodrillo con cui tentava di comunicare ignorando che la natura non è un salotto ma un ristorante. O come i protagonisti di tre film del 1971: *Permette? Rocco*

Papaleo di Scola, dove il perdente nato Mastroianni si trasforma in bombarolo dopo aver conosciuto a fondo la «sana» società americana dei vincenti a ogni costo; *La mortadella*, opera minore di Monicelli, protagonisti Sophia Loren, l'insaccato del titolo e l'America dei grandi ideali inattuati; e soprattutto il divertente e al tempo stesso amarissimo *Bello, onesto, emigrato Australia sposerebbe compaesana illibata* di Zampa, ambientato in Australia, dove uno straziante Alberto Sordi e una cosciosissima Claudia Cardinale si fingono quello che non sono, come in una qualunque commedia americana, ma con un oceano di differenza che capovolge tutto e conduce a uno dei lieti fini più tristi che il cinema ricordi.

Se tanto resta dei mitici viaggi nel mondo, la misura della trasformazione ed esasperazione della commedia è data da alcuni viaggi in Italia o immediati dintorni che si possono ben definire di fine millennio, se non addirittura di fine civiltà. Ne è un esempio in *Profumo di donna* di Risi (1974) il viaggio da Torino a Napoli di un ufficiale cieco – Gassman, in uno dei ruoli più imponenti della sua carriera – e del suo giovanissimo attendente. Lo schema è quello del *Sorpasso*, ma capovolto: perché l'itinerario si svolge al contrario, da Nord a Sud, e perché la meta del viaggio è davvero la morte, anche se a Gassman mancherà il coraggio di suicidarsi e tutto o quasi tutto si risolverà in un estremo atto d'amore. Vista anche la cecità del protagonista, questo viaggio '70 non è più un osservare, un guardarsi intorno, ma un guardarsi dentro, una forma terminale di solipsismo. E prevalentemente asociali, per non dire antisociali, sono altri viaggi dell'epoca, tutti viaggi verso la morte: quello di *Viaggio con Anita* di Monicelli (1979, su un soggetto pensato vent'anni prima per Fellini), dove il bancario Giancarlo Giannini parte in automobile da Roma per raggiungere in Toscana il padre moribondo e nel tentativo di rimandare l'incontro con la morte finisce per arrivare a destinazione quando è morto; o quello dell'inquietante *La più bella serata della mia vita* di Scola (1972, da un atto unico di Dürrenmatt), dove l'industriale Sordi, esportatore di capitali in Svizzera, subisce uno strano *processo* in un misterioso *castello*, pensa di poter essere per l'ennesima volta assolto, ma sulla strada del ritorno muore in un incidente stradale che suona come una condanna: non soltanto a chi gioca d'azzardo con la propria coscienza, ma più in generale alla filosofia della vita facile, a chi pensa che a bordo di una Maserati si possa compiere qualsiasi sorpasso. Siamo ormai a una geografia impazzita, come dimostrano due film di viaggi-non-viaggi del 1979: il plumbeo e mediocre *I viaggiatori della sera* di Tognazzi, su una società prossima ventura in cui gli anziani vengono eliminati con crociere-premio; e il riassuntivo e definitivo *L'ingorgo*, di Comencini, dove l'accumulazione di mali sociali propria di tanti film degli anni '70 si realizza al massimo grado nell'ingorgo monumentale, senza soluzione, che appare una chiara metafora della società, con questi uomini e donne che vorrebbero arrivare, o quanto meno partire, ma non sanno più per dove, né come, e tuttavia si illudono ancora, ogni tanto anzi accendono il motore, guardano il cielo, alzano il pollice per fare l'autostop, insomma cercano di vivere e sopravvivere come se l'ingorgo non ci fosse.

Che la misura della società sia colma lo si vede ancor meglio nelle commedie giallo-rosa dell'epoca, eredi dei film come *I soliti ignoti* da cui era nata la commedia all'italiana, e che adesso sarebbero piuttosto da definirsi giallo-nere. Il nuovo corso è evidente in due film a sfondo giudiziario che partono da esili vicende gialle per riassumere con amarezza il destino della società italiana: *Il commissario Pepe* di Scola (1969), dove il poliziotto del titolo, Ugo Tognazzi, svolge un'inchiesta sul malcostume sessuale nella cattolicissima provincia di Padova ma si arrende quando capisce che in galera finirebbe solo la povera gente, mentre nobili, riccastri e stimati professionisti la fanno sempre franca; e *In nome del popolo italiano* di Risi (1971), dove ancora Tognazzi, questa volta promosso a magistrato, si trova alle prese con un imprenditore strafottente e furbastro, grande inquinatore di fiumi e di prove, e visto che non riesce a mandarlo in galera per i crimini che ha commesso ce lo manda per quelli che non ha commesso. Soluzione discutibile, come quella di un celebre film antinazista scritto da Brecht per Fritz Lang (*Anche i boia muoiono*, *Hangmen Also Die*, 1942), ma l'unica che resti quando ci si trova di fronte nemici pericolosi e inaffondabili. Purtroppo l'esercizio discrezionale della giustizia può anche spedire in prigione degli innocenti veri, come si vede in *Detenuto in attesa di giudizio* di Nanni Loy, anch'esso del 1971, truce commedia carceraria dai contorni vagamente kafkiani ma dallo stile concreto, quasi documentario, che rivela nel regista l'autore del televisivo «Specchio segreto», primo tentativo italiano di *candid camera*. Certamente c'è sempre meno da ridere, questi film hanno ancora l'ossatura della commedia, ma quella soltanto: sono teschi, scheletri di commedia. E questo vale anche per opere minori e non particolarmente riuscite come *Sono stato io* di Lattuada (1973), *Il mostro* di Zampa (1977), *Il gatto* di Comencini (1977): soggetti potenzialmente comici, leggeri, che a contatto con l'aria inquinata degli anni '70 finiscono per diventare apocalittici.

Entra così nella commedia anche l'argomento tabù per eccellenza, il terrorismo, protagonista di due film di Risi che incorniciano idealmente gli anni di piombo italiani: *Mordi e fuggi* (1973) e *Caro papà* (1979). Se il secondo, abbastanza modesto, svolge il tema attraverso il confronto privato fra un padre industriale e il figlio terrorista, il primo è di nuovo uno di quei Risi che riassumono in una vicenda esemplare il destino di un'intera società: tre rapinatori con velleità anarcoidi prendono in ostaggio l'industrialotto Mastroianni e la sua amante Carol André per intraprendere con loro (e con polizia, giornalisti e curiosi alle calcagna) un viaggio-fuga nell'Italia '70, un *Sorpasso* senza più mete da raggiungere. Il tema di fondo è quello di classici americani come *L'asso nella manica* (*Ace in the Hole*, 1951, di Billy Wilder) o *Sugarland Express* (*Id.*, 1974, di Steven Spielberg), con i terroristi e i loro ostaggi assorbiti loro malgrado dal circolo vizioso del consumismo; le conclusioni sono affidate al non detto: se il vero terrorismo fossero i metodi polizieschi della polizia e le menzogne preordinate dei giornalisti?

Tutto è pronto per il film del 1977 con cui si chiude quella «storia di un italiano» che specialmente attraverso i personaggi di Sordi la commedia all'italiana ha portato avanti per un ventennio: *Un borghese piccolo piccolo* di Mario Monicelli, che è commedia soltanto per metà – non vi si registra più la fusione, bensì una netta divisione fra la comicità della prima parte, scandita da un tema musicale di rossiniano buonumore, e la tragicità della seconda, disseminata di sangue e bare. Nelle prime sequenze il ragionier Giovanni Vivaldi (un Alberto Sordi che ricorda anche nel trucco il segretario missino Almirante) compie pure lui, come Tognazzi in un vecchio episodio dei *Mostri*, l'educazione sentimentale del figlio ormai grandicello, la sua iniziazione al mondo, insegnandogli la filosofia piccolo-piccolo-borghese della vita facile e astuta: «Pensa a te, Mario, pensa solo a te. [...] Io e tua madre siamo soddisfatti: abbiamo un figlio ragioniere, che vogliamo di più? Per noi gli altri non esistono. Tu ormai sei sistemato, noi siamo vecchi, non abbiamo altre ambizioni. Tutto quello che vogliamo è morire in pace, con la coscienza a posto». Se crescesse, il giovanottone diventerebbe un altro Sordi '50, campione di mammismo, egoismi, meschinità. Ma il futuro italiano medio finisce ucciso durante una sparatoria, e con lui questo cinema che rideva anche delle tragedie dell'uomo e adesso non ce la fa proprio più. Nella seconda parte resta in campo soltanto Sordi, come un'allucinazione di se stesso, ma il demone che covava in lui è uscito allo scoperto. Se in tanti personaggi sordiani il dottor Jekyll aveva ancora la meglio sul signor Hyde, qui emerge, sollecitato da una civiltà gravemente ammalata, il mostro latente che sonnecchia in ogni borghese: risultato finale di una classe che ha fondato tutti i propri rapporti sul possesso, anche e soprattutto quello delle persone. La società che trasformò Charlot in Monsieur Verdoux trasforma ora l'italiano medio Sordi nel ragionier Vivaldi, che massacra prima l'assassino del figlio e poi tutti i giovinastri che gli capitano a tiro (in *Capriccio all'italiana* il «mostro della domenica» Totò si accontentava di raparli a zero, beati anni '60). Aveva ragione Monicelli quando dichiarava a Oreste Del Buono di aver posto con questo film «una pietra tombale sulla commedia all'italiana». Se in effetti la commedia riflessiva, mediata, avrà il suo epicedio nella *Terrazza* di Scola, la commedia narrativa, immediata, finisce qui.

2. *Omaggi, riassunti, bilanci*

Nell'epoca delle esasperazioni e delle commedie-non-più-commedia non mancano i bilanci generazionali, i film manifesto, le opere riassuntive. La prima di esse appartiene ancora, cronologicamente, agli anni '60: *L'alibi* (1969), dove i tre attori-registi-amici Celi, Gassman e Lucignani tentano, con modi a metà fra commedia di costume e cinema-verità, di tirare le somme sulla propria vita, sulla propria carriera e anche sul cinema italiano. Più che di somme si tratterà di sottrazioni, ma prenderne atto è già un risultato. Il clima di bilanci postumi a priori e di autocelebrazioni critiche porta negli anni '70 ad alcune commedie sullo spettacolo, che poi saranno soprattutto commedie sull'avanspettacolo: *Basta guardarla* di Salce (1971), fotoromanzo umoristico sul mondo minore del varietà di provincia e omaggio a uno dei corpi più concupiti dell'epoca, quello di Maria Grazia Buccella; *Polvere di stelle* di Sordi (1973), che riporta le menti e i cuori agli anni neri dell'Italia e agli anni d'oro dell'avanspettacolo; e soprattutto *I nuovi mostri* di Monicelli, Risi e Scola (1977), un séguito dei *Mostri* che fa il punto sul nuovo decennio in 14 episodi, di cui quattro sul tema-babau del terrorismo e due memorabili: «Hostaria!», omaggio al mondo delle torte in faccia (che in questa società senza più zucchero son diventate pietanze in faccia); e il conclusivo «L'elogio funebre», dove Sordi rievoca in una irresistibile e vitalistica orazione un anziano comico defunto che potrebbe benissimo essere il cinema dei Mattoli, dei Mastrocinque, del pubblico-bocca-buona e delle ballerine-coscia-lunga. Del resto, per recuperare l'atmosfera del vecchio, caro, morto avanspettacolo, Monicelli va addirittura nell'Europa del Nord con *Temporale Rosy* (1979), dove cerca nel catch femminile quell'aura da fiera e da circo, piacevolmente falsa e bonariamente aggressiva, che l'Italia del benessere falso e del malessere vero ha ormai rimosso come un'antica colpa.

Se i film sul mondo del cinema si riducono per ora al non eccelso *Sono fotogenico* di Risi (1980), la televisione nemica è protagonista assoluta dell'ottimo e perfido *Signore e signori buonanotte* (1976), opera collettiva diretta da Comencini, Loy, Magni, Monicelli, Scola, e prodotta da una cooperativa di quindici sceneggiatori, registi e attori. Era una satira della televisione di Stato, ma anche del potere democristiano a cui essa faceva capo, e ci volle un po' per vederla sul piccolo schermo, dove tuttora non è che circoli molto. Ma stavano già arrivando le tivù private, con le loro false *paillettes* e la loro volgarità sponsorizzata: vi finisce l'ex comico di avanspettacolo Ugo Tognazzi in *Primo amore* di Risi (1978) e ci mette poco a capire come si stava meglio quando si stava peggio, sotto le calde luci del varietà.

Lo scherzo e il gioco, che nel teatro cosiddetto leggero sono attrezzi del mestiere, diventano filosofia di vita in una delle migliori commedie del decennio, certamente la più proverbiale: *Amici miei* di Mario Monicelli (1975, da un soggetto di Germi che il regista genovese, moribondo, non fece in tempo a realizzare di persona). I cinque compagni di burle e bisbocce, che hanno deciso di marinare la vita e di pigliare a gabbo il dio della serietà, non sono dei buontemponi occasionali, ma uomini delusi dai grandi miti della vita, amore e carriera sopra tutti: hanno raggiunto la saggezza del commediante, di chi ha capito che ridere è l'unico modo per non piangere e che la cattiveria può risultare talvolta l'ultima forma praticabile di libertà. Se la vita è soltanto una giostra che gira su se stessa e non porta da nessuna parte, tanto vale salirci prima che si fermi e lasciarsi portare. Lo stesso Monicelli dirigerà nel 1982 un séguito molto bello, *Amici miei atto secondo*, dove si comprende ancor meglio cosa covasse dietro le risate, e come quell'allegria fosse disperata;

mentre Nanni Loy firmerà nel 1985 un *Amici miei atto terzo* che non aggiunge nulla alla saga, semmai anzi le toglie qualcosa per via di una certa goliardia della terza età. Ma il primo *Amici miei*, che era un film assai triste e amaro, fu preso da molti, con i suoi incassi altisonanti, per un invito al disimpegno; e segnò senza volerlo l'inizio della commedia facile e neo-sofisticata che si inoltrerà nei luccicanti e superficiali anni '80: come del resto, fin dal titolo, il non riuscitissimo ma comunque interessante *Telefoni bianchi* di Risi (1976), che racconta una carriera facile e metaforica d'epoca fascista con i toni amari della commedia all'italiana ma i contorni, le musiche e la leggerezza un po' forzata del cinema rosa-nero.

Due film chiudono il cerchio della commedia all'italiana, uno perché ne riassume i temi e lo stile in una sintesi magistrale, l'altro per il carattere di manifesto conclusivo, di riflessione a posteriori: *C'eravamo tanto amati* (1974) e *La terrazza* (1980), entrambi diretti da Ettore Scola e scritti dal regista insieme a quegli stessi Age e Scarpelli che furono autori, con *I soliti ignoti*, della prima commedia all'italiana propriamente detta. *C'eravamo tanto amati* è la migliore commedia all'italiana del decennio e una delle migliori di tutti i tempi. Porta alla perfezione i meccanismi del genere usando un linguaggio semplice, universale, e racconta trent'anni di storia italiana attraverso gli amori e gli ideali di tre personaggi simbolo che non hanno tuttavia la pesantezza astratta dei simboli: il proletario che sembra non stancarsi mai di perdere (Nino Manfredi), l'intellettuale musone che rovina la vita a tutti incominciando da se stesso (Stefano Satta Flores), il promettente avvocato idealista che darà un calcio agli ideali in nome della carriera (Vittorio Gassman). Tutti e tre amano, chi per fregola chi per amore, chi per una notte chi per una vita, un'unica donna (Stefania Sandrelli): l'arrivista la usa per qualche anno, l'intellettuale per qualche ora, il proletario aspetta, spera, dispera e alla fine se la sposa. Intanto gli anni passano in pochi minuti, come accade anche nella vita, e fra scherzi del destino in agguato dietro l'angolo, incontri mancati e rimpatriate inutili, le speranze cadono a una a una come le foglie al vento nei vecchi melodrammoni hollywoodiani dove Kim Novak e Laurence Harvey ricordano in modo impressionante la nostra vita. Alla fine i tre amici si ritrovano per un ultimo equivoco nella modesta trattoria da cui erano partiti trent'anni prima e tirano le somme: «Volevamo cambiare il mondo, e invece il mondo ha cambiato noi». Questa è la vita, non quella che l'amore, i vent'anni e gli occhi della Sandrelli facevano supporre e sognare. Di tante parole, di tanto amore, di tanti amori, resta alla fine un sapore amaro in bocca, un gusto strano, e la villa con piscina a cui Gassman pirata ha sacrificato i propri ideali: solitaria e desolata come il suo proprietario, come l'Italia promessa e non mantenuta, progettata tutti insieme e poi costruita ognuno per sé.

Se *C'eravamo tanto amati* ebbe un notevole successo di pubblico, non si può dire lo stesso per *La terrazza*: anche perché si tratta di un film manifesto, di una metacommedia, lucida e fredda come un referto medico. Dalla terrazza su cui l'intellighènzia radical-chic consuma i propri riti si dipanano le vicende di cinque personaggi: lo sceneggiatore Trintignant, il produttore Tognazzi, il giornalista Mastroianni, il dirigente televisivo Reggiani, il dirigente comunista Gassman. Ma più delle loro storie, che potrebbero appartenere indifferentemente al futuro come al passato, conta l'aria sempre uguale di questa terrazza romana su cui svolazzano aforismi quasi meccanici ormai ridotti a frasi-cioccolatino, ripetuti più volte da angolazioni visive e sonore diverse poiché nessuna verità è più assoluta: frammenti di intelligenza che son diventati puri intrattenimenti da salotto, anzi da sala da pranzo, amabili e inutili, se è vero che tanti intellettuali messi assieme sono una natura – anzi una cultura – morta. In realtà tutti badano ormai esclusivamente al privato, a coltivarsi solitudini dorate e qualche amichevole nemico per la vecchiaia. «Ormai siamo tutti così: personaggi drammatici che si manifestano solo comicamente». Il sociale permane in forma di macchietta nelle parole a vuoto, nelle frasi fatte che tentano invano di esorcizzare gli specchi, la pancia, i capelli bianchi, gli ideali chiusi a chiave in soffitta. Non resta che celebrarsi attraverso le canzoni e il cinema: specialmente quello di ieri, di cui questa commedia dell'immobilità è un ultimo esemplare, ormai quasi un ricordo. «Coraggio, il meglio è passato».

3. Le altre commedie e le commedie altre

Accanto alle commedie all'italiana propriamente dette si incontrano negli anni '70 altre commedie che ne subiscono l'influenza ma seguono tuttavia strade loro, talvolta più facili e più comode, talvolta più complicate. Un tempo questa sarebbe stata la serie B, ma con il diffondersi a tappeto della televisione la serie B è ormai scomparsa dal cinema, o si riduce a pellicole erotiche ai confini fra circuiti normali e circuiti a luci rosse. Invece queste commedie *altre* hanno spesso cast di prim'ordine, e nella maggior parte dei casi non sono inferiori alle precedenti dal punto di vista dell'impegno produttivo: è lo stile che viene a mancare o a straripare, per limiti congeniti degli autori, o per scelta, o perché non rimane altro mezzo per trattare certi argomenti.

Gli eccessi grotteschi caratterizzano quasi in blocco i film di Lina Wertmüller. E dire che la regista romana aveva esordito nel cinema con una commedia molto sorvegliata, non priva di acutezze e amarezze: *I basilischi* (1963), versione meridionale dei *Vitelloni* di Fellini, come il quasi contemporaneo *Leoni al sole* di Vittorio Caprioli. L'opera seconda, *Questa volta parliamo di uomini* (1965), commedia a episodi dal vago sapore femminista, era stata una caduta, ma anonima, come due successivi musical per Rita Pavone – il primo firmato prudentemente con lo pseudonimo di George Brown. La sua carriera si impennò bruscamente nel 1972 quando azzeccò, perlomeno dal punto di vista del botteghino, *Mimì metallurgico ferito nell'onore*, una sorta di commedia meridionalistica del Nord che strizzava l'occhio un po' a Germi, un po' a Fellini e un po' ai fratelli Corbucci, senza dimenticare la giusta dose di sesso e turpiloquio per stupire i borghesi e magari anche i proletari: come accade del resto nei successivi *Film d'amore e d'anarchia ovvero: stamattina alle 10 in Via dei Fiori nella nota casa di tolleranza* (1973), *Tutto a posto e niente in ordine* (1974), *Travolti da un insolito destino nell'azzurro mare di agosto* (1974), *Fatto di sangue tra due uomini per causa di una vedova. Si sospettano moventi politici* (1978). Già i titoli la dicono lunga su questi film, che vorrebbero essere un compendio di problemi sociali ma ogni tanto sembra ne siano soltanto la parodia, con le loro situazioni caotiche e chiassose, con il condimento fisso di un meridionalismo falso ed esteriore, con l'onnipresenza di un Giancarlo Giannini stravolto e sprecato. Al sovraffollamento di temi corrisponde un sovraffollamento di personaggi (sembrano troppi persino in *Travolti da un insolito destino...*, dove sono soltanto due). E insomma tutto appare esagerato: i personaggi, gli accenti, le battute, la satira, le malinconie. Solo sul buon gusto si è voluto risparmiare. Molti di questi film, e più di tutti *Pasqualino Settebellezze* (1975), ebbero successo negli Stati Uniti, anche perché dipingevano gli italiani non come sono, bensì come gli americani pensano che siano, tutti spaghetti, lupare, baffoni e mammasantissima. La Warner offrì alla Wertmüller un contratto per quattro film in lingua inglese; ma il primo di essi (*La fine del mondo nel nostro solito letto in una notte piena di pioggia*), che aveva ambizioni addirittura bergmaniane, fu un totale fallimento sia di pubblico che di critica e rivelò il vero valore della regista, portando all'annullamento del contratto.

Poiché tuttavia i cattivi esempi si seguono più facilmente di quelli buoni, i film della Wertmüller fecero numerosi proseliti, creando un grottesco '70 – a cavallo fra commedia e altri generi – che nella sua confusione di stili corrisponde alla confusione anche ideologica dell'epoca. Elio Petri manca ancora il registro della commedia con *La proprietà non è più un furto* (1973), bella idea malissimo realizzata, e con il fallimentare *Buone notizie* (1979). Marco Ferreri tenta con l'apprezzatissimo e censuratissimo *La grande abbuffata* (1973) un'allegoria della società dei consumi in forma di grottesco provocatorio; e poi, con il successivo *Non toccare la donna bianca* (1974), si cimenta in un western estremo, dell'assurdo cittadino, dove la storia del generale Custer è ambientata nel quartiere parigino di Les Halles, o meglio nella grande buca che a quel tempo ne rimaneva. Vittorio Gassman torna dietro la macchina da presa per la parodia, in verità più anarchico-favolistica che parodistica, di un celebre romanzo di Malot, *Senza famiglia nullatenenti cercano affetto* (1972). Pupi Avati, che si specializzerà di lì a poco in commedie tristi destinate a far genere a sé, sperimenta il grottesco in tre film un po' scombiccherati ma ricchi di idee: la farsa naïf *La mazurka del barone, della santa e del fico fiorone* (1974), l'apologo surreale *Bordella* (1975) e l'horror comico *Tutti defunti tranne i morti* (1977). Alberto Lattuada realizza con *Cuore di cane* (1976) una specie di *Frankenstein* comico-animale d'ambientazione russa, dove gli organi di un funzionario comunista vengono trapiantati senza grandi risultati su un cane randagio. L'ex scenografo Flavio Mogherini si esibisce per due volte nel numero mai molto fortunato, in Italia, del *fantasy* comico: con *Culastrisce nobile veneziano* (1976), dove Mastroianni è innamorato di una donna che non c'è, come tutti, e ci rimane molto male quando cercano di tradurgliela in una donna di carne, come tutte; e *Le braghe del padrone* (1978), modesto tentativo di trasferire il mito di Faust nell'Italia capitalistica in cui vendere l'anima al diavolo è la regola quotidiana per avere successo nella vita. Sergio Corbucci inventa con *La mazzetta* e *Giallo napoletano* (1978) una sorta di giallo-rosa alla napoletana, popolaresco e caciarone. Sergio Citti, giovane di bottega pasoliniana, prova a rinnovare la commedia balneare alla

Domenica d'agosto con il perfido e a tratti sgradevole *Casotto* (1977); e raggiunge le altezze della poesia, se non proprio l'equilibrio della commedia, con una bella favola di borgata sui temi del destino, della musica e della fame: *Due pezzi di pane* (1978). Perfino l'abbottonatissimo Comencini si fa trascinare nel 1974 in una chiassosa commedia meridionalistica a sfondo erotico-dannunziano, *Mio Dio, come sono caduta in basso!* E Dino Risi, celebre per il suo tocco leggero, diventa un po' pesante in alcuni sketch di quella che possiamo definire la sua trilogia sessuale a episodi: *Vedo nudo* (1969), *Noi donne siamo fatte così* (1971), *Sessomatto* (1973), a cui si aggiungerà nel 1982 il davvero poco decoroso *Sesso e volentieri*. Certamente i primi due film precedono e forse ispirarono *Mimì metallurgico*, ragion per cui non bisognerà dare tutta la colpa di certe degenerazioni stilistiche alla Wertmüller; e viceversa un paio di episodi di *Vedo nudo* e *Sessomatto* sono fra le cose migliori del Risi breve. Tuttavia questa diffusa atmosfera sessual-grottesca annuncia che un'epoca è finita e ciò che si sta tentando sono vie d'uscita. Anche il vecchio Zampa concluderà la sua carriera con una commedia a episodi, *Letti selvaggi* (1979), dove l'interesse maggiore consiste in uno spogliarello a tutto tondo della statuaria Ursula Andress.

Il sesso è il protagonista principale anche delle commedie interpretate dal comico siciliano Lando Buzzanca, che fanno quasi filone a sé. Buzzanca sta ai vari Sordi, Gassman e Manfredi come la Wertmüller ai registi di qualità tipo Monicelli, Risi e Scola. I suoi film – diretti dai Grimaldi, Corbucci, Vicario, D'Amico, ma anche da Salce e Festa Campanile – poggiano spesso su soggetti da serie A, almeno per quanto riguarda l'impegno sociale e gli spunti di partenza; ma la realizzazione risulta poi immancabilmente di serie B. I temi sono quelli delle commedie maggiori: la Sicilia dell'omertà sessuale (*Un caso di coscienza*, 1970), l'integrazione dei contestatori nella società dei consumi (*Fermate il mondo... voglio scendere*, 1970), la ricerca del successo a qualsiasi costo (il già citato *Il merlo maschio*, 1971), il difficile adattamento dei siciliani al clima morale del Nord (*Don Giovanni in Sicilia*, 1966, uno dei suoi pochi film maggiori, firmato Lattuada; *Homo eroticus* e *Il vichingo venuto dal Sud*, 1971), la contestazione globale (*L'uccello migratore*, 1972), i legami-prigione (*La schiava io ce l'ho e tu no*, 1973), la calcio-mania (*L'arbitro*, 1974), il servilismo dell'italiano medio (*Il domestico*, 1974). Ma dietro a tutti questi argomenti ce n'è sempre uno fisso, il desiderio sessuale del maschio latino: lo si capisce già dai titoli con i loro doppi sensi, allusioni, strizzatine d'occhio. «Coito, ergo sum», come proclamerà Enrico Montesano nel modesto *40 gradi all'ombra del lenzuolo* (1976): per le commedie alla Buzzanca le priorità sono chiare, anche la società fondata sul denaro e sull'ingiustizia deve obbedire alla civiltà fondata sugli organi da riproduzione.

All'opposto di questi film del sesso e dell'eccesso rispunta tuttavia, a metà anni '70, una commedia brillante e disimpegnata che potremmo definire «del ritorno ai telefoni bianchi». È una sorta di reazione alle intemperanze iperrealistiche dell'ultima commedia all'italiana, un tentativo di restaurazione volto a riportare il cinema cosiddetto leggero alla sua leggerezza naturale, o innaturale che dir si voglia.

Inaugura il filone nel 1975 *L'anatra all'arancia* di Salce, commedia di sapore francese tratta da un classico del teatro d'intrattenimento, ma con la presenza di Ugo Tognazzi e Monica Vitti a testimoniare una qualche continuità rispetto alla commedia impegnata. Nel filone francese, o fintofrancese, si specializza il regista di origine parigina Giorgio Capitani, con una serie di commediole gradevoli e scorrevoli, dai ritmi appropriati, spesso con Enrico Montesano protagonista: *Bruciati da cocente passione* (1976), *Pane, burro e marmellata* (1977), *Aragosta a colazione* (1979), *Odio le bionde* (1980), *Bollenti spiriti* (1981). Ma vi porterà il suo contributo anche Pasquale Festa Campanile, con film come *Dimmi che fai tutto per me* (1976) o *Come perdere una moglie... e trovare un'amante* (1978), dove appare l'attore che più d'ogni altro incarna, grazie alla sua brillantezza confidenziale, i neo-telefoni bianchi: Johnny Dorelli. È lui in effetti il protagonista delle due commedie più riuscite del filone: *Amori miei* di Steno (1978), improbabile ma spiritosa illustrazione di un *ménage à trois* spinto all'estremo; e *Tesoro mio* di Giulio Paradisi (1979), dove l'esotica Zeudi Araya è una specie di Mary Poppins nera per adulti e la favoletta ecologica ha toni ispirati e un sottile anticapitalismo di fondo.

Ma certamente gli orizzonti di questi film sono quelli che sono: non vanno oltre il giardino di casa, preferibilmente con piscina, e gli armadi in cui gli amanti giocano a nascondersi e più che altro a farsi trovare. Ormai gli ideali politici e sociali sono stati traditi in tutti i modi, come ci hanno svelato le grandi commedie all'italiana: non resta che tradirsi in privato fra uomini e donne dimenticando nell'amorosa giostra il destino della società, in attesa del riflusso anche colto degli anni '80.[1]

Se la maggior parte degli autori di commedie pseudosofisticate fa riferimento al teatro, alcuni guardano anche al cinema classico. È il caso di Castellano e Pipolo, già sceneggiatori per Salce di alcuni hit della commedia all'italiana, che passano alla regia (dopo l'isolato esperimento comico-fantascientifico di *I marziani hanno dodici mani*, 1963) riproponendo in chiave contemporanea e straprovinciale, quasi sempre con Adriano Celentano protagonista, generi e film soprattutto americani: la commedia truffaldina alla *Mancia competente* (*Trouble in Paradise*, 1932, di Ernst Lubitsch) con *Mani di velluto* (1979), la *screwball comedy* delle ragazze terribili invertita però di sesso (*Il bisbetico domato*, 1980), la commedia fantastico-soprannaturale alla René Clair (*Mia moglie è una strega*, 1980, e *Asso*, 1981, probabilmente il loro miglior film, così pervaso di modelli da sembrar quasi un originale), la fiaba principesco-cittadina alla *Vacanze romane* (*Innamorato pazzo*, 1981), il film a episodi incrociati alla *Grand Hotel* (*Grand Hotel Excelsior*, 1982). Ma la distanza dagli originali è enorme, qualche volta perfino imbarazzante: ci si dimenticò che il cinema americano classico non era soltanto una serie di soggetti tipici, era soprattutto uno stile inarrivabile, legato anche al suo tempo e alle relative contingenze. Svuotati del tocco dei vari Lubitsch, Clair, Capra, Hawks, questi film appaiono dei contenitori vuoti, si riducono a freddi schemi narrativi, insomma ricordano quei vecchi che pensano di sembrar giovani semplicemente perché si sono tinti i capelli e hanno comprato un abito da ventenni.

---

[1] Accanto a questi film che si rifanno al teatro della *belle époque* e degli anni '30 (c'è anche il *remake* di un De Benedetti del 1936: *Non ti conosco più amore*, 1980), non mancano peraltro tentativi di ricostruire quei tempi in forma di commedia: *Ninì Tirabusciò, la donna che inventò la mossa* (1970) di Marcello Fondato, *Amore e ginnastica* (1973) di Luigi Filippo D'Amico, *Bluff - Storia di truffe e di imbroglioni* (1976) di Sergio Corbucci.

Dal buco della serratura (La commedia erotica)

Il cinema comico di serie B non scompare del tutto negli anni '70: sopravvive in qualche modo in un sottogenere tra i più floridi, la commedia erotica. Non solo e non tanto quella alla Buzzanca, che bene o male tratta temi vari e anche impegnati, sia pure rapportandoli quasi sempre al sesso padre e patrigno; bensì le decine e decine di commediole minori la cui unica ragion d'essere, come quella della maggior parte degli uomini, è il sesso: non inteso in senso astratto, e tuttavia nemmeno praticato fino in fondo, ma quasi sempre limitato a una galleria di spogliarelli, docce, accavallamenti di gambe, giarrettiere. La situazione più tipica di questi film è il ragazzino, e spesso anche l'uomo maturo o anziano, che nascosto dietro la porta spia dal buco della serratura gli *strip-tease* sempre molto professionali della varie, bellissime Femi Benussi, Barbara Bouchet, Lilli Carati, Nadia Cassini, Daniela Giordano, Franca Gonella, Gloria Guida, Marisa Mell, Annamaria Rizzoli, Carmen Russo, Karin Schubert, Jenny Tamburi, Carmen Villani; e sopra tutte, perlomeno quanto a presenze, Edwige Fenech. Aprì il filone, in un certo senso, *Malizia* di Salvatore Samperi (1973), che lanciò quasi all'improvviso Laura Antonelli e il suo reggicalze, ma che è commedia fino a un certo punto. Più mitico e decisivo nella storia del *trash* comico-erotico resta, per via anche del titolo, *Giovannona Coscialunga, disonorata con onore* di Sergio Martino (1973). Seguirono un centinaio di titoli in sette-otto anni: da *La signora gioca bene a scopa?* di Giuliano Carnimeo (1974) a *L'infermiera* di Nello Rossati (1975), con Ursula Andress, commedia non priva di spunti satirici che potrebbe anche star fuori da questo box; da *L'insegnante* di Nando Cicero (1975), che inaugurò il ricchissimo sotto-sottofilone scolastico, a *La pretora* di Lucio Fulci (1976), che inaugurò quello poliziesco-giudiziario; da *La soldatessa alle grandi manovre* di Nando Cicero (1978), con cui sesso e gentil sesso si arruolano nell'esercito, a *La settimana bianca* di Mariano Laurenti (1980), che anticipa le vanziniane *Vacanze di Natale*, e *L'assistente sociale tutto pepe*, ancora di Cicero (1981), dove la comparsa di risvolti sociologici annuncia la fine dei giochi. A questo punto, poiché a parte la becchina e la cacciatrice di lombrichi tutti i possibili mestieri femminili erano stati contemplati, il filone si sgonfiò: dopo che lo si era tanto predicato, negli anni '80 il sesso si incominciò a farlo davvero. Certo la collocazione delle commedie erotiche in una storia del cinema comico è discutibile: nessuno andava a vedere questi film per via dei loro aspetti comici. E tuttavia, per far sentire il pubblico a posto con la coscienza e con la moglie rimasta a casa, questi non mancavano mai, e a volte erano anche azzeccati. Alcuni attori come Lino Banfi, Carlo Giuffré, Alvaro Vitali e in parte perfino il bravissimo Renzo Montagnani diedero il meglio di sé proprio in questi film, riciclati all'infinito dalle televisioni «libere» dei primi anni '80. Un'intera generazione è cresciuta guardando fellinianamente del sesso dal buco della serratura, e certamente ne ha tratto svariati problemi. Ma chi stava dall'altra parte del buco avrà vissuto davvero meglio la propria sessualità? «Potresti bussare prima di uscire!» (Lando Buzzanca, guardone colto in flagrante, alla ragazza spiata: *Il merlo maschio*, 1971).

Pugni d'oro

In un capitolo sul cinema italiano degli anni '70 non può mancare un cenno a quella che ne fu la coppia comica per eccellenza, almeno ai botteghini: Terence Hill e Bud Spencer. A loro va il merito di avere inventato o quanto meno portato al successo internazionale un sottogenere nuovo, che si potrebbe definire «commedia di cazzotti», incrocio comico fra lo spaghetti-western (a cui riportano direttamente i primi titoli del filone) e i film di arti marziali. A dire il vero la violenza comica e la cultura fisica in forma di commedia non costituiscono una novità per il cinema italiano: già Maciste, il massiccio eroe mitologico-antimitologico inventato da Gabriele D'Annunzio per *Cabiria* (1914), era un personaggio semiserio, quasi comico, che risolveva le beghe proprie e altrui a suon di cazzotti. E alcuni dei numerosi film muti che lo videro protagonista erano effettivamente commedie: come *Maciste innamorato* (1919) o *Maciste in vacanza* (1921), di Luigi Romano Borgnetto. Del resto anche *Arrivano i Titani* di Duccio Tessari (1961) sarà una commedia di ercoli ricca di autoironia e di situazioni esplicitamente comiche. Con Terence Hill e Bud Spencer – che sono italianissimi e si chiamano in realtà Mario Girotti e Carlo Pedersoli – approdiamo però al filone. I due attori, che si erano già trovati casualmente insieme nel film d'esordio di Dino Risi (*Vacanze col gangster*, 1952), vennero proposti per la prima volta come coppia fissa da Giuseppe Colizzi in *Dio perdona... io no!* (1967), un western all'italiana dai toni particolarmente scanzonati, subito parodiato da Franchi e Ingrassia (*Ciccio perdona... io no!*, 1968). Ma fu Enzo Barboni, già collaboratore di Sergio Leone e direttore della fotografia per Corbucci e altri registi, a lanciarli definitivamente – assumendo per prudenza lo pseudonimo di E. B. Clucher – in *Lo chiamavano Trinità* (1970) e *Continuavano a chiamarlo Trinità* (1971), due commedie western abbastanza spiritose dove il baricentro della narrazione e la fonte di maggior divertimento sono le sparatorie impossibili e le scazzottate corali (in cui, come nei fumetti, nessuno si fa male davvero). Da allora i due attori interpretarono insieme, a suon di pugni e di qualche battuta azzeccata, una serie di commediole avventurose per ragazzi o poco più, quasi dei western senza West, che ne portavano però leggi e usanze rissaiole in giro per il mondo: da *Più forte ragazzi!* di Giuseppe Colizzi (1972), forse il loro film più divertente, a *Porgi l'altra guancia* di Franco Rossi (1974), da *Altrimenti ci arrabbiamo!* di Marcello Fondato (1974) all'ecologico *Io sto con gli ippopotami* di Italo Zingarelli (1979). E Bud Spencer intraprese anche un filone in proprio, inaugurato dal poliziesco-spaghetti *Piedone lo sbirro* di Steno (1973). I film citati, e le loro infinite fotocopie, non saranno capolavori di costruzione cinematografica, ma sono divertenti e in qualche misura istruttivi: i due protagonisti si trovano pur sempre a combattere contro trafficanti, ricconi, speculatori, come eroi di Capra consci ormai che l'unico modo per restare disarmati è armarsi, l'unica possibilità di cambiar la testa ai cattivi riempirgliela di pugni. Va da sé che film siffatti possono avere, a seconda dei punti di vista, una funzione negativa o positiva. Possono somigliare a quelle guerre sanguinosissime che si fanno per metter fine alle guerre. Ma possono anche considerarsi una valvola di sfogo tutto sommato innocente, forse perfino salutare, alla violenza degli anni '70. In un'epoca di stragi a tappeto e assalti terroristici effettuati non proprio all'arma bianca, le avventure di Spencer & Hill sono come incontri di catch-spettacolo: volano botte da orbi, da extraterrestri, ma alla fine nessuno riporta dei danni, e la vittoria è sempre appannaggio dei buoni.

4. I figli della televisione

Negli anni '70 approda al cinema una generazione di attori comici nati artisticamente o comunque diventati famosi in televisione (fino ad allora c'era sempre stato alle spalle un lungo apprendistato teatrale, adesso ci sono tutt'al più esperienze di cabaret per pochi intimi). Uno dei primi divi di estrazione televisiva è Enrico Montesano, proveniente da due fra i primi cabaret italiani, il Puff e il Bagaglino. Fu lanciato nel cinema in coppia con l'imitatore per eccellenza della tivù italiana, Alighiero Noschese. Ma anche i loro film più esilaranti, pur con tutta la personalità e le personalità dei due mattatori, mancavano di personalità: da *Io non scappo... fuggo* (1970) a *Io non vedo, tu non parli, lui non sente* (1971, inutile remake di *Crimen* da *Il furto è l'anima del commercio?!...* (1971) a *Il terrore con gli occhi storti* (1972). Montesano proseguì la carriera cinematografica in proprio: ma la sua comicità, che sembrava molto sanguigna e proletaria, funzionò meno bene in certi film di piglio popolaresco (*Boccaccio, L'Italia s'è rotta, Tutti possono arricchire tranne i poveri*) che nelle commedie francesizzanti alla Capitani, di cui il comico iper romano fu uno degli interpreti prediletti. Quanto a Noschese, offrì la prova migliore da solo in un film di Franco Prosperi del 1973, *L'altra faccia del padrino,* dove la parodia del capolavoro di Coppola ha momenti gustosi e Noschese sembra Marlon Brando più ancora dello stesso Marlon Brando. Poi, con tutte le personalità che aveva assunto nella lunga carriera soprattutto teatrale, radiofonica e televisiva, non riuscì più a trovarne una sua e morì suicida in una casa di cura, come da manuale del perfetto attore, nel 1979.

Il cantante Adriano Celentano, tentato dal cinema fin dai tempi dei divertenti *Uno strano tipo* (1963, di Lucio Fulci) e *Super-rapina a Milano* (1964, di Celentano e Vivarelli), diventò attore a tempo pieno a partire da *Serafino,* il film del 1968 con cui Pietro Germi tentò un po' ingenuamente di resuscitare la commedia di paese e un neorealismo rosa post-sessantottino. Celentano toccherà l'apice della carriera cinematografica in un suo bel film del 1974, *Yuppi-du,* che è però da considerarsi a tutti gli effetti un musical. Ma nei primi anni '70 si costruirono sulle sue spalle di «molleggiato» alcune commedie che tentavano di farne una versione popolaresca e *naïf* degli italiani-tipo di Sordi e compagni: milanese com'era fin dalle più remote origini musicali, sembrò quasi romano in *Er più, storia d'amore e di coltello* (1971, di Sergio Corbucci) e nella versione cinematografica del celebre *Rugantino* (1973, di Pasquale Festa Campanile); e divenne addirittura napoletano, in un mare di canzoni, paesaggi da cartolina e ricostruzioni d'epoca quasi riuscite, per *L'emigrante* di Festa Campanile (1973). Poi anche lui finì prigioniero delle commedie neosofisticate di fine '70, a cui conferirà talvolta un tocco bizzarro, ecologico e vagamente surreale.

Un altro milanese doc, Renato Pozzetto, proveniva dal duo di cabaret Cochi & Renato, che alla fine degli anni '60 e nei primi '70 portò in televisione un umorismo strampalato, modernissimo, a suo modo davvero dirompente e rivoluzionario (per merito anche del compagno Cochi Ponzoni, che giocava a fare la spalla ma era un po' l'intellettuale del gruppo). Purtroppo i due comici non ebbero in pratica una carriera cinematografica comune: il loro estro surreale suonava intraducibile nel linguaggio realistico del cinema, la loro parlantina e i loro tempi morti erano essenzialmente televisivi. Nei pochi film girati insieme Renato è il protagonista debordante, Cochi neanche una vera spalla ma un personaggio minore, defilato, marginale, «scusate, disturbo?» (unica parziale eccezione, lo sgangherato anche se sanamente antimilitarista *Sturmtruppen* di Salvatore Samperi, 1976). Vista l'impossibilità di decollare insieme, Pozzetto – che era il più comico ma anche il più furbo dei due – intraprese una carriera a sé, che dura tuttora anche se di anno in anno ha perso freschezza, mordente, originalità e séguito di pubblico. Ma nei primi film si era tentato con un certo successo di farne un personaggio di bambinone mai cresciuto, di idealista un po' svitato quasi alla Frank Capra: come si vede in due film più che decorosi di Mogherini (*Per amare Ofelia*, 1974; *Paolo Barca, maestro elementare, praticamente nudista*, 1975) e nel favolistico e francescano *Oh, Serafina!* di Lattuada (1976). Molto interessante anche il suo esordio nella regia: *Saxofone* (1978), l'unico film in cui permanga in qualche modo, senza diventare maniera, lo humour funambolico degli anni d'oro di Cochi & Renato. Ovviamente il film non piacque quasi a nessuno, e Pozzetto capì che per avere successo occorreva volare non troppo in alto, insistere su pochi tormentoni di facile presa sul pubblico giovanile («bèla gioia», «praticamente», «uè, la madòoona!»), rinnovarsi il meno possibile, e insomma rassegnarsi a film più convenzionali, dove l'estro surreale non fosse protagonista ma al limite, in qualche siparietto qua e là, una *guest star*. Se i suoi primi film commerciali si distinguono quanto meno dalla produzione media per un certo impegno di fondo, sia pure in vesti farsesche (*Il padrone e l'operaio* di Steno, 1975; *Ecco noi per esempio* di Sergio Corbucci, 1977; *La patata bollente* di Steno, 1979), dalla fine degli anni '70 Pozzetto diventerà uno dei re del disimpegno, spesso e volentieri in commediole debolmente sofisticate di Festa Campanile o di Castellano e Pipolo.

Ma il vero grande lascito della televisione di fine '60 al cinema e alla cultura comica nazionale è il genovese Paolo Villaggio: pure lui proveniente dal cabaret e da «Quelli della domenica» (1968), il benemerito varietà televisivo che lanciò anche Cochi & Renato. Nonostante la prepotenza innovatrice con cui il suo personaggio anticonformista e perfino sgradevole si era imposto in una televisione ancora anestetizzata dai mutandoni democristiani, gli esordi cinematografici di Villaggio furono timidi, quasi impacciati: *Eat it* di Francesco Casaretti (1969), nobile ma velleitario nei suoi intenti anticonsumistici e antipubblicitari; e, nello stesso anno, l'ancor più modesto e dimenticabile *Il terribile ispettore* di Mario Amendola. Seguirono, accanto alle partecipazioni da comprimario e talvolta da protagonista a commedie all'italiana d'autore, alcuni film piuttosto sguaiati, anche se con qualche ambizione satirica: *Beati i ricchi* di Samperi (1972), *Che c'entriamo noi con la rivoluzione?* di Sergio Corbucci (1972), *Alla mia cara mamma nel giorno del suo compleanno* di Salce (1974, dove si tentò di affidargli un ruolo di trentenne bambino alla Pozzetto). Sembrava tuttavia che Villaggio dovesse restare confinato a vita in film o ruoli minori quando ci si decise a tradurre per il grande schermo il suo personaggio più celebre, già raccontato in televisione e in alcuni libri di successo: il ragionier perdente Ugo Fantozzi, re e al tempo stesso ultimo suddito del regno dei disgraziati. Diretto da Luciano Salce in *Fantozzi* (1975) e poi nell'ancor più riuscito *Il secondo tragico Fantozzi* (1976), l'Eterno Impiegato ebbe un travolgente meritato successo, e i due film sono da annoverarsi – insieme ai migliori séguiti degli anni '80 e '90 – fra i capolavori del cinema comico italiano.

Fantozzi è l'ultima grande maschera della commedia dell'arte, la più importante del '900 insieme a Totò: un giorno se ne faranno marionette, fumetti, pupazzetti soprammobile, diventerà un nome comune sui vocabolari. Mentre però le altre maschere italiane (Pulcinella, Arlecchino, Totò) risultano quasi sempre, se non proprio dei vincenti, quanto meno dei vincitori, Fantozzi è un perdente nato, un professionista della scalogna e della sconfitta, come Paperino o Wile Coyote: maschera decadente, di fine civiltà. Sempre con un piede nella metafora, può finire a fare il parafulmine sul tetto di un palazzo o essere servito in salmì alle cene dei ricchi. Il suo subire è automatico, fisiologico, quasi logico in questo universo di «eschi», «venghi», «no, venghi lei», «ma com'è umano Lei». Padrone di Fantozzi non è soltanto il padrone in senso stretto, il mitico e quasi inesistente «direttore megagalattico»: suo vero padrone è il consumismo, la sottocultura di massa che promette la felicità nel momento stesso in cui la rende impossibile. E al di là del personaggio anche i suoi film, che poterono sembrare a prima vista rozzi e approssimativi, offrono un ritratto impressionante e allucinante della vita impiegatizia, con il suo grigiore preordinato, le ingiustizie regolamentari, le miserie senza scampo, le consolazioni senza gioia (la cosa più triste sono le gite di piacere). Perfino l'amante ideale, l'incarnazione dell'eterno femminino, la ragazza dei sogni proibiti, non è più una dea procace come nel vecchio *L'impiegato* di Puccini, ma una donnetta scheletrica, orribile, sboccata. Dietro il velo dell'iperbole, i *Fantozzi* rispecchiano meglio di tante opere realistiche una precisa situazione sociale, così intimamente esasperata e iniqua da poter essere resa appieno soltanto attraverso l'esagerazione linguistica: non è il cinema, è la nostra società che è abnorme, che prevede padroni con poltrone in pelle umana e impiegati che non hanno mai visto un pomeriggio di sole. Rivisti a distanza di tempo, questi film che alla loro uscita fecero sbellicare dalle risate lasciano sgomenti, imbarazzati: siamo nel regno di Swift, che proponeva di mangiare i bambini per risolvere in un sol colpo il problema demografico e quello della fame (a lui si ispirerà infatti un personaggio villaggesco di *Signore e signori buonanotte*).

Quest'atmosfera di grottesco normalizzato pervade anche altri film in cui Villaggio non è esplicitamente Fantozzi ma se ne porta comunque appresso la maschera: così come Totò è sempre Totò anche quando non è Totò. *Il... Belpaese* di Salce (1977) costituisce ad esempio, pur con molte approssimazioni da commedia minore, uno dei culmini del filone «accumulazione di mali sociali»: in fondo non è solo Fantozzi, è tutto il decennio a essere fantozziano. E *Dottor Jekyll e gentile signora* di Steno (1979) ha delle punte di genialità per il modo in cui trasforma il protagonista del romanzo di Stevenson nel dirigente di una multinazionale con licenza di inquinare: alla fine il novello Jekyll diffonderà nell'aria avvelenata di fine '70 il gas della bontà per far contenti tutti, padroni e operai, ma in questo modo a gongolare saranno soprattutto i padroni...

Ormai il fantozzismo, o fantozzianesimo, si è diffuso dappertutto. Anche Villaggio farà registrare, negli anni '80 e '90, qualche caduta di gusto e numerose concessioni al cinema becero; ma intanto ha lasciato agli anni delle lotte sociali neo-inutili il loro personaggio più significativo: il travet che anche in Paradiso continuerà a dire «signorsì», «com'è umano Lei», convinto che non ci sia altro da fare, che le rivoluzioni siano impossibili, o comunque soltanto l'ennesima trovata dei padroni.

Taccuino 1970-1980

1970: Entra in vigore la legge sul divorzio. [«Il divorzio? C'è e non c'è»: l'avvocato Gastone Moschin in *Causa di divorzio*, 1972]. / Giorgio Gaber, *Il signor G*. ▲. / Fabrizio De André, *La buona novella* ▲ (LP). / Festival di Cannes: premio per il miglior attore a Marcello Mastroianni (*Dramma della gelosia*).

1971: De André-Bentivoglio-Piovani, *Non al denaro non all'amore né al cielo* ▲ (LP). / Pallottino-Dalla, *4/3/1943* ▲.

1972: Prime azioni delle Brigate Rosse. [«A che ora è la rivoluzione, signora? Come si deve venire? Già mangiati?». Il deputato comunista Vittorio Gassman alla giovane intellettuale Stefania Sandrelli nel vecchio gioco a chi sta più a sinistra nel reame: *La terrazza*, 1980]. / Gaber-Luporini, *Dialogo fra un impegnato e un non so* ●. / Francesco Guccini, *Radici* ▲ (LP). / Claudio Lolli, *Aspettando Godot* ▲. / Festival di Berlino: premio per il miglior attore ad Alberto Sordi (*Detenuto in attesa di giudizio*). / Festival di Cannes: Palma d'oro a *La classe operaia va in Paradiso* (ex-æquo con *Il caso Mattei* di Rosi).

1973: Achille Campanile, *Manuale di conversazione* ■. / Bruno Maderna, *Satyricon* ▼. / Gaber-Luporini, *Far finta di essere sani* ▼. / Edoardo Bennato, *Non farti cadere le braccia* ▲ (LP). / De André-Bentivoglio-Piovani, *Storia di un impiegato* ▲ (LP). / Eduardo De Filippo, *Gli esami non finiscono mai* ●. / Festival di Cannes: premio per il miglior attore a Giancarlo Giannini (*Film d'amore e d'anarchia*).

1974: Referendum sul divorzio. / Alberto Arbasino, *Specchio delle mie brame* ■. / Strage di Brescia e strage del treno Italicus [«Questo paese ha così sfrenatamente voglia di ridere! Ma che cosa c'è da ridere?»: lo scrittore Moni Ovadia al regista Nanni Moretti in *Caro diario*, 1993]. / Gaber-Luporini, *Anche per oggi non si vola* ▼. / Edoardo Bennato, *I buoni e i cattivi* ▲ (LP). / Francesco Guccini, *Opera buffa* ▲ (LP). / Pozzetto-Jannacci, *E la vita, la vita* ▲. / Festival di Berlino: Orso d'argento a *Pane e cioccolata* (ex-æquo con altri 5 film).

1975: Paolo Conte, *La Topolino amaranto* ▲. / Roversi-Dalla, *Anidiride solforosa* ▲ (LP). / Rino Gaetano, *Ma il cielo è sempre più blu* ▲. / Enzo Jannacci, *Quelli che...* ▲. / Festival di Cannes: premio per il miglior attore a Vittorio Gassman (*Profumo di donna*). / Festival di Mosca: Gran Premio a *C'eravamo tanto amati* (ex-æquo con *Dersu Uzala* di Kurosawa e *La terra della grande promessa* di Wajda).

➔

1970-1980: RISO FREDDO

1976: Gaber-Luporini, *Libertà obbligatoria* ▼. / Francesco Guccini, *Via Paolo Fabbri 43* ▲ (LP, comprendente *L'avvelenata*). / Roberto Vecchioni, *Elisir* ▲ (LP). / Hollywood: due nomination all'Oscar per *Pasqualino Settebellezze*. / Festival di Cannes: premio per la miglior regia a Ettore Scola (*Brutti, sporchi e cattivi*).
1977: Edoardo Bennato, *Burattino senza fili* ▲ (LP). / Lucio Dalla, *Disperato, erotico stomp...* ▲ / Pino Daniele, *Terra mia* ▲ (LP).
1978: Nasce la Fininvest. [«Più di 2000 anni fa nel sobborgo di Milano che oggi si chiama Segrate vivevano uomini primitivi di inaudita ferocia e violenza: i barbari»: didascalia iniziale di *Attila flagello di Dio*, 1982]. / Gaber-Luporini, *Polli d'allevamento* ▼. / Dalla-De Gregori, *Ma come fanno i marinai*. ▲. / Rino Gaetano, *Nuntereggae più* ▲. / Francesco Guccini, *Amerigo* ▲ (LP). / Hollywood: nomination all'Oscar per *I nuovi mostri*.
1979: Carlo Castellaneta, *Anni beati* ■. / Paolo Conte, *Bartali* ▲. / Lucio Dalla, *L'anno che verrà* ▲.
1980: Umberto Eco, *Il nome della rosa* ■. / Edoardo Bennato, *Sono solo canzonette* ▲ (LP). / Gaber-Luporini, *Io se fossi Dio* ▼. / Festival di Cannes: premi a *La terrazza* per la miglior sceneggiatura e per Carla Gravina miglior attrice non protagonista.

137

1980-1998: Riso riscaldato e riso *Nouvelle Cuisine*.
La vecchia e la nuova comicità di fine millennio

1. Gli ultimi fuochi

Fuochi fatui

Con la fine del terrorismo, il ritorno al benessere, la riscoperta dell'edonismo, gli anni '80 possono sembrare un remake a colori dei '60. Ma come allora, non è tutto oro quel che luccica. Alla generazione che ha raggiunto la sessantina e si è ormai costruita la propria inutile saggezza restano delle commedie-postilla, dei postscriptum, delle appendici inutili ma necessarie in cui si ribadiscono per le nuove generazioni concetti già espressi nei due decenni precedenti. Tanto, c'è sempre chi non capisce.

Ci sono innanzitutto le continuazioni dichiarate: come *I soliti ignoti vent'anni dopo* (1985), diretto dall'ex aiuto di Monicelli Amanzio Todini, dove ritroviamo gli antichi ladruncoli di periferia piuttosto malandati e ancora in attesa del colpo della loro vita (fra poco non gli resterà che quello apoplettico): sono passati 27 anni, sono cambiate tante cose, ma i perdenti restano sempre gli stessi. Anche *Camera d'albergo* di Monicelli (1981), benché non sia un seguito vero e proprio, è un po' come se lo fosse, e del resto era stato concepito vent'anni prima: riflessione sull'impossibilità del realismo assoluto nel cinema ed ennesima autodifesa postuma della commedia all'italiana, conclusa da una battuta che sembra spianare amaramente il terreno agli anni del disimpegno («Ormai nessuno vuol piangere più. E allora, stiamo allegri!»).

Il regista dei bilanci per eccellenza, Ettore Scola, prosegue anche dopo *La terrazza* le sue radiografie della società. Ma nei suoi film si sente più intenso che mai il respiro del tempo: quella cantata da

Scola è ormai la società del tempo che va. Da un lato ci sono i film riassuntivi, che rispettano quasi maniacalmente l'unità di luogo per far meglio risaltare la non unità, il mutare incessante del tempo: soprattutto lo struggente *La famiglia* (1987), ottant'anni di storia e di storie in un appartamento borghese, con la scoperta finale che neanche il tempo riesce a cambiare veramente le cose, che la vita altro non è se non quella lieve differenza fra ciò che passa e ciò che resta – un pomeriggio di pioggia, una fotografia, un amore impossibile, una canzone. In *Splendor* (1989), risposta anticipata a *Nuovo Cinema Paradiso* di Tornatore (1988), il tempo passa in un cinema di provincia (così come in *Le Bal*, realizzato nel 1983 in Francia, passava in una balera): anche la musica e le immagini scorrono come gli uomini, come le loro vite sempre incompiute; ma resta nella mente qualche emozione, nelle orecchie qualche canzone, negli occhi qualche immagine – magari il finale di un vecchio film di Capra dove alla fine fuori nevica e tutto sembra bello, tutti sembrano buoni. Il palcoscenico in cui il tempo agisce diventa un carrozzone di guitti, che attraversano la Francia e la vita tra fame e amori, in *Il viaggio di Capitan Fracassa* (1990), omaggio a quella sorta di avanspettacolo seicentesco che fu la commedia dell'arte. Certo il tempo va molto più veloce degli uomini e delle carrozze, strappa il sonno, il sorriso e l'amore dagli occhi di Ornella Muti; ma per fortuna c'è Pulcinella (Massimo Troisi), e allora anche i dolori sembrano un peso sopportabile, anche la fame un modo di tirare avanti, di tirare indietro, di passare il tempo che passa: la vita fugge, ma il teatro inchioda il tempo ed è più importante della vita, le storie sono più importanti della Storia. Ecco allora che nell'ennesima commedia riassuntiva di Scola, *La cena* (1998), tutto si riduce ad alcuni personaggi che si ritrovano a mangiare in una qualunque trattoria romana: hanno lasciato i loro appartamenti, le loro terrazze, i cinema, i teatri, le sale da ballo, e adesso si dedicano alle antiche attività primarie di mangiare e parlare, di vivere e vedersi vivere. La vita è enormemente varia, eppure riconducibile come il cinema a pochi schemi fissi; le grandi ideologie sono ormai relegate in cucina, nelle imprecazioni di un cuoco stizzito; ma un bambino giapponese riesce ancora a vedere, con gli occhi dell'immaginazione, un cielo animato, pieno di stelle.

Al crollo di tutte le ideologie, a cominciare dalle proprie, Scola risponde con un nuovo umanesimo utopistico. Non per niente ci sono, dall'altro lato, le commedie da camera dal sapore neo-neorealistico, storie semplici con pochi personaggi: *Che ora è* (1989), un breve incontro fra padre e figlio, Mastroianni e Troisi, in una Civitavecchia dove il tempo sembra che non passi mai e invece passa troppo in fretta come dappertutto; *Mario, Maria e Mario* (1993), una specie di *Terrazza* dei giovani, o perlomeno di balcone, da cui ci si affaccia a guardare la fine delle ideologie e la perenne rinascita delle idee, la fine degli amori e la perenne rinascita dell'amore; *Il romanzo di un giovane povero* (1995), l'unico film davvero senza speranza dell'ultimo Scola, dove un altro sordiano borghese piccolo piccolo, e questa volta anche vecchio vecchio, si scontra con la gioventù delle illusioni perdute e della disoccupazione intellettuale alla portata di tutti. Non c'è molto da ridere in questi film, e i tentativi di ragionare col cuore lasciano la mente amara; ma come diceva qualcuno, la vita è una tragedia per chi ha cuore, una commedia per chi ha testa, e quando si hanno tutt'e due quel che ne viene fuori è ancora un sapore di commedia all'italiana.

Degli altri vecchi maestri, Risi è in declino: centra ancora qualche bersaglio minore, di cui parleremo più avanti (*Scemo di guerra*, *Tolgo il disturbo*), ma proprio non gli riesce di dirigere Lino Banfi (*Il commissario Lo Gatto*, 1986), di lanciare l'inespressiva maggiorata Serena Grandi come commediante camionista (*Teresa*, 1987) o di rifare *Poveri ma belli* in chiave '90 (*Giovani e belli*, 1996). Monicelli invece alterna cadute a capolavori. *Il male oscuro* (1990) è una commedia smorta e un po' inattuale sui moderni malati immaginari e sulla fuga dalla civiltà come unica soluzione. Ugualmente anacronistico *Facciamo paradiso* (1995), che vorrebbe essere un'altra saga di storia italiana e degli italiani, addirittura dal 1949 a un improbabile 2011, ma non imbrocca i toni e gli attori giusti e ricostruisce gli anni '60 e '70 con una certa approssimazione e povertà di mezzi. Ma *Le due vite di Mattia Pascal* (1985) è una trascrizione pirandelliana più che decorosa, e *Speriamo che sia femmina* (1986) uno dei film più freschi degli anni '80, molto più femminista di tanti film femministi, con le sue donne sull'orlo di una crisi di nervi che si ritrovano in una fattoria toscana e vi fondano una specie di matriarcato. Monicelli tenta anche la biografia in costume con *Rossini! Rossini!* (1991), omaggio di un maestro della commedia cinematografica a un maestro della commedia in musica. Ma gli riesce meglio la storia recente, quella vissuta in prima persona da lui e dalla sua generazione ormai al tramonto, nel sottovalutato *Cari fottutissimi amici* (1994): dove l'ex pugile Paolo Villaggio, in un'Italia 1944 smembrata dalla guerra, gira i paeselli della Toscana con uno spettacolo di pugili dilettanti. È l'ennesima armata Brancaleone, di vigliacchi coraggiosi e miserabili astuti, nel paesaggio dopo la catastrofe; ma i giorni della guerra sono anche, guardati a distanza, i giorni della giovinezza: «Erano tempi speciali, quelli lì: i più brutti che possono capitare a una generazione. Anche se ora, a riparlarne, mi trema la voce dalla nostalgia. E non solo perché si aveva vent'anni. Adesso che è passato tanto tempo, che sono quasi vecchio e non mi piace più nulla, ho capito perché: forse sopravvivere è meglio di vivere».

Franco Brusati, 8 film in 33 anni secondo la filosofia così rara in Italia del «pochi ma buoni», realizza con *Lo zio indegno* (1989) il proprio testamento artistico: un inno alla vita intesa come gioco, invenzione, libertà, e dunque un implicito pamphlet contro gli yuppies in camicia e cravatta, vera piaga dei luccicanti e craxiani anni '80. Luciano Salce, sempre più latitante, dirige nel 1984 *Vediamoci chiaro*, un *Profumo di donna* in salsa pirandelliana, con il cieco Dorelli che riacquista la vista ma continua a fingersi cieco per vedere meglio le brutture che lo circondano. Francesco Massaro, dopo una serie di commedie minori (da *Il generale dorme in piedi*, 1972, al proverbiale *I carabbinieri*, 1981, capostipite della commedia pecoreccia), realizza nel 1987 la sua opera migliore: *Ti presento un'amica*, commedia di psicologie e carriere femminili spontanea e ben confezionata. Quanto a Lina Wertmüller, sono di questi anni i suoi film migliori, quelli meno «alla Wertmüller»: non tanto *Sotto... sotto... strapazzato da anomala passione* (1984), triangolo amoroso con due lati lesbici che rappresenta l'unica modesta occasione d'attrice per la futura seconda moglie di Berlusconi, Veronica Lario; né lo scontato *Notte d'estate con profilo greco, occhi a mandorla e odore di basilico* (1986), dove la riccona milanese Mariangela Melato si trasforma in giustiziera del giorno e sequestratrice di sequestratori; quanto piuttosto il paradossale *Scherzo del destino in agguato dietro l'angolo come un brigante di strada* (1983), divertimento quasi serio sulla società italiana alla fine degli anni di piombo, con un pugno di borghesi prigionieri della propria condizione come nell'*Angelo sterminatore* (*El angel exterminador*, 1962) di Buñuel e nell'*Ingorgo* di Comencini; e il dolceamaro *Io speriamo che me la cavo* (1992), dove il maestro quasi deamicisiano Paolo Villaggio vorrebbe imporre in una scuola della Campania la sua giustizia settentrionale ma deve piegarsi all'ingiustizia meridionale, e più che insegnare finirà per imparare molte cose. Si tratta però di eccezioni, la regista tornerà a dare il peggio di sé, fin dal titolo, in *Metalmeccanico e parrucchiera in un turbine di sesso e politica* (1996).

Alberto Sordi intraprende con gli anni '80 un lento e inesorabile declino: anche perché rinuncia ai registi che lo hanno guidato negli anni d'oro e preferisce perlopiù dirigersi da solo. Certo i suoi film affrontano ancora i problemi della società contemporanea: la tossicodipendenza e gli immancabili tradimenti coniugali (*Io so che tu sai che io so*, 1982), la Roma di oggi a confronto con quella di ieri (*Il tassinaro*, 1983, che annovera nel cast la futura deputata neofascista Alessandra Mussolini e fra gli ospiti speciali l'eterno deputato Giulio Andreotti non ancora accusato di collusioni con la mafia), le tangenti e la corruzione (*Tutti dentro*, 1984, che precede di qualche anno l'esplosione di Tangentopoli), l'idiozia stratosferica dei giornalisti televisivi (*Sono un fenomeno paranormale* di Sergio Corbucci, 1985), le poco raccomandabili scalate economiche di certi faccendieri (*Assolto per avere commesso il fatto*, 1992), i rimbambimenti amorosi della terza età (*Incontri proibiti*, 1998). Ma questi temi vengono affrontati con preoccupante superficialità, secondo uno schema preordinato, spesso con il condimento di quelle divagazioni turistiche che hanno sempre appesantito e guastato i film di Sordi regista. Più decoroso l'unico film diretto da Manfredi nel secondo ventennio della sua carriera: *Nudo di donna* (1981), commedia semiseria di identità smarrite, ambientata con qualche manierismo da *Anonimo veneziano* durante il carnevale lagunare. La commedia storica si medievalizza, si involgarisce sempre più. Due film del 1984, *Dagobert* e *Bertoldo, Bertoldino e Cacasenno*, pur firmati dai maestri Risi e Monicelli, mostrano un Medioevo in cui di realistico ci sono soltanto le scorregge in dolby surround e il linguaggio dei personaggi: non più un latino maccheronico come quello dei *Brancaleone* ma un italiano volgare, molto volgare. Deludente anche il seicentesco *I Picari* (1987), ancora di Monicelli: questa volta l'armata Brancaleone sembra trovarsi dietro e non davanti la macchina da presa. E quanto a ricostruzioni della *belle époque*, bisogna accontentarsi di *Il petomane* di Festa Campanile (1983), il cui richiamo principale è chiaro fin dal titolo. La migliore commedia storica dell'epoca resta, pur con qualche pesantezza, *Il mondo nuovo* di Scola (1982), coproduzione italofrancese che però ha ben poco di italiano, narrando la breve e inutile fuga di Luigi XVI ai tempi della Rivoluzione Francese: una specie di *Terrazza* settecentesca, di meditazione quasi senile sulla Storia, sulle ragioni del suo perenne ripetersi e sbagliare.

La commedia di viaggi, dopo *Spaghetti House* di Giulio Paradisi (1982), «volemose bene» fra terroristi di colore e lavoratori italiani in un ristorante londinese, ha un breve ritorno di fiamma nel 1987 con tre film modesti: *Sottozero* dello specialista Polidoro, *Com'è dura l'avventura* di Mogherini, *Un tassinaro a New York* di Sordi. Un po' migliore e un po' più triste, l'anno dopo, *Una botta di vita* di Enrico Oldoini, dove Sordi e Bernard Blier compiono un viaggio senile in Costa Azzurra misurando con provinciale terrore l'abisso che li divide dalle nuove generazioni; ma la differenza non sta tanto nei tempi, nella droga, nei topless, quanto nel tempo, nella giovinezza che non c'è più. Perché certo, la vita facile era soprattutto avere vent'anni: quando i viaggi erano un'opposizione al mondo, una conquista dell'ignoto. Adesso le grandi sfide sono finite, *les jeux sont faits*, e non resta che aspettare davvero l'ultimo dei viaggi, l'ignota speranza a cui si cerca di attribuire i propri orizzonti umanamente limitati (Blier: «Io vorrei essere immortale»; Sordi: «Pure io. Ma non per sempre, però»). Di questi viaggi fuori stagione l'unico che valga le spese della trasferta è quello organizzato da Marco Ferreri in una commedia-paradosso del 1988, *Come sono buoni i bianchi*, dove il termine «buoni» ha una sfumatura essenzialmente gastronomica: i bianchi del titolo, anziché limitarsi a far beneficenza ai selvaggi dell'Africa, diventano essi stessi beneficenza, perché i selvaggi se li mangiano.

Con gli anni '80 Napoli torna protagonista, come non lo era più dai tempi di Totò. Ettore Scola vi ambienta *Maccheroni* (1985), commedia d'azione e di memorie, calorosa e al tempo stesso lieve come un'arietta di Di Giacomo, che affida alle corde interpretative di Jack Lemmon e Marcello Mastroianni un inno all'amicizia: non tanto quella italo-americana, messa in discussione proprio in quei giorni dal sequestro della Achille Lauro e dalla liberazione dei terroristi arabi da parte di Craxi, quanto quella fra uomini che hanno combattuto insieme le battaglie della storia e della vita. Il più napoletano dei registi non napoletani, Nanni Loy, ritrova la città amata nell'inquietante *Mi manda Picone* (1983), giallo dell'assurdo in una Napoli inedita: misteriosa, notturna, post industriale, con le fogne al posto della luna di Marechiaro e le sirene delle autoambulanze al posto delle serenate. È del resto l'atmosfera di altre commedie meno riuscite ma non meno significative: *Ternosecco* di Giancarlo Giannini (1987), *Se lo scopre Gargiulo* di Elvio Porta (1988), *Pacco, doppio pacco e contropaccotto* ancora di Loy (1993).

Ai margini della commedia vera e propria, Sergio Citti continua a realizzare in memoria di Pasolini film molto belli e molto rari, rispondenti a una poetica così personale che risulta davvero difficile classificarli. *Il minestrone* (1981) è un film sulla fame, com'erano in fondo i grandi film di Totò e dei comici d'avanspettacolo; *Mortacci* (1989) un film sulla morte, una *Spoon River* romanesca. E *I magi randagi* (1996), se anche si rifà in qualche modo alla Bibbia, ripropone i soliti temi di fondo: la fame di cibo e di sesso, armamentario fondamentale nella carretta dei comici, e poi il circo, i sogni, un Dio che racconta barzellette, e la dignità estrema degli uomini che rifiutano la civiltà del benessere e dell'egoismo. Anche Marco Ferreri resta perlopiù a metà fra commedia-commedia e commedie-anticommedia. Se *Chiedo asilo* (1979) è una favola quasi gentile cucita addosso all'emergente Benigni, *I love you* (1986) e *La carne* (1991) sono storie d'amore di fine civiltà: una fra un uomo e il suo portachiavi; l'altra fra un uomo e una donna, ma con finale inedito: alla fine lui uccide lei e se la mangia, in una piccola abbuffata che è un'estrema forma d'amore – forse l'amore non esiste che in queste forme supreme, forse divorare la persona amata è meglio che distruggerla lentamente con la vita di tutti i giorni.

Quanto a Paolo Villaggio, la palla dei *Fantozzi* passa da Salce, che ne era stato il creatore, a Neri Parenti, che dirigerà tutti i rimanenti film della serie. I primi (*Fantozzi contro tutti*, 1980; *Fantozzi subisce ancora*, 1983) sono inferiori a quelli degli anni '70, così come il successivo *Superfantozzi* (1986), pazza storia del mondo che attesta quanto meno la perennità di Fantozzi, la sua presenza in tutte le culture e società possibili. Poi, con l'eccellente *Fantozzi va in pensione* (1988), Villaggio e Parenti tornano a dare umanità e verità al personaggio, in una commedia amara sulla terza età che raggiunge momenti chapliniani. La vecchiaia non inverte l'ordine delle cose, e mai come nel momento della pensione un impiegato si sente un impiegato, circondato dal vuoto della vita: alla fine Fantozzi e colleghi si ritroveranno a pagare fior di quattrini per poter lavorare ancora, sfruttati da sempre più feroci e cadaverici padroni, in un sottoscala eterno che a quanto pare è il paradiso degli impiegati, per quanto sembri un inferno, e dove tutti si torna pure idee preesistenti, immagini immutabili, archetipi. Non può che essere un passo indietro il successivo *Fantozzi alla riscossa* (1990), dove l'eterno tartassato attraversare addirittura qualche momento manageriale. Ma con *Fantozzi in Paradiso* (1993) si torna al destino umano e disumano di tutti gli impiegati: Fantozzi muore («Sono sempre i peggiori che se ne vanno») e in Paradiso si trova di fronte l'ennesimo Direttore Megagalattico a cui dire Signorsì. Inevitabile, anche per ragioni commerciali, la reincarnazione in un nuovo predestinato travet: l'Impiegato Errante continuerà il suo eterno peregrinare nei corridoi e nei sottoscala della vita («Come sono fortunato, io...»). C'è spazio, naturalmente, per un *Fantozzi - Il ritorno* (1996), che pur nella sua modestia dà un senso di circolarità, di perennità al tutto. Gira la giostra, gira.

Ma gli anni '80 e '90 di Villaggio non si esauriscono nei *Fantozzi*, e anzi i tentativi di uscirne non si contano: da *Rag. Arturo De Fanti bancario precario* di Salce (1980), che tuttavia tradisce il fantozzismo fin dal titolo, a *Sogni mostruosamente proibiti* di Parenti (1982), rifacimento in chiave fantozziana del classico americano con Danny Kaye; da *Bonnie e Clyde all'italiana* di Steno (1982), ennesima strizzatina d'occhio ai miti cinematografici d'oltreoceano, a *Ho vinto la lotteria di Capodanno* di Parenti (1989), film di corse dai ritmi clairiani e dalle gag in stile cinema muto. In realtà, a parte alcuni film seri e qualche sporadica commedia d'autore o comunque di origini teatrali (come *Il Volpone* di Maurizio Ponzi, 1988, da Ben Jonson), Villaggio non si toglierà mai completamente di dosso la maschera di Fantozzi; e al massimo, per cambiare identità almeno sui documenti, porterà per due volte sullo schermo – sotto la direzione di Neri Parenti – il gemello omozigote di Fantozzi, Giandomenico Fracchia: in *Fracchia la belva umana* (1981), divertente remake del fordiano *Tutta la città ne parla* (*The Whole Town's Talking*, 1935), con finale resa dei conti davanti a Dio; e in *Fracchia contro Dracula* (1985), che fa pensare a quegli horror misti, *Dracula contro Frankenstein* (*Dracula vs. Frankenstein*, 1971, di Al Adamson), *Maciste contro il vampiro* (1961, di Giacomo Gentilomo), *Frankenstein contro l'uomo lupo* (*Frankenstein Meets the Wolf Man*, 1943, di Roy W. Neill), in cui vari miti e mostruosità si incontrano e fanno a gara, vincerà il mezzemaniche genovese o il succhiasangue transilvano? Nel 1992 Villaggio avrà un Leone d'oro alla carriera, giustificato nella coscienza degli intellettuali dalla commovente interpretazione del felliniano *La voce della luna* (1990). Ma sotto sotto sappiamo tutti di averglielo dato per i *Fracchia* e i *Fantozzi*.

Come insegnano gli ultimi *Fantozzi*, ogni tanto anche la commedia dei vecchi si occupa del tema ad essa più consono: la vecchiaia. Il commovente e lieve *Buon Natale... Buon Anno* di Comencini (1989) è una storia d'amore fra nonni, come pure – in un contesto molto più aspro – *La casa del sorriso* di Ferreri (1991): in un mondo in cui i vecchi sono sempre più numerosi e sempre più vecchi, l'amore è un po' la loro rivoluzione, come lo era per gli adolescenti ai tempi di *Amore e chiacchiere*. Fuori da questo tardo scandalo dei sensi, agli anziani non resta che il pallido ripiego dell'amicizia con bambini (*Tolgo il disturbo* di Risi, 1990) o con animali (*Nestore – L'ultima corsa* di Sordi, 1994, quasi un ultimo pedinamento zavattiniano, alla ricerca di un cavallo perduto e di una Roma che non c'è più). Oppure si può praticare nei loro confronti la soluzione più comoda ed economica dell'eutanasia, come si vede in una delle commedie più amare e cattive dell'ultimo Monicelli, *Parenti serpenti* (1992): per le feste di Natale i figli sparsi qua e là per l'Italia vanno a trovare gli anziani genitori a Teramo, in un mare di baci, abbracci, regali, canzoni, «quanto ti voglio bene». Ma quando papà e mamma manifestano il desiderio di trascorrere gli ultimi anni a casa di uno di loro, gli affezionatissimi rampolli cominciano a dare in escandescenze; e con l'aiuto di una provvidenziale stufetta spediscono i cari genitori all'altro mondo nella notte di Capodanno, mentre fuori scoppiano i petardi e la gente festeggia il tempo che se ne va.

Sebbene il bilancio artistico di queste commedie-postilla sia tutt'altro che disastroso, quasi sempre gli incassi diedero loro torto. Non erano cambiati, se non in minima parte, i film: era cambiato il pubblico. I maggiori esponenti della commedia all'italiana avevano realizzato le loro opere migliori intorno ai quarant'anni, raccontando personaggi che avevano all'incirca quarant'anni a un pubblico composto prevalentemente di quarantenni. Adesso, mentre aumenta secondo natura l'età di attori e autori, diminuisce in modo inversamente proporzionale quella del pubblico. I quarantenni che sono ormai diventati sessantenni non escono più di casa per andare al cinema: restano ibernati davanti agli schermi televisivi, dove è diminuita la qualità ma aumentata la quantità dell'offerta. Al cinema continuano ad andarci soprattutto i giovani: che preferiscono vivere storie di giovani, veder rispecchiati se stessi. E produttori e distributori li accontentano, vietando in un certo senso le sale ai maggiori di trent'anni. Molti film ebbero una distribuzione commerciale limitatissima. E Comencini si pagò uno spazio pubblicitario su alcuni giornali, in cui presentava *Buon Natale... Buon Anno* citando una mezza dozzina di recensioni positive e indicando poi dove veniva proiettato: «In nessun cinema».

Fuochi artificiali

Se i film fin qui elencati sono ancora, in qualche modo, delle commedie all'italiana, sopravvissute ai bilanci della *Terrazza*, il cinema medio si discosta sempre più, se non dai temi, certamente dallo stile della commedia all'italiana classica. Si riorganizza alla fine degli anni '70 la produzione di serie B, l'unica della vecchia generazione a non dispiacere troppo alle nuove generazioni. Il fatto preoccupante è che adesso di serie B non sono le intenzioni e i budget, ma i risultati; e in queste commedie all'insegna della mediocrità e spesso anche del cattivo gusto finiscono coinvolti attori come Sordi e Manfredi, che un tempo facevano automaticamente serie A.

Fra commedie neo brillanti e neo populiste, quasi tutti i grandi temi vengono affidati a piccoli film. I problemi di cuore e di sesso dei preti sono trattati in due episodi di *Qua la mano* (1980, di Festa Campanile) e *Testa o croce* (1982, di Loy), nonché in un film tutto intero, *Dio li fa e poi li accoppia* di Steno (1982). La mafia si riduce a uno sconnesso *pastiche* di Corbucci (*Bello mio, bellezza mia*, 1981), la crisi degli alloggi a una noiosa commediola di Parenti (*Casa mia casa mia...*, 1988). La confusione dei sessi, che stanno aumentando a vista d'occhio, porta a farse di dubbio gusto, preferibilmente dirette dal sempre disponibile Festa Campanile: *Nessuno è perfetto* (1981), dove Ornella Muti è un ex ufficiale dei paracadutisti; *Più bello di così si muore* (1984), dove Enrico Montesano finisce a battere il marciapiede travestito da donna. Mentre in *Mani di fata* (1983) Steno affronta il problema dell'inversione dei ruoli nell'ambito dei due sessi ancora predominanti. I finanzieri sull'orlo del crac vengono debolmente impersonati da Pozzetto in *Un povero ricco* di Festa Campanile (1983) e da Johnny Dorelli in *A tu per tu* di Corbucci (1984); la guerra è messa bonariamente in burletta nel fallimentare *Porca vacca* (1982, di Festa Campanile), peraltro massacrato dai produttori nel timore che ci potesse comunque scappare qualcosa di serio. Le follie calcistiche sono affidate a un episodio del modesto *Fratelli d'Italia* di Parenti (1989), quelle neo balneari alla volgarità di *Rimini Rimini* e *Roba da ricchi* (tutt'e due del 1987 e di Sergio Corbucci). Gli effetti del crollo del Muro e della fine del comunismo si avvertono soltanto in una deprimente farsetta di Castellano e Pipolo (*Occhio alla perestrojka*, 1990). Le tangenti compaiono, sia pure di striscio, e mischiate al buddismo per tutti, in *Anche i commercialisti hanno un'anima* (1994, di Maurizio Ponzi), dove sono molte le imprecisioni e le inesattezze, a cominciare dal titolo. Solo l'ecologia gode di un trattamento leggermente migliore in *Bingo Bongo* (1982, ancora di Festa Campanile), dove Celentano è perlomeno convincente nel ruolo di scimmione.

Insomma, mentre i maestri della commedia ripiegano perlopiù sul privato, gli altri registi della vecchia generazione inseguono argomenti anche di un certo impegno, ma con l'ottica e le finalità del paparazzo, che nell'evento di rilievo non cerca il fatto in sé bensì i suoi aspetti deteriori, la sua possibile risonanza calcolata in termini di denaro. Tuttavia c'è anche di peggio, e specialmente nei primi anni '80 il cinema comico sembra fare davvero di tutto per inimicarsi, assieme agli inevitabili critici, il pubblico intelligente. Neri Parenti, che in questi stessi anni realizza per il suocero Paolo Villaggio alcuni dei migliori *Fracchia* e *Fantozzi*, architetta una serie di farse beceropopolari dove un Villaggio fantozziano nella forma ma non nella sostanza si accompagna stancamente ad altri attori: secondo quella formula dell'accumulazione di comici che avevamo già incontrato all'inizio degli anni '60 e che denota immancabilmente crisi di idee. Ecco allora, tutti con i loro bravi e brutti séguiti, *I pompieri* (1985), *Scuola di ladri* (1986), *Le comiche* (1990): quest'ultimo perlomeno originale nel tentativo di rifarsi ai classici del muto, certo più Cretinetti che Charlot. E se queste si possono definire commedie di serie B, non manca, specie negli anni '80, una commedia di serie C, così becera, così involontariamente e prepotentemente *trash*, che uno di questi giorni finirà senz'altro rivalutata. Ai limiti estremi del gusto, con qualche sconfinamento nel porno-soft o perlomeno nel chiappelook, si collocano i film-barzelletta, proverbiali sopra tutti i *Pierini* (*Pierino contro tutti* di Marino Girolami, 1981, e relativi séguiti): che lanciano e bruciano nel giro di poche stagioni un bravo caratterista felliniano, Alvaro Vitali, partendo dal suo personaggino di *Amarcord*. Siamo ormai alle freddure sceneggiate, alle barzellette escrementizie, alle scorregge pure. Anche se bisogna riconoscere che queste erano state introdotte in pompa magna nel cinema comico nazionale da un film con Sordi, diretto dall'ex produttore di film di qualità Tonino Cervi e tratto da Molière: *Il malato immaginario* (1979).

Tutto sta a vedere, come sempre, quale sia la vera volgarità. O, perlomeno, quale sia la peggiore. Accanto ai filmacci da trivio, che hanno il pregio di una certa plebea spontaneità, gli anni '80 e '90 ingigantiscono un fenomeno non nuovo, eppure sempre più preoccupante, del cinema italiano: i figli d'arte. In un'epoca di galoppante disoccupazione quasi non c'è attore, regista, sceneggiatore o macchinista che non cerchi di introdurre nel mestiere i propri figli, neanche la professione di cineasta si tramandasse di padre in figlio come quella dei notai. In questo modo la generazione portante del cinema comico italiano detta ancora una sua legge: quella dell'oligarchia ereditaria. Ma, a parte rarissime eccezioni, c'è sempre un calo e qualche volta un crollo di qualità nel passaggio di generazione, anche se con questi figli d'arte i critici – che spesso erano figli o padri d'arte anche loro – furono spesso tolleranti. Eppure, tanto per fare qualche nome e qualche esempio, *Piccoli equivoci* di Ricky Tognazzi (1988) è un film straparlato, di ambizioni esistenzialiste e sostanza da salotto romano, cioè di grado zero; *Matrimoni* di Cristina Comencini (1998) una commedia veramente sgraziata che ondeggia fra il pecoreccio e lo psicologico senza riuscire ad azzeccare una situazione né un personaggio. E i tentativi di commedia del sopravvalutato Marco Risi (*Vado a vivere da solo*, 1982; *Un ragazzo e una ragazza*, 1983; *Colpo di fulmine*, 1985; *Nel continente nero*, 1992; *L'ultimo capodanno*, 1998) non valgono neanche di lontano i film degli anni d'oro del padre.

Potremmo andare avanti a citare nomi di registi, attori e soprattutto sceneggiatori, disegnando una specie di albero genealogico del cinema italiano, ma valga per tutti il caso eclatante dei fratelli Vanzina (lo sceneggiatore Enrico e lo sceneggiatore-regista Carlo): figli di Stefano Vanzina, in arte Steno, regista di tanti film comici anche volgarotti, ma di una volgarità sana, autentica, non irritante. I Vanzina figli diventeranno i re, o quanto meno i padroni, del cinema italiano anni '80: con una serie di film mediocri, malamente girati, che non avranno nemmeno più la volgarità genuina di quelli paterni, bensì una volgarità patinata, televisiva, da arricchiti. Da questo punto di vista sono preferibili i film che all'inizio della carriera costruirono su misura prima per i Gatti di Vicolo Miracoli (*Arrivano i Gatti*, 1980) e poi per il loro comprimario e compagno di cabaret Diego Abatantuono: *I fichissimi* (1981), *Eccezzziunale... veramente* e *Viuuulentemente... mia* (1982), *Il ras del quartiere* (1983), oltre a *Sballato, gasato, completamente fuso* diretto nel 1982 da Vanzina senior. Nella loro ostentata turpitudine questi film hanno un certo sapore di catastrofe contemporanea, di fine civiltà; e va lodato l'unico tentativo, oltre a quelli dei *Brancaleone* e dei *Fantozzi*, di creare un linguaggio comico autonomo: il gergo pugliese-lombardo con le sue triple vocali, i suoi «vjulenza!!!», «imbecillo», «terrunciello». Abatantuono dimostrerà nei film successivi con Pupi Avati e con i maggiori registi del nuovo cinema italiano di essere anche un ottimo attore, ma non era poi così spiacevole in quella sua maschera di sottoproletario inurbato, turbato e disturbato. Quanto ai

Vanzina, appaiono peggiori le loro false commedie di costume con pretese sociologiche: l'impreciso e finto-nostalgico *Sapore di mare* (1983), la sua versione d'inverno *Vacanze di Natale* (1983), i turistici e straprovinciali *Vacanze in America* (1984) e *Sognando la California* (1992), i sempre più furbi e vuoti *Yuppies* (1986), *Montecarlo Gran Casinò* (1987), *Via Montenapoleone* (1987), *Le finte bionde* (1989), *A spasso nel tempo* (1996). Tutti film in cui l'alta e vuota società degli status-symbol e delle erre mosce non viene sbeffeggiata come potrebbe sembrare a prima vista, ma assecondata, blandita, accarezzata: come negli spot pubblicitari da cui questi film, emuli dei peggiori telefoni bianchi, stentano a distinguersi nei loro infiniti passaggi televisivi. Furono i Vanzina, del resto, a lanciare due attori comici tra i peggiori, o comunque tra i peggio usati del cinema italiano: il rotondo Massimo Boldi, che contende al pugliese Lino Banfi il primato dell'assenza di buoni film dalla propria filmografia, e il suo compare romano Christian De Sica, che non è un'imitazione ma una caricatura del padre.

E se nel mondo del cinema, d'ora in poi, si entrasse per concorso?

2. I figli del cabaret

Accanto alla commedia vecchia e dei vecchi emerge, nei primi anni '80, una commedia nuova e dei giovani. Se non una *Nouvelle Vague*, perlomeno una *Nouvelle Cuisine*. I nuovi comici provengono quasi tutti dal cabaret, alcuni direttamente da quello televisivo di «Non stop», una delle trasmissioni RAI più fortunate di fine anni '70; e portano nel cinema un umorismo nuovo, giovane, vagamente surreale e intellettuale, certamente più solipsistico di quello dei Totò e dei Macario che avevano pur sempre alle spalle le convivialità popolaresca dell'avanspettacolo. Loro caratteristica cinematografica è quella di non sapersi dirigere. Neanche Totò o Peppino lo sapevano fare, ma per l'appunto non si dirigevano. Costoro invece si cimentano nella regia, con una certa faciloneria, e questo diventa nella maggior parte dei casi il limite di questi autori-attori: che sono bravi, divertenti, originali, ma raramente riescono a confezionare dei film veramente ben confezionati. Basti vedere come Benigni, Troisi e Verdone ci mettano molti anni a costruirsi uno stile cinematografico; e come, nel caso di Francesco Nuti, i film migliori siano quelli diretti non da Nuti stesso, ma da un buon autore-artigiano come Maurizio Ponzi.

È il romano Carlo Verdone il simbolo della continuità fra commedia dei vecchi e commedia dei giovani, lui che è figlio di un critico cinematografico della prima generazione e che ha avuto come mentore e maestro Sergio Leone. Le sue commedie agrodolci fanno l'occhiolino a tutto il cinema comico italiano: dei telefoni bianchi hanno l'esile brillantezza, del neorealismo rosa gli orizzonti romanescamente limitati, della commedia all'italiana le amarezze in agguato, del cinema-cabaret la tendenza a uscire dalle righe con qualche ammiccamento e tormentone di troppo. Verdone inizia all'insegna del macchiettismo, con due film a più episodi e più personaggi, incrocio tra il vecchio filone delle storie parallele e il nuovo trasformismo di marca cabarettistica: *Un sacco bello* (1980) e *Bianco, rosso e Verdone* (1981). Poi la sua fissazione diventano le donne, e su di esse, o meglio sul loro contrasto con il suo personaggio di timido perdente, costruisce alcune commedie divertenti, cordiali, educate, superficiali, dove la trasgressione è donna, la malinconia uomo: *Borotalco* (1982) per Eleonora Giorgi, *Acqua e sapone* (1983) per Natasha Hovey, *Io e mia sorella* (1987) per Ornella Muti, *Maledetto il giorno che t'ho incontrato* (1991) per Margherita Buy, *Perdiamoci di vista* (1994) per Asia Argento, *Sono pazzo di Iris Blond* (1996) per Claudia Gerini. Di film in film crescono le problematiche, diminuisce la comicità, si affina lo stile cinematografico; ma gli orizzonti restano piccoli piccoli, anche se le Verdone-girls tentano in tutti i modi, sesso compreso, di ampliarli. A queste commedie di coppia mista si alternano commedie di coppia maschile in cui si respira più che mai un clima di acqua e sapone anni '50: *I due carabinieri* (1984), dove le «b» di «carabiniere» sono una sola, ma c'è meno cattiveria e libertà di pensiero che nei film-barzelletta sull'Arma – la quale infatti collaborò mettendo a disposizione elicotteri, caserme e comparse; e, per *par condicio* con il corpo rivale, *Il bambino e il poliziotto* (1989). Quanto al debito con Sordi, si esaurisce in due film peso welter: *In viaggio con papà* (1982), ennesima variazione sul tema del *Sorpasso*, diretta da Sordi con partecipazione di Verdone; e *Troppo forte* (1986), parodia dei neobulletti trasteverini diretta da Verdone – nonché, pare, da Leone – con partecipazione di Sordi. Non manca, per la serie di situazioni tipiche da commedia all'italiana, la descrizione abbastanza ipocrita di un triangolo lui/lei/lui in *Stasera a casa di Alice* (1990); né mancano i regressi alle origini cabarettistiche come il multisketch *Viaggi di nozze* (1995) e lo scurrile *Gallo cedrone* (1998). Il miglior film del comico romano resta una commedia corale di fine stagione, *Compagni di scuola* (1988), sorta di *Grande freddo* (*The Big Chill*, 1983, di Lawrence Kasdan) all'italiana, che cerca di fare il punto, o perlomeno il punto e virgola, sulla generazione che avrà cinquant'anni nel 2000. Ma il candore amarognolo di Verdone fa rimpiangere la cattiveria allegra dei Totò, dei Monicelli.

A prima vista ugualmente bonario, ma sotto sotto più cattivello e meno arrendevole nei confronti del mondo, è il napoletano Massimo Troisi, proveniente dal gruppo cabarettistico La Smorfia, tra i più divertenti e innovativi degli anni '70. I suoi primi film (*Ricomincio da tre*, 1981; *Scusate il ritardo*, 1983) sono troppo parlati, spesso tra l'altro in modo poco comprensibile; anche se è azzeccato il personaggio del napoletano un po' imbranato – ma non scemo come sembra – alle prese con queste nuove donne '70 diventate improvvisamente più moderne dei loro maschi. È piuttosto esile anche il successivo *Le vie del Signore sono finite* (1987), che è ambientato negli anni '30 e ogni tanto sembra davvero, quanto a pregi e difetti, un film dell'epoca. Ma pur con i suoi allegri scompensi Troisi regista cresceva di film in film, e il suo film migliore è il quarto e ultimo: *Pensavo fosse amore, invece era un calesse* (1991), penetrante, acuto, allegramente pessimista, una delle ultime commedie antimatrimoniali del cinema italiano, con tutto che il divorzio, in Italia, sia ormai anche più praticato del matrimonio. Il comico napoletano morirà prematuramente a poco più di quarant'anni, nel 1994, non prima di avere interpretato un buon film serio, sia pure con momenti di commedia, che era stato diretto dall'inglese Michael Radford ma per ragioni di omaggio alla memoria e soprattutto al botteghino venne attribuito a lui anche per la regia: *Il postino* (1994), frammenti di vita anche amorosa del poeta Pablo Neruda e di un portalettere innamorato, pure lui destinato come il suo interprete a morire anzitempo, prima di aver potuto recapitare le lettere più importanti.[1]

---

[1] Anche gli altri due membri della Smorfia, il bello Enzo Decaro e il buffo Lello Arena, hanno diretto i loro bravi film, meno ammiccanti e di successo, ma cinematograficamente non inferiori a quelli di Troisi: Decaro ci ha dato *Prima che sia troppo presto* (1981) e il delicato *Io, Peter Pan* (1990), ennesima ma sempre salutare storia di un uomo che rifiuta la vita adulta; Arena il troisiano *No, grazie, il caffè mi rende nervoso* (1982, in collaborazione con Lodovico Gasparini), che si riallaccia al filone del giallo alla napoletana, e il quasi autobiografico *Chiari di luna* (1988). Ma il barbuto folletto strabico Arena è più bravo come attore che come regista, perfetto partner comico in grado di ravvivare l'umorismo talvolta un po' smorto dei colleghi. Spassoso al fianco di Troisi in *Scusate il ritardo*, ha interpretato con Verdone una divertente postilla alle commedie di triangoli amorosi: *Cuori nella tormenta* (1984), regia di Enrico Oldoini, copione firmato fra gli altri da Ettore Scola.

Sul fronte toscano il cabaret si presenta per quello che è fin dal nome di uno dei suoi gruppi più rappresentativi: i Giancattivi, da cui si defileranno ad uno ad uno Francesco Nuti, Athina Cenci e Alessandro Benvenuti, dopo aver fatto in tempo a realizzare almeno un film tutti insieme, squattrinato, fischiettato e con un bel titolo, *Ad ovest di Paperino* (1982). Ai primi sentori di successo l'ex operaio Nuti, che sembrava il più disadattato ma era invece il più adattabile del gruppo, lasciò i compagni per il cinema, dove si fece inizialmente dirigere dall'ex critico cinematografico Maurizio Ponzi. Il suo primo film da single, *Madonna che silenzio c'è stasera* (1982), è una delle commedie più originali del tempo, con la sua timidezza lunare, la sua comicità coi riccioli, la sua malinconia da passaggio a livello. Dopo aver camminato a mezzo metro da terra, Nuti ridiscese al suolo nel successivo *Io, Chiara e lo Scuro* (1983), che è però ancora un ottimo film, benché più tradizionale, telefonato, sassofonato: anche la vita di tutti i giorni può essere un luogo abitabile, con i suoi tram e le sue periferie, con gli umori delle donne e le passioni degli uomini – bar e biliardo sopra tutte. Sembrò l'inizio di un romanticismo comico per trentenni, forse un po' patinato, ma accattivante, di cui sarà ancora un esempio più annacquato il secondo tassello della trilogia del biliardo: *Casablanca, Casablanca* (1985), primo film diretto da Nuti stesso, ed ennesimo omaggio al cult-movie di Michael Curtiz (ci sarà poi un numero tre, fuori tempo massimo: *Il signor Quindicipalle*, 1998). Era apparso gradevole, sotto la regia di Ponzi, anche *Son contento* (1983), che da un lato è un omaggio al cabaret, protagonista un attor comico che non fa più ridere, e dall'altro rivela la volontà di staccarsi definitivamente dallo stile frammentario del cabaret. Ma a partire da *Tutta colpa del Paradiso* (1985) Nuti comincia a voler fare tutto da solo e diminuisce di film in film. Il sorriso fascinoso con fossetta comincia a diventare un po' ebete, lo spirito da perdente simpatico lascia il posto all'autocelebrazione e all'esibizione dei muscoli, che per un magrolino è sempre un azzardo. Verranno dapprima il pretenzioso e oscuro *Stregati* (1986), poi, di male in peggio, *Caruso Pascoski* (1988), *Willy Signori e vengo da lontano* (1989), lo sgraziato e antifemminista *Donne con le gonne* (1991): tutti film dove si tenta di far ridere con i vecchi mezzucci delle parolacce, dei travestimenti, dei ceffoni stereoamplificati, insomma tutto il repertorio delle farse di serie B snaturato però dal narcisismo di Nuti, da languori romantici che commuovono quanto i miagolii di un gatto in amore. Fino al rovinoso *OcchioPinocchio* (1994), costosissimo, definitivo, di una noia mortale e di un dilettantismo rovinoso.

Quanto allo sceneggiatore prediletto di Nuti, Giovanni Veronesi, realizza in proprio negli anni '90 una serie di film ambiziosi ma velleitari che a momenti fanno rimpiangere quelli di Nuti: come *Per amore solo per amore* (1993), commedia sacra timidamente profana, su un San Giuseppe innamorato; o *Silenzio si nasce* (1996), dove la bella idea di far commentare la vita dei presunti adulti a due nascituri ancora parcheggiati nell'utero materno è realizzata in modo davvero sciatto, uterino. Emerge invece, più o meno contemporaneamente alla rovina di Nuti, il talento del suo ex compagno di cabaret Alessandro Benvenuti: con *Benvenuti in casa Gori* (1990), affresco antifamiliare dagli umori monicelliani, seguito dalla bella postilla *Ritorno a casa Gori* (1996); e poi con commedie varie anche impegnate, tipo *Zitti e Mosca!* (1991), sulla crisi del comunismo, o *Belle al bar* (1994), sui problemi dei transessuali. Nonostante qualche passo falso come *Ivo il tardivo* (1995), che pure tenta la difficile impresa di trattare in forma di commedia un tema come l'handicap mentale, Benvenuti sembra rimasto il più cattivo dei Giancattivi, in un mondo in cui cominciano a circolare un po' troppi Gianbuoni e Gianfurbi.

La toscanità, fondamentale nel cinema di questi anni come lo fu la napoletanità in quello degli anni '50, si esprime tuttavia al massimo grado nel diavolo birba Roberto Benigni: di nuovo un comico, finalmente, che non strizza l'occhio al mondo, non lo asseconda per camaleontismo o rassegnazione, ma lo prende in mano, ci gioca a palla e lo lancia con un gran calcione beffardo nel vuoto comico dell'universo. Con la sua candida cattiveria distruttiva, Benigni sta a Verdone e Troisi come Totò a un Fabrizi; ed è insieme a Paolo Villaggio l'unica grande personalità comica espressa dal cinema italiano post-sordiano. Il suo film d'esordio *Berlinguer ti voglio bene*, di Giuseppe Bertolucci (1977), cineversione dello spettacolo teatrale che lo lanciò, anticipa di alcuni anni il cinema nuovo dei figli di cabaret, e infatti non ebbe successo (diversamente da *Tuttobenigni dal vivo*, 1986, ancora di Bertolucci, film-cabaret per eccellenza in quanto ripresa cinematografica di un recital di Benigni). Ma il primo film diretto da Benigni è *Tu mi turbi* (1984), quattro episodi di stralunata follia comica: una spassosa rivisitazione dell'infanzia di Cristo, una storia di angeli in terra che parrebbe una parodia ante litteram di *Il cielo sopra Berlino* (*Der Himmel über Berlin*, 1987, di Wim Wenders), un'avventura in banca candidamente ma lucidamente anticapitalistica, uno scherzo irriverente sulle sentinelle del Milite Ignoto. La naturale cattiveria di Benigni si ammanta di un certo candore lunare a contatto con situazioni e personaggi che, come il loro autore, sembrano venire e talvolta vengono davvero da un altro mondo. Dopo questo eccellente esordio rappresentano un passo indietro i film immediatamente successivi, dove il Benigni attore è incontenibile, spassoso, ma il Benigni regista del tutto latitante: a cominciare da *Non ci resta che piangere* (1984), diretto e interpretato insieme a Troisi, dove birbanteria toscana e indolenza partenopea danno vita a una serie di sketch molto divertenti, alcuni diventati proverbiali, ma non riescono a costruire quell'insieme di emozioni bilanciate che dovrebbe fare un film. Ugualmente spassosi e scombiccherati *Il piccolo diavolo* (1988), scoppiettante Faust contemporaneo con partecipazione speciale e un po' distratta di Walter Matthau, e *Johnny Stecchino* (1991), ancora una variazione sul tema del gangster cattivo e del suo sosia buono. Ma *Il mostro* (1994), dove Benigni viene addirittura scambiato per un serial killer, è già un film comico di ottima costruzione, che guarda ai classici, a Keaton e Chaplin, e in cui l'attore-autore torna a mettere in totale libertà la propria anarchia di fondo. È come una prova generale per *La vita è bella* (1997), al momento il suo capolavoro, fiaba davvero chapliniana di un omino ebreo che anche nei campi di concentramento nazisti riesce a giocare con la vita e a preservare la dignità della specie. Al di là degli innumerevoli riconoscimenti internazionali e dell'eterno dibattito se sia lecito o no ridere sui campi di sterminio, il comico e il tragico vi si alternano e in qualche scena vi si compenetrano con altezze insolite per il cinema italiano degli ultimi anni: fino al finale non lieto ma di alto umanesimo, raro per una favola anche se non nuovo per un cinema che ha alle spalle la palestra di emozioni della commedia all'italiana.

Irresistibile non solo nei film ma in qualunque sua performance e apparizione pubblica, Benigni impersonò anche un critico cinematografico, persino più criptico di quelli veri, in una trasmissione televisiva di Renzo Arbore; e Arbore è in effetti da considerarsi, se non proprio un figlio, quanto meno un padre del cabaret. Benché venga dalla radio e dalla televisione, il suo programma «L'altra domenica» (1976-1979) era una sorta di cabaret televisivo e diede origine a due film tra i più originali degli anni '80: l'irriverente e irresistibile *Il pap'occhio* (1980), contenente fra le mille sorprese e attrazioni un memorabile monologo di Benigni sul Giudizio Universale; e *F.F.S.S., cioè che mi hai portato a fare sopra a Posillipo se non mi vuoi più bene?* (1983), parodia del cinema di Fellini a metà fra la burla goliardica e l'umorismo nero dei Monty Python. Come lo show televisivo da cui traevano origine, questi film fecero del dilettantismo una forma di professionismo, e un po' per volontà e un po' per caso restano i film italiani più vicini alla follia surreale di un *Hellzapoppin* (*Id.*, 1941, di Henry C. Potter). Un effetto simile, a metà fra divertimento amatoriale e commedia filosofica alla Rohmer, lo ottennero anche i film-conversazione di Luciano De Crescenzo, che della banda Arbore era un po' il grande vecchio, il filosofo dalla barba bianca: *Così parlò Bellavista* (1984), *Il mistero di Bellavista* (1985), *32 dicembre* (1987). Qui, piuttosto che in una rimpatriata di vecchi amici, sembra di trovarsi in un salotto: di quelli dove, parlando del più e del meno, a un certo punto della serata si finisce per discutere del senso della vita e del destino dell'universo. Dopo aver visto questi film, il cui tasso di napoletanità è molto alto e accattivante, ci si sente come dopo aver parlato per un paio d'ore con una persona di spirito: non si è appreso niente di nuovo sul senso della vita e dell'universo, ma intanto quelle due ore sono state piacevoli, e forse il senso della vita e dell'universo è proprio questo. L'importante non è vivere la vita, ma raccontarla.

All'opposto di De Crescenzo e del suo stoicismo epicureo fondato sull'accettazione del mondo, c'è chi il mondo vorrebbe cambiarlo eccome, e non soltanto in qualche dettaglio marginale: l'ex cabarettista Beppe Grillo, diventato col tempo una sorta di predicatore anarchico, uno degli ultimi difensori della specie umana in estinzione. Sembrava poco adatto al cinema, e si affidò per i suoi film, tre in tutto, a vecchi maestri della commedia all'italiana o a giovani promesse, buttandosi in personaggi di adulti bambini che combattono francescanamente la società-truffa con la forza della loro purezza. In *Cercasi Gesù* di Comencini (1982) è una specie di Gesù 2000, che disarma tutti col suo candore e con qualche miracolo; in *Topo Galileo* (1988), pamphlet antinucleare scritto da Stefano Benni per la regia di Francesco Laudadio, un derattizzatore animalista impegnato nell'impossibile ma nobile battaglia contro il finto progresso, il militarismo, il cattivo uso della scienza e della coscienza. Persino in *Scemo di guerra* (1985), amara commedia antimilitarista di Risi, il fatto che sia un sottotenente medico non esclude un certo infantilismo di fondo: sono tutti bambini, sia pure nel senso brutto del termine, questi omoni che giocano a fare la guerra e a buttar via la vita. Nessuno dei tre film, che pure erano molto garbati, ebbe successo: nemmeno presso quel pubblico che per tutti gli anni '80 e '90 riempirà i Palasport in occasione degli spettacoli del comico genovese. Grillo abbandonerà il cinema per farsi con gli anni sempre più cupo, sempre più sincero, sempre più inascoltato, querelato a piene mani da multinazionali avariate e politicanti impuniti, criticato per di più dai nuovi difensori del disimpegno a tutti i costi: al Grillo parlante si tirano i martelli in testa, salvo poi rimpiangerlo quando non c'è più, quando la società è definitivamente caduta nelle mani del Gatto e della Volpe.

Il fenomeno più rilevante del cinema italiano a cavallo fra anni '80 e '90 resta però il regista napoletano di nascita ma milanese d'adozione Gabriele Salvatores: che non viene direttamente dal cabaret, ma che fondò nel 1972 un teatro off per molti versi assimilabile al cabaret (il Teatro dell'Elfo), e che nei suoi film ha diretto molti attori di provenienza cabarettistica (da Paolo Rossi a David Riondino, da Claudio Bisio allo stesso Abatantuono). Al mondo del cabaret, oltre che a un testo teatrale inglese, è ispirato il suo secondo film, *Kamikazen – Ultima notte a Milano* (1987), su alcuni cabarettisti mezzi falliti che in una notte d'estate si preparano all'audizione che potrebbe cambiare la loro vita; e il teatro è anche protagonista di *Turné* (1990), dove ancora una volta vita e spettacolo si intrecciano in un groviglio inestricabile di casualità e malinconie. Salvatores è il cantore di quella generazione che in vista degli anni '90 giunge al punto di rottura dei 35-40 anni: una generazione che non ha avuto deserti da conquistare, guerre da perdere, rivoluzioni a cui accodarsi, e che adesso si ritrova alla frutta prima ancora di aver potuto assaggiare le pietanze. Ad essa è dedicata la trilogia della fuga, il cui primo tassello è *Marrakech Express* (1989), su alcuni reduci del '68 alla ricerca di se stessi fra le dune del deserto, nel tentativo di ripararsi dal grande freddo della vita coi fuochi non fatui dell'avventura e dell'amicizia: il film è parente stretto di quelle commedie anni '60 in cui cercare qualcosa di esotico, di lontano, era un modo per trovare se stessi; o di quei film d'avventura alla John Huston in cui tutto va male, gli obiettivi veri vengono mancati, ma intanto si è riusciti a dare un senso alla vita, a trovare nella sconfitta la ricchezza di umori che si cercherebbe invano nelle vittorie, a prendere dall'amicizia ciò che l'amore non sempre può dare. Da ipotesi la fuga diventa filosofia di vita nel successivo *Mediterraneo* (1991), Premio Oscar per il miglior film straniero: l'ennesima armata Brancaleone viene spedita, durante la seconda guerra mondiale, a presidiare un'isoletta sperduta dell'Egeo e vi crea una specie di repubblica ideale, dove non ci sono più gradi militari, dove gli occupanti fanno comunella con gli occupati, dove la vita e la storia accadono in lontananza, dove la natura regna sovrana con i suoi pomeriggi assoluti e i suoi tramonti strappacuore. In fondo la guerra e la vita possono diventare una vacanza, e se è doveroso disertare la guerra forse è quanto meno legittimo disertare anche la vita. È quanto fanno, più o meno volontariamente, i protagonisti di *Puerto Escondido* (1992), una banda di soliti ignoti in fuga dall'Italia che si ritrovano in un paesello marittimo del Messico a tentare imprese impossibili lontano dalla cosiddetta civiltà. Ma questa volta dietro alla filosofia della fuga emerge qualche disagio sociale, qualche timida rivendicazione, e questi italiani da esportazione sembrano dei Sancho Pancia ma sognano di diventare dei Pancho Villa, di far loro l'antico dolente motto del popolo messicano: «Chi possiede la terra non la coltiva, e chi la coltiva non la possiede». Alla fine nessuno pensa più di tornare in Italia: un giorno forse anche Puerto Escondido diventerà come Rimini, ma intanto è bello, è lieve vivere in un posto dove c'è ancora tutto da vivere, tutto da sbagliare. «La vita è come un ponte: attraversala pure, ma non costruirci mai una casa sopra». Il finale prepolitico di *Puerto Escondido* preannuncia il Salvatores successivo, *Sud* (1993), tutto compresso in un seggio elettorale italiano occupato da quattro disperati che vogliono lanciare la loro rivoluzione privata e rinnegare la repubblica fondata sulla truffa, sulla mafia, sull'ingiustizia, sulla disoccupazione – ma alla fine la loro impresa andrà a rotoli, come le vecchie imprese dei soliti ignoti, delle armate Brancaleone. Anche quando la fuga diventa impossibile, anche in questo film di spazi chiusi, resta l'innata simpatia di Salvatores per i perdenti, per i «giocatori tristi che non hanno vinto mai», quelli celebrati dalla bella canzone di Francesco De Gregori che fa da sfondo sonoro a *Marrakech Express*.

La generazione degli attori di cabaret che sanno recitare ma si ostinano a dirigersi si rinnova a metà anni '90 nel successo spropositato di un ennesimo toscano verace, Leonardo Pieraccioni. Se il suo film d'esordio (*I laureati*, 1995, su un gruppo di vitelloni fiorentini) ha un minimo di agganci con la realtà e di amarezza generazionale, molto più furbi che sinceri appaiono quelli successivi: *Il ciclone* (1996), uno dei più grandi successi di cassetta del cinema italiano, e il già ripetitivo *Fuochi d'artificio* (1997). In realtà il clamore suscitato nel pubblico si deve soprattutto al lancio a tappeto effettuato dal produttore Cecchi Gori, che ne fece per alcuni mesi gli unici film italiani facilmente raggiungibili (nell'autunno 1997 *Fuochi d'artificio* era proiettato a Roma in 13 sale). Per il resto questi film sono garbati, simpatici, non troppo volgari, ma anche un po' ruffiani, superficiali: ad essi ben si addice l'abusata definizione di «carini», ove si intenda per carino non l'approssimazione ma l'opposto del bello. La filosofia di Pieraccioni è il tutto e subito, o meglio: il poco e subito. Ed è riassunta nella battuta che chiude *I laureati*, rubata a Flaiano: «I giorni indimenticabili della vita di un uomo sono cinque o sei in tutto: il resto fa volume».

La stessa mediocrità di fondo venata di ammiccamenti televisivi e di un certo gusto cinematografico pervade i film di Aldo, Giovanni e Giacomo, attori che provengono dal cabaret e dalla televisione ma hanno una qualche confidenza con il cinema. Come scriveva Emanuela Martini, i tre sono comici perché male assortiti. E i loro film (*Tre uomini e una gamba*, 1997; *Così è la vita*, 1998), realizzati con la collaborazione registica di Massimo Venier, divertono soprattutto per la loro atmosfera amatoriale, cameratesca, come candid camera i cui protagonisti sanno benissimo che c'è la macchina da presa nascosta. Anche se è presto per giudicarli, tutti questi figli del cabaret '90 sembrano più che altro furbi, degli abili amministratori del proprio successo.

Più autentica, pur nella sua approssimazione cinematografica, la prima prova registica dell'attore non soltanto di cabaret Antonio Albanese: *Uomo d'acqua dolce* (1997). Il film è l'ennesima storia di un adulto non cresciuto, o piuttosto – in questo caso – regredito a uno stato prepuberale, che si aggira come un pesce d'acqua dolce nel mare salato degli uomini fin troppo cresciuti. Le gag sono divertenti, l'atmosfera sufficientemente surreale, e il personaggio di Albanese molto azzeccato: potrebbe essere un nuovo Benigni, e ne condivide infatti lo sceneggiatore prediletto Vincenzo Cerami. Manca soltanto, anche a lui, un regista. Se non un Salvatores, anche un Ponzi, un Mattoli, un Mastrocinque. Così questi figli del cabaret potranno provare a entrare nella storia del cinema.

3. *I ragazzi con la macchina da presa*

All'opposto dei ragazzi di cabaret che non sanno usare la macchina da presa, ci sono quelli che la usano fin troppo bene, che se la porterebbero anche a letto, che l'hanno maneggiata fin da ragazzi, e quando la posavano si vedevano in televisione o in qualche gelido cineclub tutti i film che è umanamente possibile vedere. Ma prima di arrivare a costoro c'è una generazione intermedia, di artisti che senza cadere nella cinefilia monomaniacale sono comunque arrivati al cinema attraverso il cinema. È il caso del folletto milanese Maurizio Nichetti, omino di cartapesta, disegnatosi forse da solo, che per convincere il produttore Cristaldi a farlo esordire sul grande schermo girò a proprie spese un film di mezz'ora. Lo storico Mario Verdone, che in una *Storia del cinema italiano* tascabile e per tutte le tasche dedica 15 righe al figlio Carlo, ne riserva due sole a Nichetti, «legato alle sue trovate di regista di film pubblicitari[2]». Ma l'autore-attore milanese, che andrebbe ricordato semmai per i film contro la pubblicità, ha quelle ali e quella libertà assoluta di orizzonti che mancano a Verdone junior: crede in una società pulita, colorata, fantasiosa, che si può – se non proprio ridisegnare – quanto meno riverniciare; e cerca di edificarla con il candore del suo realismo magico. A cominciare da *Ratataplan* (1979), film di contagiosa freschezza, tra i più belli e genuini della sua epoca, in cui Nichetti attore non pronuncia una sola parola ed è quasi chapliniano per solitudine e disavventure tecnologiche: si trova fra l'altro alle prese con un sosia robot che non ha sentimenti, che è un po' scemo, che balla bene la disco-music, e che dunque piace alle ragazze; ma alla fine, come Charlot in *Tempi moderni*, individuerà una sua compagna di allegra povertà: ogni Papageno trova prima o poi la sua Papagena. Tutti i film successivi di Nichetti proclameranno la loro inappartenenza al cinema della realtà e dell'accettazione della realtà, e pazienza se alcuni sono meno riusciti di altri: come *Ho fatto splash* (1980) e il comico-fantascientifico

---

[2] Mario Verdone, *Storia del cinema italiano*, Newton Compton, Roma 1995, p. 82. Nichetti è comunque in buona compagnia: Risi e Monicelli non vengono nemmeno trattati come autori a sé, ma soltanto citati attraverso i titoli di alcuni loro film (per un totale di 3 o 4 righe in tutto). A Roberto Benigni sono dedicate 4 righe, a Pupi Avati 3, a Marco Ferreri 2, a Franco Brusati una. In compenso viene spesa una riga e mezza per *Sette chili in sette giorni*, film assolutamente insignificante di Luca Verdone, fratello di Carlo e dunque figlio anche lui dell'autore. Quanto a Verdone Carlo, perché non ci si dimentichi di lui, viene citato – al di fuori delle 15 righe di cui si è detto – altre due volte: una come attore-regista (3 righe, contro le 2 scarse di Sordi), un'altra come realizzatore delle sceneggiature di Francesca Marciano (4 righe, trattamento davvero d'onore per una sceneggiatrice sconosciuta, se si pensa che Age e Scarpelli sono appena citati).

161

Domani si balla (1982), due film di cui è comunque apprezzabile lo spirito anticonsumistico e antitelevisivo. Ma il successivo *Ladri di saponette* (1989) è una commedia fantastica quasi perfetta, che rende omaggio – con una punta di ironia – al neorealismo e mette sul banco degli imputati, benché il film sia prodotto da Berlusconi, la pubblicità che massacra i film e spezza le emozioni. Fra l'altro vi si delinea per la prima volta quell'andirivieni da dimensioni e mondi diversi che diventerà un'ossessione allegra nei film successivi: *Volere volare* (1991), dove il protagonista si trasforma a poco a poco nel cartone animato di se stesso; *Stefano Quantestorie* (1993), dove attorno a una tenue storia gialla viene costruita una serie di altre storie possibili, di scatole cinesi, una catena infinita di «se fosse sarebbe»; e *Luna e l'altra* (1996), dove la maestrina Iaia Forte viene abbandonata dalla propria ombra, ma non è una dissociazione schizofrenica, è soltanto bisogno di espandersi, di liberarsi dalle convenzioni, di raddoppiare la vita.

È molto pulito, nichettiano, grillesco, anche *Sotto il ristorante cinese* (1987), deliziosa favola ecologica in cui un grigio impiegato modello scova per caso l'uscio di un mondo segreto dove si respira una salubre aria da isola che non c'è. Si tratta del primo lungometraggio con attori in carne e ossa del grande animatore Bruno Bozzetto, che tuttavia aveva già dimostrato un notevole talento nelle sequenze con attori, interpretate da Maurizio Micheli e Maurizio Nichetti, del suo capolavoro *Allegro non troppo* (1977). Del resto anche gli altri lungometraggi d'animazione di Bozzetto (*West and soda*, 1965; *Vip mio fratello superuomo*, 1968) sono in un certo senso paralleli, come gli stessi cortometraggi con le avventure del signor Rossi, alla miglior commedia all'italiana – libera, intelligente, anticonsumistica – dell'epoca. Assimilabile a questi film-fanciullino è l'aggraziato *Piso Pisello* di Peter Del Monte (1981), su un tredicenne che diventa padre e scappa di casa col figlioletto. Favola graziosa, a cui fa da contraltare il *Da grande* di Franco Amurri (1987), dove un ragazzino di nove anni chiede e ottiene di diventare in quattro e quattr'otto un adulto: diventerà Renato Pozzetto, mantenendo dunque il candore, l'innocenza e i viziètti di un bambino vero.

Sul fronte opposto, con un cinismo barbuto e una cattiveria fustigatrice al posto della bontà primigenia, sta il ragazzo con la macchina da presa per eccellenza, lui davvero un po' fissato come certi suoi personaggi: Nanni Moretti, che a diciotto anni si comprò una cinepresa super8 vendendo la propria collezione di francobolli, girò qualche spezzone e cercò in tutti i modi di sottoporlo ad alcuni cineasti (a cominciare dai fratelli Taviani, che per levarselo di torno gli diedero una particina in *Padre padrone*). Il suo primo film da regista è l'amatoriale *Io sono un autarchico* (1977), girato con soli 3 milioni in super8 e poi gonfiato a 16mm dopo l'imprevisto successo di pubblico in un cineclub romano; il suo primo successo di portata nazionale *Ecce bombo* (1978), eletto fin da subito cult-movie di una generazione che aveva quasi fatto il '68 e che nel '78 non aveva più niente da fare: generazione immobile, autocompiaciuta, ferma ai bar di periferia, che aspetta senza convinzione i suoi Godot e che non partirà nemmeno per una Marrakech, per una Puerto Escondido. *Sogni d'oro*, arrivato tre anni dopo con giudizioso ritardo, è un film sul cinema; anzi, come qualcuno disse, «un film sul film nel film». Anche Moretti rischia il suo «Otto e mezzo», dimenticando che alla sua età non può essere altro che un «Tre e mezzo», e ci dà la sua opera più ambiziosa e meno riuscita, puntualmente premiata a Venezia. Poi, nell'inquietante *Bianca* (1984), indossa i panni di professore di matematica in un liceo «Marilyn Monroe» e di serial killer alla nutella, gran vendicatore di assoluti mancati, di promesse non mantenute; così come nel bellissimo *La messa è finita* (1985) è un pretino con trascorsi extraparlamentari che finisce per arrendersi come tutti alla solitudine originaria, all'infelicità deliberata, all'impossibilità di una fede decisiva. *Palombella rossa* (1989), sulla crisi del Partito Comunista guardata attraverso la crisi di una squadra di pallanuoto, è già un film riassuntivo, una piccola *Terrazza* affacciata sulla piscina della vita, su queste ideologie che fanno acqua da tutte le parti ma senza le quali nuoteremmo pur sempre nel nulla come la giornalista bla-bla-bla Mariella Valentini. Finché, negli anni '90, l'attore-regista porta alle estreme conseguenze il suo stile a piccoli siparietti e racconta se stesso e la propria intolleranza progressista in forma di diario, di brevi appunti, in due film di stampo quasi amatoriale: *Caro diario* (1993), suddiviso in tre episodi come le vecchie commedie alla Sordi, e *Aprile* (1998), sulla confusione dell'Italia nuova, con la destra che è diventata sinistra, la sinistra che è diventata destra, i personaggini e i personaggioni che navigano sempre di più nel vuoto delle parole e delle ideologie dismesse. Forse sarebbe meglio per tutti fare un musical dolciario e annegare la vita in una torta, nel confortante barattolone di nutella già vagheggiato in *Bianca*.

Il cinema di Moretti si diffonde subito come uno stile, oltre che come esempio produttivo, in tutto il nuovo cinema giovane e paragiovane, a cominciare dai veri e propri ragazzi di bottega cresciuti a cinema e nutella. Morettiano per eccellenza e anche per amicizia, Daniele Luchetti esordisce nel lungometraggio sotto l'egida produttiva di Moretti stesso con *Domani accadrà* (1988), commedia ottocentesca dallo stile delicato e dall'umorismo triste: un bell'esempio di racconto storico-filosofico-avventuroso con un occhio ai romanzi d'appendice e alle ballate popolari e l'altro ai grandi testi storici e filosofici (come il quasi contemporaneo *Cavalli si nasce*, esordio cinematografico del disegnatore Sergio Staino). Luchetti proseguirà poi la sua carriera con film un po' meno frammentari e un po' più narrati rispetto a quelli di Moretti, anche se indubbiamente meno ficcanti, meno scomodi: come *La settimana della sfinge* (1990), commedia psicologica al femminile e rampa di lancio per la miglior ragazza di commedia degli anni '90, Margherita Buy; o *La scuola* (1995), affresco scolastico non più sui ragazzi come negli anni '40 e '50, ma sugli insegnanti, sulla loro tristezza naturale e mal retribuita. Lo spirito di Moretti continua ad aleggiare in parte sui film più politici di Luchetti: *Il portaborse* (1991), pamphlet feroce ma non troppo sul craxismo, sullo yuppismo politico, sulla corruzione strisciante dei luccicanti anni '80; e *Arriva la bufera* (1993), commedia di tangenti e catastrofi ecologiche non molto incisiva nel suo stile visionario, metaforico, ai limiti dell'assurdo. A Luchetti la cattiveria non viene naturale come a Moretti, c'è sempre il sospetto dell'abile costruzione.

Anche Carlo Mazzacurati esordisce con un film prodotto da Moretti: *Notte italiana* (1987), dove in un'atmosfera da tardo neorealismo rosa tornano alla ribalta i vecchi temi civili delle grandi speculazioni e della difficoltà di restare onesti. E nella difficile primavera elettorale 1994 Moretti, Luchetti e Mazzacurati, assieme ad altri sei registi emergenti[3], si riuniscono per un cortometraggio collettivo che costituisce un raro esempio di *instant film* politico: *L'unico paese al mondo*, nove sketch contro Berlusconi e le sue mire politiche. Un pamphlet politico, e nella fattispecie antidemocristiano, era già stato tentato molti anni prima (1977) da Roberto Faenza: *Forza Italia!*, una sorta di controdocumentario che deve aver ispirato programmi come il televisivo «Blob» ma che all'epoca fu tenuto

---

[3] Francesca Archibugi, Antonio Capuano, Marco Tullio Giordana, Mario Martone, Marco Risi, Stefano Rulli.

ben nascosto al pubblico. In ogni caso uno dei principali eredi dei politicanti messi in burla da Faenza gli portò via il titolo e ne fece il nome di un partito, questo sì di grande successo popolare.

Sono molti, oltre a Moretti e ai morettiani, i ragazzi con la macchina da presa che attraversano gli anni '80 e '90, qualcuno in forma di meteora, qualcuno con destinazione terzo millennio. Le somme generazionali, che un tempo si tiravano a cinquant'anni, adesso sono prerogativa dei trentacinque-quarantenni. Luciano Odorisio, ad esempio, inizia la carriera cinematografica con un film di bilanci, l'ottimo e dimenticato *Sciopèn* (1982), dove due amici musicisti si rivedono dopo tanto tempo nella natìa Chieti senza osare rivelarsi i rispettivi fallimenti – mentre l'ex compagno Sciopèn, che da ragazzo era lo scemo della classe e scriveva i notturni già scritti da Chopin, adesso è il vero padrone della città e diventerà presto deputato (meno incisivo *Magic moments*, 1984, sul ritorno nei ranghi di alcuni giovani cinefili di belle speranze). Anche Andrea Barzini fa il punto, qualche anno dopo, sulla generazione che era giovane e disperata, ma anche piena di speranze, nel 1970: *Italia-Germania 4-3* (1990) è l'ennesima rimpatriata di ex compagni di scuola e di ideali che si rivedono vent'anni dopo per riprovare insieme le magiche emozioni di un tempo, magari anche soltanto quelle calcistiche.

Sono meno attenti ai bilanci di gruppo e più interessati alle situazioni private che ne stanno sempre all'origine i film «carini», ma non privi di nerbo, di Giuseppe Piccioni: da *Chiedi la luna* (1991), sul viaggio di un lui mansueto e di una lei scatenata attraverso l'Italia, a *Cuori al verde* (1996), divertente e amaro triangolo '90, fra disoccupazione dilagante e un certo smarrimento cosmicomico. Anche *Nottataccia*, diretto nel 1992 dal nipote di uno dei pionieri della commedia Duccio Camerini, è la storia divertente, delicata e un po' malinconica di un triangolo amoroso, questa volta fra diversi. Mentre il sopravvalutato Sergio Rubini tenta di mettere in commedia, con risultati più ridicoli che comici, la nuova donnauomo che degli uomini sembra avere appreso soprattutto i difetti: il film è *Prestazione straordinaria* (1994), dove una donna in carriera molesta sessualmente un suo dipendente come nell'americano e ancor più goffo *Rivelazioni (Disclosure*, 1995, di Barry Levinson). Quanto a commedie sul lavoro, era senz'altro più interessante l'amaro *Bonus Malus* di Vito Zagarrio (1993), sull'ascesa e caduta di un assicuratore rampante; e sarà abbastanza azzeccato, al punto da diventare un piccolo cult-movie giovanile, l'esordio di Fulvio Ottaviano: *Cresceranno i carciofi a Mimongo* (1996), ispirato fino all'omaggio esplicito all'americano *Clerks* (*Id.*, 1994, di Kevin Smith*)*, sull'ennesima generazione di trentenni che si ritrovano col fiatone prima ancora di aver corso. È del 1996 anche *Italiani* di Maurizio Ponzi, artigiano colto a disposizione di un po' tutte le generazioni, che qui dirige alcuni dei migliori attori giovani o quasi giovani per un viaggio in treno da Palermo a Milano d'inizio anni '60. Le storie dei vari personaggi possono sembrare un po' esili, da neorealismo rosa; ma ad un certo punto il treno '60 ne incrocia uno degli anni '90, in un buco nero del tempo abbastanza impressionante, e allora ci chiediamo dove portasse veramente quel treno, e se valeva davvero la pena di correre, di viaggiare.

Un po' in disparte sia dagli autori vecchi che dagli autori nuovi, Giuseppe Bertolucci oscilla invece tra film cabarettistici e commedie psicologiche. Fratello del più celebre Bernardo, nonché autore-accompagnatore dei primi film di Benigni, ha diretto fra l'altro un road-movie padano, dai toni e dai paesaggi vagamente surreali (*I cammelli*, 1988), e alcune commedie al femminile con frequenti sconfinamenti nel poetico e/o nell'assurdo: *Strana la vita* (1988), storia di un dongiovanni indolente e delle sue donne; il delizioso *Amori in corso* (1989), pascoliano e pieno di brividi segreti nel raccontare e non raccontare l'amore non dichiarato fra due ragazze in una cascina emiliana; e *Troppo sole* (1994), tentativo abbastanza scassato di film-cabaret, costruito su misura per Sabina Guzzanti che vi interpreta tutti i 14 personaggi principali.

Fa gruppo a sé anche un altro rappresentante della generazione di mezzo, il futuro direttore della Mostra di Venezia Francesco Laudadio. Prima del già ricordato *Topo Galileo* e del paradossale *Fatto su misura* (1985, sul tema dell'inseminazione artificiale), aveva diretto una satira antitelevisiva spassosa e feroce che sembra preconizzare la tv spazzatura degli anni a venire: *Grog* (1982), dove due evasi vengono convinti da una televisione privata a farsi riprendere in diretta mentre tengono sotto sequestro una famigliola. Era uno dei film più allegramente cattivi della sua epoca, infatti sparì quasi subito dalla circolazione e dalla televisione. Sul tema dei rapporti fra spettacolo e vita privata interviene anche Enzo Monteleone, già cinefilo e sceneggiatore, che esordisce nella regia con un curioso film-documento, un *Sogni d'oro* d'attore: *La vera vita di Antonio H.* (1994), ispirato a uno spettacolo teatrale e alla vita del vecchio attor nuovo Alessandro Haber. Ma il potenziale pamphlet sul cinema italiano convince poco e si ha la sensazione di trovarsi davanti a un'operazione per addetti ai lavori. Più interessante e fresco, nella sua compiaciuta povertà, un film autobiografico che ha per tema un film da fare: *Il caricatore* (1997), firmato a sei mani, con qualche eccesso di cinefilia, da Eugenio Cappuccio, Massimo Gaudioso e Fabio Nunziata.

Siamo ormai al grottesco, che esprime meglio di ogni altro stile l'aria non proprio serena dell'ovest di fine millennio. Ecco i film di Davide Ferrario, già collaboratore del regista indipendente americano John Sayles (che partecipò alla sua opera prima, *La fine della notte*, 1989): se *Anime fiammeggianti* (1994) suona come un Buñuel mancato, è invece un efficace ritratto della generazione dei disoccupati cronici il successivo *Tutti giù per terra* (1997), odissea torinese di un ragazzo vergine che non vuole integrarsi nella società e nella vita, girata con un repertorio di inquadrature accelerate, sghembe, imprevedibili, che attestano certamente un nuovo punto di vista. Ma i limiti di questo stile, o perlomeno la sua inconciliabilità con i soggetti classici da commedia, emergono in *Figli di Annibale* (1998), quasi un film alla Salvatores con la bella coppia Orlando/Abatantuono, dove l'ostentata ricerca del nuovo, dell'inquadratura insolita, stordisce gli spettatori e li distrae dai materiali di commedia. Pasticciatissimo, pur con tutte le sue buone intenzioni, anche *Bidoni* (1995) di Felice Farina, che aveva esordito pieno di promesse nel 1986 con *Sembra morto... ma è solo svenuto,* in cui il morettismo si accompagnava a una certa carineria.

All'opposto di ogni carineria possibile si collocano, provenienti dalla provocatoria esperienza televisiva del «Cinico Tv» di Raitre, Daniele Ciprì e Franco Maresco, che ci hanno dato con *Lo zio di Brooklyn* (1995) uno dei film più geniali degli ultimi vent'anni: benché, come per le migliori commedie all'italiana degli anni '70, sia davvero un po' azzardato parlare di comico. Rifiutato a suo tempo dalla paludata Mostra di Venezia, è un film che si può soltanto amare o detestare, estremo, unico, sconnesso, imprevedibile, desolato, volutamente osceno e volgare: come un quadro di Hopper senza i colori di Hopper, come uno sputo in bianco e nero sulle facce pulite e sulle coscienze sporche della gente bene. Niente trama, niente psicologie o psicologismi, ma soltanto uomini nudi piantati per le strade come le rovine greche e i vermi di Jacovitti, e poi funerali al passo o di corsa, case da vivi (si fa per dire) e casse da morto, un cielo da apocalisse mezzo bianco e mezzo nero, invalidi ferreriani, periferie livide e sinistre, barzellette oscene, rutti, nuvole futuriste, orde di cani per strada, uomini spenti che si accendono brevemente per recitare il loro numero nella vita. Non ci sono donne, o meglio: anche le donne sono uomini. Non ci sono luci, notti, lavoro, negozi: nessun'eco della società consumistica, scomparsa da sempre e per sempre. Non ci sono nemmeno sentimenti, idee, progetti, sogni. Se c'è un aldilà, è perfettamente uguale all'aldiqua. Ma in questo dominio della fisicità, nella luce sinistra di questo bianco e nero assoluto ed eterno, si percepisce il vuoto irrimediabile della vita, il non senso comico dell'antico progetto chiamato universo. Il comico torna alle origini tragiche, di esemplificazione assoluta e primordiale della vita. Proprio come nel film successivo dei due autori palermitani, quel *Totò che visse due volte* (1998) che a furia di stuzzicare la censura ne ha finalmente decretato la fine.

Uno spirito ugualmente provocatorio, sia pure con un vitalismo esasperato al posto dell'immobilismo cosmico, pervade l'opera prima di Antonio Rezza e Flavia Mastrella, *EsCoriandoli* (1996), festival dell'assurdo strutturato nell'antico modo degli episodi concatenati e popolato di personaggi totalmente fuori dalle righe, tutti interpretati dallo stesso Rezza: il cadavere parlante e infoiato che anima la propria veglia funebre, la ragazza soppressa in una clinica psichiatrica, il poeta che muore pieno di sensi di colpa per aver calpestato il piede di un passeggero d'autobus, il presenzialista televisivo in conflitto con i propri piedi. Anche l'inquietante film d'esordio di Sandro Baldoni, *Strane storie* (1994), derivato da un cortometraggio come molti dei migliori film di questi ultimi anni, è suddiviso in una serie di episodi sinistramente folli, come racconti di Campanile messi in scena da Buñuel: dal cittadino che in una Milano post-industriale rischia di morire per asfissia perché non ha pagato la tassa sul respiro alla single che compra un uomo al supermercato e scopre che è scaduto. Sono racconti di fine secolo, come sottolinea il titolo, ma non mancano i riferimenti al secolo che se ne va, così realistici da sembrare più irreali dell'irreale. Nell'ultima inquadratura i protagonisti delle strane storie si ritrovano presso la carcassa dell'Italicus squarciato da una bomba fascista: strana storia anche questa, come Ustica, come Piazza Fontana, come i referendum pilotati o traditi, eccetera eccetera. Meno originale e più feroce il secondo film di Baldoni, *Consigli per gli acquisti* (1997), uno dei divertimenti più cattivi che siano stati fatti sulla pubblicità, sui suoi mandanti, sui suoi esecutori: solo un ex pubblicitario poteva farlo, nessuno meglio di lui conosce le porcherie di quel mondo, che non si limitano certo al cibo per cani ai vermi protagonista del film e della campagna pubblicitaria che lo ha accompagnato. «Un film che fa schifo» annunciava con sarcasmo autoironico lo slogan di lancio: proprio come il personaggio dello *Zio di Brooklyn* che conta gli spettatori dallo schermo e proclama che il film – quello che stanno vedendo – «fa schifo».

Queste autostroncature a priori, queste dichiarazioni di turpitudine, sono un affronto al bello patinato e pubblicitario delle televisioni di serie, ma anche al «carino» di Pieraccioni e degli altri registi da sabato sera con gli amici. Tuttavia niente è totalmente nuovo sotto il sole, e la cattiveria di Baldoni riporta tutto sommato a quella del miglior Risi. Perché se da un lato c'è la tendenza al grottesco apocalittico, dall'altro lato la fine del millennio segna nel cinema comico nazionale un ritorno a quella commedia all'italiana che ne è stata l'espressione più originale e più alta. Un altro regista dal rinnegabile passato pubblicitario, Leone Pompucci, realizza nel 1993 *Mille bolle blu*, che racconta in forma di commedia a storie parallele l'eclissi dell'estate 1961 (proprio come *Tutti giù per terra* partirà dall'eclissi dell'autunno 1996): un omaggio esplicito alla commedia all'italiana, come attestano il clacson del *Sorpasso* e il manifesto di *Una vita difficile*, anche se poi la sostanza narrativa è piuttosto quella del tardo neorealismo rosa. Del resto Pompucci proseguirà su questa strada non casuale anche nel successivo e meno riuscito *Camerieri* (1995), commedia quasi alla Scola, tutta ambientata in un unico luogo, dove i personaggi si rivelano tutti, chi più chi meno, dei «mostri» in senso risiano. Anche Antonello Grimaldi strizza l'occhio al passato con *Il cielo è sempre più blu* (1995): film dal cast *all star*, composto da varie decine di episodi-lampo, che racconta o piuttosto descrive, registra, una giornata romana uguale a tante, le sue storie di ordinaria violenza, i suoi personaggini alacremente indaffarati nell'animatissimo nulla quotidiano. Con i suoi limiti, i suoi umori, i suoi momenti esilaranti, le sue tristezze, la sua fine inevitabile, il film assomiglia davvero un po' alla vita: non diversamente da certe opere estreme del neorealismo (Zavattini e dintorni) o da certi esempi di minimalismo americano.

Ma più di ogni altro regista è Paolo Virzì a rifarsi dichiaratamente alla commedia dei maestri. Il suo film d'esordio, *La bella vita* (1994), è un triangolo d'amore – nella Piombino della crisi economica di metà '90 – fra un operaio, la moglie e un bell'intrattenitore televisivo: quasi un *Romanzo popolare*, dove le situazioni di partenza sono da commedia, ma la vita no, la vita operaia specialmente è un limbo dove si ride senza allegria e si piange senza lacrime. *Ferie d'agosto* (1996) potrebbe essere invece una commedia balneare dei primi anni '60, quando si andava tutti al mare a far vedere quanto si era belli fuori e brutti dentro. Ma sono passati molti anni, le vacanze di massa son diventate così di massa che tutti le fanno ormai separatamente, a piccole tribù familiari o sociali, come in queste ferie a Ventotene che oppongono in modo aggiornato e bipolare una famiglia di destra e una famiglia di sinistra, tutti divisi a sfasciare l'Italia, e poi tutti uniti a guardare le stelle del 10 agosto e aspettare da loro quello che gli uomini non sanno darsi da soli. La stessa amarezza piena di speranza pervade *Ovosodo* (1997), sulla vita ed educazione sentimentale di un ragazzo livornese dalla nascita al matrimonio. Si fa sempre più evidente il debito con le commedie del passato, con il loro sorriso triste, con quel loro andamento di ballata che faceva quasi ridere nei momenti tragici e quasi piangere nei momenti comici. Il ragazzo impara la grande elementare lezione della vita, che ogni cosa ha il suo tempo, ogni gioia ha la sua amarezza, che vincere – come cantava Roberto Vecchioni – significa accettare. Alla fine c'è un quasi lieto fine, l'amore di cui tanto si favoleggia, il matrimonio, un lavoro di responsabilità al computer, la famiglia, i figli... eppure... eppure qualcosa non quadra, quell'ovosodo che non va né su né giù, che si son portati in gola i protagonisti delle migliori commedie all'italiana.

La lunga breve storia del cinema comico italiano finisce per il momento qui, in attesa di essere aggiornata dal millennio che verrà. Bisognerebbe forse dire, come si usa, che il cinema italiano è in crisi, che la crisi finirà chissà quando, chissà come, chissà se. Ma a un passo dal giro di boa di fine millennio, il suo stato di salute non è poi così disastroso. Negli anni '90 ci sono stati perfino dei miglioramenti, si affacciano delle promesse, si concretizzano delle speranze: anche perché le nullità sono finite quasi tutte in televisione, dove grazie alla libera concorrenza c'è grande richiesta di mediocrità e di idiozia. Affascinati dai ghiotti guadagni che derivano dalla mediocrità di massa, i grandi produttori e distributori cercano di limitare il nuovo cinema e di dargli orizzonti televisivi, continuando a puntare tutto su pochi titoli sicuri, convenzionali, che garantiscono il presente ma non il futuro. Ma non ci sono soltanto i grandi produttori. Come si è visto in quest'ultimo paragrafo, nel cinema comico ci sono anche idee nuove, e qualcuna vecchia ma sempre buona. Chi provi a guardare il panorama dall'alto, vedrà anzi che le migliori cose nuove si riallacciano in qualche modo alle migliori cose vecchie, che il cerchio si chiude come questo libro. I grotteschi apocalittici di Ciprì e Maresco non possono prescindere da quelli di Germi degli anni '60 e dalle commedie all'italiana degli anni '70; il personaggio debordante di Antonio Rezza ricorda perfino fisicamente Totò; la casa produttrice di *Mille bolle blu* si chiama «Sorpasso Film». E di chi è la voce del nonno nel *Ciclone*, campione d'incassi della nuova commedia cabarettistico-giovanile? Di Mario Monicelli, classe 1915. Mentre perfino i figli della macchina da presa, quelli che se la portano anche a letto, non finiscono mai di osannare nelle dichiarazioni pubbliche e private il grande Totò, che la macchina da presa quasi ignorava cosa fosse. Come nella chimica, anche nel cinema nulla si crea e nulla si distrugge: su poche idee, su pochi temi, si confrontano diverse generazioni. Ma se sono temi validi, idee buone, vi si possono costruire sopra interi millenni.

Taccuino 1980-1998
1981: Franco Battiato, *La voce del padrone* ▲ (LP). / Mostra di Venezia: premio speciale della giuria a *Sogni d'oro*.
1982: L'Italia vince la Coppa del Mondo di calcio in Spagna. [«Oddìo, me vie' lo sturbo!». Il tifoso calcistico Vittorio Gassman, miserabile baraccato con maxi famiglia a carico, si sente male per la troppa gioia a un goal della sua squadra: *I mostri*, 1943]./ Festival di Berlino: premio per la miglior regia a Mario Monicelli (*Il Marchese del Grillo*).
1983: Umberto Eco, *Sette anni di desiderio* ◆.
1984: Storie di ordinaria politica: dal quinto governo Fanfani al primo governo Craxi. / Italo Calvino, *Cosmicomiche vecchie e nuove* ■. / Azio Corghi, *Gargantua* ▼.
1986: Stefano Benni, *Comici spaventati guerrieri* ■.
1987: Stefano Benni, *Il bar sotto il mare* ■. / Mostra di Venezia: Leone d'oro alla carriera a Luigi Comencini.
1988: Hollywood: nomination all'Oscar per *La famiglia*.
1989: Arbore-Mattone, *Ma la notte no* ▲. / Mostra di Venezia: Coppa Volpi ex-æquo a Marcello Mastroianni e Massimo Troisi (*Che ora è*).
1991: Franco Battiato, *Come un cammello in una grondaia* ▲ (LP). / Festival di Berlino: Orso d'oro a *La casa del sorriso*. / Mostra di Venezia: Leone d'oro alla carriera a Mario Monicelli.
1992: A Milano prende il via l'inchiesta «Mani pulite»: porterà all'arresto di ➡

alcuni uomini politici e imprenditori e alle conseguenti proteste da parte di garantisti improvvisati, quasi sempre coinvolti direttamente. («Perché vede, c'è un grosso equivoco. Si pensa sempre che la causa di un arresto siano i giudici. Invece sono le vostre malefatte»: il giudice Diego Abatantuono all'intrallazzatore Silvio Orlando in *Arriva la bufera*, 1993). / Hollywood: Premio Oscar per il miglior film straniero a *Mediterraneo*. / Mostra di Venezia: Leone d'oro alla carriera a Paolo Villaggio.

1993: Silvio Berlusconi fonda il partito-azienda Forza Italia. Il nome è rubato a un film di Roberto Faenza del 1977, che era una feroce satira dei notabili democristiani. / «Nessuno, in casa Fininvest, ha mai promesso, offerto o pagato tangenti a chicchessia... Dico sul mio onore e sui miei cinque figli che dimostreremo di non aver mai fatto nulla di scorretto né illecito...» (Silvio Berlusconi dopo le richieste di arresto per Galliani e Letta sulle tangenti per le frequenze: «La Stampa», 1/11/1993). [«Ma quando cresci, babbo? Quando la smetti di fare l'imbecille?»: il figlio di Philippe Noiret al padre in *Amici miei*, 1975].

1994: Alle elezioni politiche vince lo schieramento guidato da Forza Italia. / Gaber-Luporini, *E pensare che c'era il pensiero* ▼. / Festival di Cannes: Premio per la miglior regia a Nanni Moretti (*Caro diario*). / Mostra di Venezia: Leone d'oro alla carriera a Suso Cecchi D'Amico.

1995: Governo tecnico Dini. / Ligabue, *Vivo morto o X* ▲.

1996: Dopo sei mesi di governo Berlusconi e un anno di governo tecnico, le elezioni segnano l'affermazione dell'Ulivo. [«Un usciere l'hanno fatto cavaliere... E io sono quindici anni che ho fatto la domanda! Poi dice che uno si butta a sinistra...»: Totò in *Totò e i re di Roma*, 1952]. / De André-Fossati, *Anime salve* ▲ (LP). / Belisari-Conforti-Civaschi-Fasani, *La terra dei cachi* ▲. / Guccini-Dati-Bigazzi, *Cirano* ▼.

1997: Iniziano i lavori della Bicamerale, che si concludono senza alcun risultato nel giro di 5 mesi. / Gaber-Luporini, *Un'idiozia conquistata a fatica* ▼.

1998: Ottobre: il primo governo italiano di sinistra cade per opera di un uomo della sinistra che veste abiti di Armani, Fausto Bertinotti. L'incarico di formare il nuovo governo viene affidato al segretario del Pds, Massimo D'Alema. [«D'Alema, di' una cosa di sinistra! Di' una cosa anche non di sinistra: di civiltà. D'Alema, di' una cosa, di' qualcosa!»: Nanni Moretti in *Aprile*, 1998]. / Festival di Cannes: Premio della giuria a *La vita è bella*.

Bibliografia

Sul cinema italiano in generale

BERNARDINI A., *Cinema muto italiano 1896-1904*, Laterza, Bari 1980.
BRUNETTA G. P., *Storia del cinema italiano 1895-1945*, Editori Riuniti, Roma 1979.
BRUNETTA G. P., *Storia del cinema italiano 1945-1982*, Editori Riuniti, Roma 1982.
BRUNETTA G. P., *Cent'anni di cinema italiano*, Laterza, Bari 1991.
CARABBA C., *Il cinema del ventennio nero*, Vallecchi, Firenze 1974.
FALDINI F. e FOFI G., *L'avventurosa storia del cinema italiano*, 2 vol., Feltrinelli, Milano 1984.
FALDINI F. e FOFI G., *Il cinema italiano d'oggi raccontato dai suoi protagonisti (1970-1984)*, Mondadori, Milano 1984.
GROMO M., *Cinema italiano 1903-1953*, Mondadori, Milano 1953.
LEPROHON P., *Le Cinéma italien*, Seghers, Paris 1965.
QUAGLIETTI L., *Storia economico-politica del cinema italiano 1945-1980*, Editori Riuniti, Roma 1980.
RONDOLINO G., *Dizionario del cinema italiano 1945-1969*, Einaudi, Torino 1969.
SAVIO F., *Ma l'amore no*, Sonzogno, Milano 1975.
SAVIO F., *Cinecittà anni trenta*, 3 vol., Bulzoni, Roma 1979.
SPINAZZOLA V., *Cinema e pubblico*, Bompiani, Milano 1974.
TASSONE A., *Parla il cinema italiano*, 2 vol., Il Formichiere, Milano 1979-1980.

Sul cinema comico italiano

AA. VV., *I nuovi mostri*, Assessorato alla Cultura della Regione Piemonte, Torino 1982.
AA. VV., *Risate di regime. La commedia italiana 1930-1944*, Marsilio, Venezia 1991.
BERNARDI S. (a cura di), *Si fa per ridere... ma è una cosa seria*, La Casa Usher, Firenze 1985.
D'AMICO M., *La commedia all'italiana*, Mondadori, Milano 1985.
GIACOVELLI E., *La commedia all'italiana*, Gremese, Roma 1990 (nuova ed. 1995).
GILI J. A., *Arrivano i mostri*, Cappelli, Bologna 1980.
GILI J. A., *La Comédie italienne*, Henry Veyrier, Paris 1983.
GRANDE M., *Abiti nuziali e biglietti di banca. La società della commedia nel cinema italiano*, Bulzoni, Roma 1986.
GRANDE M., *Il cinema di Saturno - Commedia e malinconia*, Bulzoni, Roma 1992.
LAURA E. G., *Comedy Italian Style*, ANICA, Roma 1981.
NAPOLITANO R. (a cura di), *Commedia all'italiana. Angolazioni, controcampi*, Gangemi, Roma 1986.
PINTUS P. (a cura di), *Commedia all'italiana. Parlano i protagonisti*, Gangemi, Roma 1986.
TURRONI G., *Viaggio nel corpo. La commedia erotica nel cinema italiano*, Moizzi, Milano 1979.
VIGANÒ A., *Commedia italiana in cento film*, Le Mani, Genova 1995.

Monografie su attori e registi

AA. VV., *Il cinema di Antonio Pietrangeli*, Marsilio, Venezia 1987.
BERNARDINI A., FAVA C. G., *Ugo Tognazzi*, Gremese, Roma 1985.
BERNARDINI A., *Nino Manfredi*, Gremese, Roma 1979.
BERTINI A., *Ettore Scola - Il cinema e io*, Officina, Roma 1996.
CALDIRON O., *Totò*, Gremese, Roma 1980.
CAPRARA V., *Dino Risi - Maestro per caso*, Gremese, Roma 1993.
CASTELLANO A., NUCCI V., *Vita e spettacolo di Franco Franchi e Ciccio Ingrassia*, Liguori, Napoli 1982.
CODELLI L. (a cura di), *Mario Monicelli: l'arte della commedia*, Dedalo, Bari 1986.
COSULICH C., *I film di Alberto Lattuada*, Gremese, Roma 1985.

D'AGOSTINI P., *Romanzo popolare - Il cinema di Age e Scarpelli*, Edizioni Scientifiche Italiane, Roma 1991.
DE BERNARDINIS F., *Nanni Moretti*, Il Castoro, Milano 1993.
DELLA CASA S., *Mario Monicelli*, La Nuova Italia, Firenze 1986.
DELLA CASA S., *Mario Mattoli*, La Nuova Italia, Firenze 1989.
DELLI COLLI L., LANCIA E., *Monica Vitti*, Gremese, Roma 1987.
DE SANTI P. M., VITTORI R., *I film di Ettore Scola*, Gremese, Roma 1987.
FALDINI F. e FOFI G., *Totò: l'uomo e la maschera*, Feltrinelli, Milano 1977.
FAVA C. G., *Alberto Sordi*, Gremese, Roma 1979.
FAVA C. G., HOCHKOFLER M., *Marcello Mastroianni*, Gremese, Roma 1980.
GAMBETTI G., *Vittorio Gassman*, Gremese, Roma 1982.
GERMANI S. G., *Mario Camerini*, La Nuova Italia, Firenze 1981.
GIACOVELLI E., *Pietro Germi*, La Nuova Italia, Firenze 1990.
GIACOVELLI E., LANCIA E., *Peppino De Filippo*, Gremese 1992.
GILI J.A., *Luigi Comencini*, Edilig, Paris 1981.
GORI G., *Alessandro Blasetti*, La Nuova Italia, Firenze 1984.
GOSETTI G., *Luigi Comencini*, La Nuova Italia, Firenze 1988.
HOCHKOFLER M., *Anna Magnani*, Gremese, Roma 1984.
HOCHKOFLER M., *Massimo Troisi. Comico per amore*, Marsilio, Venezia 1998.
LANCIA E., MASI S., *Sophia Loren*, Gremese, Roma 1985.
MARALDI A., *Antonio Pietrangeli*, La Nuova Italia, Firenze 1991.
MERKEL F. (a cura di), *Gabriele Salvatores*, Dino Audino, Roma 1992.
MONETI G., *Luciano Emmer*, La Nuova Italia, Firenze 1991.
PARIGI S., *Benigni*, Edizioni Scientifiche Italiane, Napoli 1988.
PISTOIA M., *Maurizio Nichetti*, Il Castoro, Milano 1997.
PORRO M., *Alberto Sordi*, Il Formichiere, Milano 1979.
SESTI M., *Tutto il cinema di Pietro Germi*, Baldini & Castoldi, Milano 1997.
TERNAVASIO M., *Macario - Vita di un comico*, Lindau, Torino 1998.
TRASATTI S., *Renato Castellani*, La Nuova Italia, Firenze 1984.
UGO P., FLORIS A. (a cura di), *Facciamoci del male - Il cinema di Nanni Moretti*, Cuec, Cagliari 1990.
VERDONE L., RONDI G. L., *I film di Alessandro Blasetti*, Gremese, Roma 1989.
VIGANÒ A., *Dino Risi*, Moizzi, Milano 1977.
VIRGADAULA G., *Nanni Loy*, La Rosa, Cavagnolo 1996.

Indice dei film*

Abbasso la miseria! (1945, Gennaro Righelli), 46
Abbasso la ricchezza! (1946, Gennaro Righelli), 46
A cavallo della tigre (1961, Luigi Comencini), 81
Accadde al commissariato (1954, Giorgio C. Simonelli), 66
Accadde al penitenziario (1955, Giorgio Bianchi), 66
A che servono questi quattrini? (1942, Esodo Pratelli), 40
Acqua e sapone (1983, Carlo Verdone), 152
Adamo ed Eva (1949, Mario Mattoli), 56
Addio, giovinezza! (1927, Augusto Genina), 20, 21
Addio, giovinezza! (1940, Ferdinando Maria Poggioli), 42
Ad ovest di Paperino (1982, Alessandro Benvenuti), 154
Adua e le compagne (1960, Antonio Pietrangeli), 88
Ai vostri ordini, signora! (1939, Mario Mattoli), 27

Alfredo Alfredo (1972, Pietro Germi), 93
Alibi, L' (1969, Luciano Lucignani, Vittorio Gassman, Adolfo Celi), 181
Alla mia cara mamma nel giorno del suo compleanno (1974, Luciano Salce), 134
Allegro fantasma, L' (1941, Amleto Palermi), 51
Allegro non troppo (1977, Bruno Bozzetto), 162
All'onorevole piacciono le donne (1972, Lucio Fulci), 113
Altra faccia del padrino, L' (1973, Franco Prosperi), 132
Altrimenti ci arrabbiamo! (1974, Marcello Fondato), 131
Altri tempi (1951, Alessandro Blasetti), 63, 66
Alvaro piuttosto corsaro (1954, Camillo Mastrocinque), 57
Americano a Roma, Un (1954, Steno), 72
Americano in vacanza, Un (1946, Luigi Zampa), 47
Amici miei (1975, Mario Monicelli), 122, 123, 172

---

* L'Indice comprende tutti i film comici italiani citati nel libro. Non comprende invece i pochi film non comici e/o non italiani a cui si è in qualche modo accennato.

Amici miei atto secondo (1982, Mario Monicelli), 122
Amici miei atto terzo (1985, Nanni Loy), 123
Amore difficile, L' (1962, Nino Manfredi, Bonucci, Sergio Sollima, Luciano Lucignani), 94
Amore e chiacchiere (1957, Alessandro Blasetti), 66, 147
Amore e ginnastica (1973, Luigi Filippo D'Amico), 129 n.
Amore mio aiutami (1969, Alberto Sordi), 93
Amore si fa così, L' (1939, Carlo Ludovico Bragaglia), 35
Amori in corso (1989, Giuseppe Bertolucci), 166
Amori miei (1978, Steno), 128
Amor non ho! Però, però... (1951, Renato Rascel), 57
Amor pedestre (1914, Marcel Fabre), 15
Anastasia mio fratello (1973, Steno), 117
Anatra all'arancia, L' (1975, Luciano Salce), 128
Anche i commercialisti hanno un'anima (1994, Maurizio Ponzi), 148
Angelo del miracolo, L' (1945, Piero Ballerini), 43
Animali pazzi (1939, Carlo Ludovico Bragaglia), 35, 36, 40
Anime fiammeggianti (1994, Davide Ferrario), 167
Anni difficili (1948, Luigi Zampa), 46, 70
Anni facili (1953, Luigi Zampa), 46, 70
Anni ruggenti (1962, Luigi Zampa), 82
A noi piace freddo...! (1960, Steno), 106
Antologia di Petrolini (1952), 38 n.
Ape regina, L' (1963, Marco Ferreri), 90, 98, 109
Aprile (1998, Nanni Moretti), 163, 172
Aragosta a colazione (1979, Giorgio Capitani), 128
Arbitro, L' (1974, Luigi Filippo D'Amico), 127

Arcidiavolo, L' (1966, Ettore Scola), 96
Aria del continente, L' (1935, Gennaro Righelli), 38
Aria di paese (1933, Eugenio De Liguoro), 36
Armata Brancaleone, L' (1966, Mario Monicelli), 97
Arrangiatevi! (1959, Mauro Bolognini), 74
Arriva la bufera (1993, Daniele Luchetti), 164, 172
Arriva la zia d'America (1956, Roberto Bianchi Montero), 105
Arrivano i bersaglieri (1980, Luigi Magni), 117
Arrivano i Gatti (1980, Carlo Vanzina), 150
Arrivano i nostri (1951, Mario Mattoli), 57
Arrivano i Titani (1961, Duccio Tessari), 131
Arrriva Dorellik (1968, Stefano Vanzina), 108
Arte di arrangiarsi, L' (1955, Luigi Zampa), 72
A spasso nel tempo (1996, Carlo Vanzina), 151
Assenza ingiustificata (1939, Max Neufeld), 27
Assistente sociale tutto pepe, L' (1981, Nando Cicero), 130
Asso (1981, Castellano & Pipolo), 129
Assolto per avere commesso il fatto (1992, Alberto Sordi), 143
Attanasio cavallo vanesio (1953, Camillo Mastrocinque), 57
Attico, L' (1962, Gianni Puccini), 89
Attila flagello di Dio (1982, Castellano & Pipolo), 137
A tu per tu (1984, Sergio Corbucci), 148
Audace colpo dei soliti ignoti (1959, Nanni Loy), 80
Avanti c'è posto... (1942, Mario Bonnard), 41
Avventure straordinarissime di Saturnino Farandola, Le (1919, Marcel Fabre), 19

INDICE DEI FILM

Avventuriera del piano di sopra, L' (1941, Raffaello Matarazzo), 27
Ballata da un miliardo (1966, Gianni Puccini), 99
Bambini ci guardano, I (1943, Vittorio De Sica), 42
Bambino e il poliziotto, Il (1989, Carlo Verdone), 152
Bambole, Le (1965, Dino Risi, Luigi Comencini, Franco Rossi, Mauro Bolognini), 94
Bambolona, La (1968, Franco Giraldi), 85
Banda degli onesti, La (1956, Camillo Mastrocinque), 60
Bandolero stanco, Il (1952, Fernando Cerchio), 57
Basilischi, I (1963, Lina Wertmüller), 125
Basta! Ci faccio un film (1990, Luciano Emmer), 65
Basta guardarla (1971, Luciano Salce), 121
Batticuore (1939, Mario Camerini), 24, 31
Beati i ricchi (1972, Salvatore Samperi), 134
Bella di Roma, La (1955, Luigi Comencini), 69
Bella mugnaia, La (1955, Mario Camerini), 64
Bella vita, La (1994, Paolo Virzì), 169
Belle al bar (1994, Alessandro Benvenuti), 155
Belle famiglie, Le (1965, Ugo Gregoretti), 94
Belle ma povere (1957, Dino Risi), 68
Belle o brutte si sposan tutte... (1939, Carlo Ludovico Bragaglia), 27
Bellezze in bicicletta (1951, Carlo Campogalliani), 58
Bellezze in motoscooter (1952, Carlo Campogalliani), 63
Bello mio, bellezza mia (1981, Sergio Corbucci), 148
Bello, onesto, emigrato Australia sposerebbe compaesana illibata (1971, Luigi Zampa), 21, 118

...Belpaese, Il (1977, Luciano Salce), 135
Benvenuti in casa Gori (1990, Alessandro Benvenuti), 155
Benvenuto, reverendo! (1949, Aldo Fabrizi), 56
Berlinguer ti voglio bene (1977, Giuseppe Bertolucci), 156
Bertoldo, Bertoldino e Cacasenno (1984, Mario Monicelli), 143
Bianca (1984, Nanni Moretti), 110, 163
Bianco, rosso e... (1972, Alberto Lattuada), 112
Bianco, rosso e Verdone (1981, Carlo Verdone), 152
Bidoni (1995, Felice Farina), 167
Bigamo, Il (1955, Luciano Emmer), 66
Bingo Bongo (1982, Pasquale Festa Campanile), 149
Bionda sottochiave (1939, Camillo Mastrocinque), 34
Birichino di papà, Il (1943, Raffaello Matarazzo), 28
Bisarca, La (1950, Giorgio C. Simonelli), 56
Bisbetico domato, Il (1980, Castellano & Pipolo), 129
Bluff, storia di truffe e di imbroglioni (1976, Sergio Corbucci), 129 n.
Boccaccio (1972, Bruno Corbucci), 132
Boccaccio '70 (1962, Mario Monicelli, Federico Fellini, Luchino Visconti, Vittorio De Sica), 94, 101 n.
Bollenti spiriti (1981, Giorgio Capitani), 128
Bonnie e Clyde all'italiana (1982, Steno), 146
Bonus Malus (1993, Vito Zagarrio), 165
Boom, Il (1963, Vittorio De Sica), 85, 90, 109
Bordella (1975, Pupi Avati), 126
Borghese piccolo piccolo, Un (1977, Mario Monicelli), 8, 120
Borotalco (1982, Carlo Verdone), 152
Botta di vita, Una (1987, Enrico Oldoini), 144

179

Botta e risposta (1950, Mario Soldati), 56
Braghe del padrone, Le (1978, Flavio Mogherini), 126
Brancaleone alle crociate (1970, Mario Monicelli), 97
Brevi amori a Palma di Majorca (1959, Giorgio Bianchi), 95
Bruciati da cocente passione (1976, Giorgio Capitani), 128
Bruna indiavolata, Una (1951, Carlo Ludovico Bragaglia), 58
Brutti, sporchi e cattivi (1976, Ettore Scola), 115, 137
Bugiarda, La (1965, Luigi Comencini), 89
Buone notizie (1979, Elio Petri), 186
Buongiorno, elefante! (1952, Gianni Franciolini), 49
Buon Natale... Buon Anno (1989, Luigi Comencini), 146, 147
Burla di Fregoli, Una (1898), 12
Cafè chantant (1953, Camillo Mastrocinque), 56
Cafè Express (1980, Nanni Loy), 114
Cambiale, La (1959, Camillo Mastrocinque), 61
Cambio della guardia, Il (1962, Giorgio Bianchi), 82
Camera d'albergo (1981, Mario Monicelli), 139
Camerieri (1995, Leoni Pompucci), 169
Cammelli, I (1988, Giuseppe Bertolucci), 166
Campo de' fiori (1943, Mario Bonnard), 41
Canzone dell'amore, La (1930, Gennaro Righelli), 43
Cappello a tre punte, Il (1935, Mario Camerini), 32, 38, 39, 64
Cappotto, Il (1952, Alberto Lattuada), 73
Capriccio all'italiana (1968, Steno, Luigi Bolognini, Pier Paolo Pasolini, Pino Zac), 100, 104, 121
Carabbinieri, I (1981, Francesco Massaro), 142
Carabiniere a cavallo, Il (1961, Carlo Lizzani), 86

Caricatore, Il (1997, Eugenio Cappuccio, Massimo Gaudioso, Fabio Nunziata), 167
Cari fottutissimi amici (1994, Mario Monicelli), 141
Carmela è una bambola (1958, Gianni Puccini), 64
Carne, La (1991, Marco Ferreri), 145
Caro diario (1993, Nanni Moretti), 136, 163, 172
Caro papà (1979, Dino Risi), 120
Carro armato dell'8 settembre, Il (1960, Gianni Puccini), 81
Carrozza d'oro, La (1952, Jean Renoir), 39
Caruso Pascoski (1988, Francesco Nuti), 154
Casablanca, Casablanca (1985, Francesco Nuti), 154
Casa del peccato, La (1939, Max Neufeld), 27
Casa del sorriso, La (1991, Marco Ferreri), 147, 171
Casa mia casa mia... (1988, Neri Parenti), 148
Casanova '70 (1965, Mario Monicelli), 101 n.
Caso di coscienza, Un (1970, Gianni Grimaldi), 127
Casotto (1977, Sergio Citti), 127
Causa di divorzio (1972, Marcello Fondato), 93, 136
Cavalli si nasce (1989, Sergio Staino), 164
Cena, La (1998, Ettore Scola), 140
Cenerentola e il signor Bonaventura (1942, Sergio Tofano), 35
Centomila dollari (1940, Mario Camerini), 31
C'eravamo tanto amati (1974, Ettore Scola), 78, 123, 124, 136
Cercasi Gesù (1982, Luigi Comencini), 157
Certo, certissimo, anzi... probabile (1968, Marcello Fondato), 89
Che c'entriamo noi con la rivoluzione? (1972, Sergio Corbucci), 134

Che fine ha fatto Totò Baby? (1964, Ottavio Alessi), 104
Che ora è (1989, Ettore Scola), 141, 171
Chiari di luna (1988, Lello Arena), 153 n.
Chiedi la luna (1991, Giuseppe Piccioni), 165
Chiedo asilo (1979, Marco Ferreri), 145
Chi lavora è perduto (1963, Tinto Brass), 98
Chiromante, Il (1941, Oreste Biancoli), 37
Chi si ferma è perduto (1961, Sergio Corbucci), 103
Ciccio perdona... io no! (1968, Marcello Ciorciolini), 131
Ciclone, Il (1996, Leonardo Pieraccioni), 159, 171
Cielo è sempre più blu, Il (1995, Antonello Grimaldi), 169
Cina è vicina, La (1967, Marco Bellocchio), 99
Cinema d'altri tempi (1953, Steno), 57
Ci troviamo in galleria (1953, Mauro Bolognini), 58
Classe operaia va in Paradiso, La (1971, Elio Petri), 114, 136
Colpi di timone (1942, Gennaro Righelli), 39
Colpo di fulmine (1985, Marco Risi), 150
Colpo di stato (1969, Luciano Salce), 113
Comandante, Il (1963, Paolo Heusch), 86
Com'è dura l'avventura (1987, Flavio Mogherini), 144
Come fu che l'ingordigia rovinò il Natale a Cretinetti (1910), 17
Come perdere una moglie... e trovare un'amante (1978, Pasquale Festa Campanile), 128
Come persi la guerra (1947, Carlo Borghesio), 44, 48, 75
Come scopersi l'America (1950, Carlo Borghesio), 21, 48
Come sono buoni i bianchi (1988, Marco Ferreri), 144
Come te movi, te fulmino! (1958, Mario Mattoli), 57
Come una rosa al naso (1976, Franco Rossi), 117

Comiche, Le (1990, Neri Parenti), 149
Commedia del mio palco, La (1918, Lucio D'Ambra), 20
Commissario, Il (1962, Luigi Comencini), 86
Commissario Lo Gatto, Il (1986, Dino Risi), 141
Commissario Pepe, Il (1969, Ettore Scola), 110, 119
Compagni, I (1963, Mario Monicelli), 82, 110
Compagni di scuola (1988, Carlo Verdone), 152
Compagno Don Camillo, Il (1965, Luigi Comencini), 70
Complessi, I (1965, Dino Risi, Franco Rossi, Luigi Filippo D'Amico), 94
Comune senso del pudore, Il (1976, Alberto Sordi), 114
Congiuntura, La (1965, Ettore Scola), 86
Consigli per gli acquisti (1997, Sandro Baldoni), 168
Conte Max, Il (1957, Giorgio Bianchi), 31
Contestazione generale (1970, Luigi Zampa), 112
Conte Tacchia, Il (1982, Sergio Corbucci), 117
Continuavano a chiamarlo Trinità (1971, E. B. Clucher), 131
Controsesso (1964, Franco Rossi, Marco Ferreri, Renato Castellani), 94
Coppie, Le (1970, Mario Monicelli, Alberto Sordi, Vittorio De Sica), 114
Coraggio, Il (1955, Domenico Paolella), 59
Corazziere, Il (1960, Camillo Mastrocinque), 86
Così è la vita (1998, Aldo Baglio, Giovanni Storti, Giacomo Poretti), 160
Così parlò Bellavista (1984, Luciano De Crescenzo), 157
Costa Azzurra (1959, Vittorio Sala), 95
Cresceranno i carciofi a Mimongo (1996, Fulvio Ottaviano), 166
Cretinetti al buio (1920), 15
Cretinetti al cinematografo (1911), 17
Cretinetti antialcoolista (1911), 16

Cretinetti e gli stivali del brasiliano (1916), 17
Cretinetti prigioniero distinto (1910), 16
Cretinetti re dei poliziotti (1909), 15
Crimen (1960, Mario Camerini), 80, 132
Cuccagna, La (1962, Luciano Salce), 89
Culastrisce nobile veneziano (1976, Flavio Mogherini), 126
Cuore di cane (1976, Alberto Lattuada), 126
Cuori al verde (1996, Giuseppe Piccioni), 165
Cuori nella tormenta (1984, Enrico Oldoini), 153 n.
Cuori solitari (1970, Franco Giraldi), 93
Dagobert (1984, Dino Risi), 143
Da grande (1987, Franco Amurri), 162
Dama bianca, La (1938, Mario Mattoli), 27
Darò un milione (1935, Mario Camerini), 33, 34
Destinazione Piovarolo (1955, Domenico Paolella), 51
Detenuto in attesa di giudizio (1971, Nanni Loy), 119, 136
Diavolo, Il (1963, Gian Luigi Polidoro), 95, 109
Dieci minuti di vita (1945, Leo Longanesi, Nino Giannini), 43
Dimmi che fai tutto per me (1976, Pasquale Festa Campanile), 128
Dio li fa e poi li accoppia (1982, Steno), 148
Dio perdona... io no! (1967, Giuseppe Colizzi), 131
Disco volante, Il (1964, Tinto Brass), 98
Divorzio all'italiana (1961, Pietro Germi), 75, 78, 90, 92, 109
Dolci signore, Le (1967, Luigi Zampa), 94
Domani accadrà (1988, Daniele Luchetti), 164
Domani si balla (1982, Maurizio Nichetti), 162
Domenica d'agosto, Una (1950, Luciano Emmer), 32, 65, 127

Domenica d'estate, Una (1962, Giulio Petroni), 76
Domenica è sempre domenica (1958, Camillo Mastrocinque), 74
Domestico, Il (1974, Luigi Filippo D'Amico), 127
Donatella (1956, Mario Monicelli), 68, 76
Don Camillo (1952, Julien Duvivier), 70
Don Camillo e i giovani d'oggi (1972, Mario Camerini), 70
Don Camillo e l'onorevole Peppone (1955, Carmine Gallone), 70
Don Camillo monsignore... ma non troppo (1961, Carmine Gallone), 70
Don Chisciotte e Sancio Panza (1968, Gianni Grimaldi), 107
Don Giovanni in Sicilia (1966, Alberto Lattuada), 127
Donna è una cosa meravigliosa, La (1964, Mauro Bolognini), 94
Donna scimmia, La (1963, Marco Ferreri), 98
Donne con le gonne (1991, Francesco Nuti), 154
Dopo divorzieremo (1940, Nunzio Malasomma), 24
Dora Nelson (1939, Mario Soldati), 15, 28
Dottor Jekyll e gentile signora (1979, Steno), 135
Dov'è la libertà...? (1954, Roberto Rossellini), 74
Dove vai in vacanza? (1978, Mauro Bolognini, Luciano Salce, Alberto Sordi), 114
Dramma della gelosia: tutti i particolari in cronaca (1970, Ettore Scola), 115, 136
Due assi del guantone, I (1971, Mariano Laurenti), 107
Due carabinieri, I (1984, Carlo Verdone), 152
Due colonnelli, I (1962, Steno), 104
Due compari, I (1954, Carlo Borghesio), 60
Due cuori felici (1932, Baldassarre Negroni), 25

Due cuori fra le belve (1943, Giorgio Simonelli), 51
Due deputati, I (1968, Gianni Grimaldi), 107
Due figli di Ringo, I (1966, Giorgio Simonelli), 107
Due mafiosi, I (1963, Giorgio Simonelli), 107
Due mafiosi contro Goldginger (1965, Giorgio Simonelli), 107
Due marescialli, I (1962, Sergio Corbucci), 101
Due marines e un generale (1965, Luigi Scattini), 107
Due mogli sono troppe (1951, Mario Camerini), 47
Due orfanelli, I (1947, Mario Mattoli), 51, 79
Due parà, I (1966, Lucio Fulci), 107
Due pezzi di pane (1978, Sergio Citti), 127
Due soldi di speranza (1952, Renato Castellani), 63, 75
Due vite di Mattia Pascal, Le (1985, Mario Monicelli), 141
Durante l'estate (1971, Ermanno Olmi), 100
È arrivato il cavaliere! (1950, Steno), 58
Eat it (1969, Francesco Casaretti), 134
Ecce bombo (1978, Nanni Moretti), 163
Eccezzziunale... veramente (1982, Carlo Vanzina), 150
Ecco noi per esempio (1977, Sergio Corbucci), 134
È l'amor che mi rovina (1951, Mario Soldati), 57
Emigrante, L' (1973, Pasquale Festa Campanile), 133
È più facile che un cammello... (1950, Luigi Zampa), 49
È primavera (1949, Renato Castellani), 47
Era lei che lo voleva (1953, Marino Girolami, Giorgio C. Simonelli), 57
Era lui... sì! sì! (1951, Vittorio Metz, Marcello Marchesi), 57
Eravamo sette sorelle (1937, Nunzio Malasomma), 27

Eredità dello zio buonanima, L' (1934, Amleto Palermi), 38
Eroe dei nostri tempi, Un (1955, Mario Monicelli), 78
Eroe della strada, L' (1948, Carlo Borghesio), 48
Eroe sono io, L' (1952, Carlo Ludovico Bragaglia), 57
Er più, storia d'amore e di coltello (1971, Sergio Corbucci), 132
EsCoriandoli (1996, Antonio Rezza, Flavia Mastrella), 168
Ettaro di cielo, Un (1958, Aglauco Casadio), 64
Europa di notte (1959, Alessandro Blasetti), 56
Facciamo paradiso (1995, Mario Monicelli), 141
Fai in fretta ad uccidermi... ho freddo! (1968, Francesco Maselli), 99
Famiglia, La (1987, Ettore Scola), 140, 171
Famiglia Passaguai, La (1951, Aldo Fabrizi), 56
Famiglia Passaguai fa fortuna, La (1952, Aldo Fabrizi), 56
Fanciullo del West, Il (1942, Giorgio Ferroni), 37
Fantasmi a Roma (1961, Antonio Pietrangeli), 97
Fantozzi (1975, Luciano Salce), 134
Fantozzi alla riscossa (1990, Neri Parenti), 145
Fantozzi contro tutti (1980, Paolo Villaggio, Neri Parenti), 145
Fantozzi - Il ritorno (1996, Neri Parenti), 146
Fantozzi in Paradiso (1993, Neri Parenti), 145
Fantozzi subisce ancora (1983, Neri Parenti), 145
Fantozzi va in pensione (1988, Neri Parenti), 145
Le fate (1966, Luciano Salce, Mario Monicelli, Mauro Bolognini, Antonio Pietrangeli), 94
Fatto di sangue tra due uomini per causa di una vedova. Si sospettano moventi

politici (1978, Lina Wertmüller), 148
Fatto su misura (1985, Francesco Laudadio), 166
Federale, Il (1961, Luciano Salce), 22, 81, 86
Fellini Satyricon (1969, Federico Fellini), 116
Ferie d'agosto (1996, Paolo Virzì), 170
Fermate il mondo... voglio scendere (1970, Giancarlo Cobelli), 127
Fermi tutti, arrivo io! (1953, Sergio Grieco), 58
Fermo con le mani (1937, Gero Zambuto), 40
Feroce Saladino, Il (1937, Mario Bonnard), 38
F.F.S.S., cioè che mi hai portato a fare sopra a Posillipo se non mi vuoi più bene? (1983, Renzo Arbore), 156
Fiat Voluntas Dei (1935, Amleto Palermi), 38
Fichissimi, I (1981, Carlo Vanzina), 150
Fidanzato di mia moglie, Il (1943, Carlo Ludovico Bragaglia), 27
Fifa e arena (1948, Mario Mattoli), 52
Figaro e la sua gran giornata (1931, Mario Camerini), 31
Figaro qua, Figaro là (1950, Carlo Ludovico Bragaglia), 52
Figli di Annibale (1998, Davide Ferrario), 167
Film d'amore e d'anarchia ovvero: stamattina alle 10 in Via dei Fiori nella nota casa di tolleranza (1973, Lina Wertmüller), 125, 136
Finché c'è guerra c'è speranza (1974, Alberto Sordi), 117
Fine del mondo nel nostro solito letto in una notte piena di pioggia, La (1978, Lina Wertmüller), 126
Finte bionde, Le (1989, Carlo Vanzina), 151
Finto storpio del castello, Il (1896, Italo Pacchioni), 11
Fischio al naso, Il (1967, Ugo Tognazzi), 98
Fortuna di essere donna, La (1956, Alessandro Blasetti), 66

Forza Italia! (1977, Roberto Faenza), 164
Fracchia contro Dracula (1985, Neri Parenti), 146
Fracchia la belva umana (1981, Neri Parenti), 146
Fratelli d'Italia (1989, Neri Parenti), 148
Fregoli al caffè (1898, Leopoldo Fregoli), 12
Fregoli dietro le quinte (1898 ca., Leopoldo Fregoli), 12
Fregoli dopo morto (1899 ca., Leopoldo Fregoli), 12
Fregoli illusionista (1899 ca., Leopoldo Fregoli), 12
Fumo di Londra (1966, Alberto Sordi), 95
Fuochi d'artificio (1997, Leonardo Pieraccioni), 159, 160
Furto è l'anima del commercio?!..., Il (1971, Bruno Corbucci), 132
Gallo cedrone (1998, Carlo Verdone), 152
Gatto, Il (1977, Luigi Comencini), 120
Gaucho, Il (1964, Dino Risi), 96, 109
Generale dorme in piedi, Il (1972, Francesco Massaro), 142
Giallo napoletano (1978, Sergio Corbucci), 126
Giorni d'amore (1955, Giuseppe De Santis), 64
Giorno di nozze (1942, Raffaello Matarazzo), 27
Giorno in pretura, Un (1953, Steno), 66, 72
Giorno più corto, Il (1963, Sergio Corbucci), 107
Giovani e belli (1986, Dino Risi), 141
Giovani mariti (1958, Mauro Bolognini), 69
Giovannona Coscialunga, disonorata con onore (1973, Sergio Martino), 130
Giovedì, Il (1963, Dino Risi), 84
Girotondo di undici lancieri, Il (1919, Lucio D'Ambra), 20
Giudizio universale, Il (1961, Vittorio De Sica), 98
Grande abbuffata, La (1973, Marco Ferreri), 126

INDICE DEI FILM

Grande guerra, La (1959, Mario Monicelli), 21, 81, 109
Grand Hotel Excelsior (1982, Castellano & Pipolo), 129
Grandi magazzini, I (1939, Mario Camerini), 31
Gran varietà (1954, Domenico Paolella), 56
Grog (1982, Francesco Laudadio), 166
Guardia del corpo, La (1942, Carlo Ludovico Bragaglia), 27
Guardia, guardia scelta, brigadiere e maresciallo (1956, Mauro Bolognini), 67
Guardia, ladro e cameriera (1958, Steno), 79
Guardie e ladri (1951, Steno), 73, 102
Hanno rubato un tram (1954, Aldo Fabrizi), 56
Ho fatto splash (1980, Maurizio Nichetti), 161
Homo eroticus (1971, Marco Vicario), 127
Ho vinto la lotteria di Capodanno (1989, Neri Parenti), 146
Ieri, oggi, domani (1963, Vittorio De Sica), 94, 109
Illustre attrice Cicala Formica, L' (1920, Lucio D'Ambra), 20
I love you (1986, Marco Ferreri), 145
Immorale, L' (1967, Pietro Germi), 92
Imperatore di Capri, L' (1949, Luigi Comencini), 74
Impiegato, L' (1959, Gianni Puccini), 87, 135
Impressioni di Ermete Novelli (1899 ca., Leopoldo Fregoli), 12
Imputato, alzatevi! (1939, Mario Mattoli), 16, 36
Inafferrabile 12, L' (1950, Mario Mattoli), 57
Incensurato provata disonestà carriera assicurata cercasi (1972, Marcello Baldi), 113
Incontri proibiti (1998, Alberto Sordi), 143
Infermiera, L' (1975, Nello Rossati), 130
Ingorgo, L' (1979, Luigi Comencini), 8, 119, 142

Innamorati, Gli (1955, Mauro Bolognini), 67
Innamorato pazzo (1981, Castellano & Pipolo), 129
In nome del papa re (1977, Luigi Magni), 116
In nome del popolo italiano (1971, Dino Risi), 119
In nome del popolo sovrano (1990, Luigi Magni), 117
Insegnante, L' (1975, Nando Cicero), 130
In viaggio con papà, (1982, Alberto Sordi), 152
Io, Chiara e lo Scuro (1983, Maurizio Ponzi), 154
Io e mia sorella (1987, Carlo Verdone), 152
Io, io, io... e gli altri (1966, Alessandro Blasetti), 95
Io la conoscevo bene (1965, Antonio Pietrangeli), 88
Io non scappo... fuggo (1970, Franco Prosperi), 132
Io non vedo, tu non parli, lui non sente (1971, Mario Camerini), 132
Io, Peter Pan (1990, Enzo Decaro), 153 n.
Io so che tu sai che io so (1982, Alberto Sordi), 143
Io sono il Capataz (1950, Giorgio C. Simonelli), 57
Io sono un autarchico (1977, Nanni Moretti), 163
Io speriamo che me la cavo (1992, Lina Wertmüller), 142
Io sto con gli ippopotami (1979, Italo Zingarelli), 131
Italia-Germania 4-3 (1990, Andrea Barzini), 165
Italiani (1996, Maurizio Ponzi), 166
Italiano in America, Un (1967, Alberto Sordi), 95
Italian Secret Service (1967, Luigi Comencini), 99
Italia s'è rotta, L' (1976, Steno), 132
Ivo il tardivo (1995, Alessandro Benvenuti), 155

185

Johnny Stecchino (1991, Roberto Begnini), 156
Kamikazen - Ultima notte a Milano (1987, Gabriele Salvatores), 158
Kri-Kri domestico (1913), 18
Ladri di saponette (1989, Maurizio Nichetti), 162
Ladrone, Il (1980, Pasquale Festa Campanile), 116
Laureati, I (1995, Leonardo Pieraccioni), 159, 160
Legge è legge, La (1958, Christian-Jaque), 101
Leoni al sole (1961, Vittorio Caprioli), 125
Letti selvaggi (1979, Luigi Zampa), 127
Letto a tre piazze (1960, Steno), 103
Lo chiamavano Trinità (1970, E. B. Clucher), 131
Lohengrin (1935, Nunzio Malasomma), 27
Lo vedi come sei... Lo vedi come sei?! (1939, Mario Mattoli), 37
Luci del varietà (1950, Alberto Lattuada, Federico Fellini), 58
Luna e l'altra (1996, Maurizio Nichetti), 162
Macario contro Zagomar (1943, Giorgio Ferroni), 37
Maccheroni (1985, Ettore Scola), 144
Maciste innamorato (1919, Luigi Romano Borgnetto), 131
Maciste in vacanza (1921, Luigi Romano Borgnetto), 131
Maddalena zero in condotta (1941, Vittorio De Sica), 42
Made in Italy (1965, Nanni Loy), 95
Madonna che silenzio c'è stasera (1982, Maurizio Ponzi), 154
Maestro di Vigevano, Il (1963, Elio Petri), 87
Mafioso (1962, Alberto Lattuada), 87
Magic moments (1984, Luciano Odorisio), 165
Magi randagi, I (1996, Sergio Citti), 145
Magnifico cornuto, Il (1964, Antonio Pietrangeli), 91

Malato immaginario, Il (1979, Tonino Cervi), 149
Maledetto il giorno che t'ho incontrato (1991, Carlo Verdone), 152
Male oscuro, Il (1990, Mario Monicelli), 141
Malizia (1973, Salvatore Samperi), 130
Mamma mia, che impressione! (1951, Roberto Savarese), 71
Mandragola, La (1965, Alberto Lattuada), 96
Mani di fata (1983, Steno), 148
Mani di velluto (1979, Castellano & Pipolo), 129
Ma non è una cosa seria! (1936, Mario Camerini), 31
Mantenuto, Il (1961, Ugo Tognazzi), 87
Maracatumba, ma non è una rumba (1949, Edmondo Lozzi), 55
Marchese del Grillo, Il (1981, Mario Monicelli), 117, 171
Marcia nuziale (1965, Mario Bonnard), 98
Marcia su Roma, La (1962, Dino Risi), 22, 82
Mario, Maria e Mario (1993, Ettore Scola), 141
Marisa la civetta (1957, Mauro Bolognini), 68
Mariti in città (1957, Luigi Comencini), 69
Marito, Il (1958, Nanni Loy, Gianni Puccini), 89
Marito che gettò la moglie dalla finestra, Il (1918, Lucio D'Ambra), 20
Marrakech Express (1989, Gabriele Salvatores), 158, 159
Marziani hanno dodici mani, I (1963, Castellano & Pipolo), 129
Matriarca, La (1968, Pasquale Festa Campanile), 99
Matrimoni (1998, Cristina Comencini), 150
Matrimonio all'italiana (1964, Vittorio De Sica), 91, 110
Mattatore, Il (1959, Dino Risi), 80
La mazurka del barone, della santa e del fico fiorone (1974, Pupi Avati), 126

Mazzetta, La (1978, Sergio Corbucci), 126
Medico dei pazzi, Il (1954, Mario Mattoli), 53
Medico della mutua, Il (1968, Luigi Zampa), 87
Medico e lo stregone, Il (1957, Mario Monicelli), 64
Mediterraneo (1991, Gabriele Salvatores), 44, 158, 172
Ménage all'italiana (1965, Franco Indovina), 92
Merlo maschio, Il (1971, Pasquale Festa Campanile), 99, 127, 130
Messa è finita, La (1985, Nanni Moretti), 163
Metalmeccanico e parrucchiera in un turbine di sesso e politica (1996, Lina Wertmüller), 143
Metodo di Cretinetti per la rigenerazione dell'umanità, Il (1916), 17
Mia moglie è una strega (1980, Castellano & Pipolo), 129
Mia signora, La (1964, Tinto Brass, Luigi Comencini, Mauro Bolognini), 94
Milano miliardaria (1951, Marcello Marchesi, Vittorio Metz), 58
Mille bolle blu (1993, Leone Pompucci), 169, 171
1000 chilometri al minuto (1940, Mario Mattoli), 27
Mille lire al mese (1939, Max Neufeld), 27
Mi manda Picone (1983, Nanni Loy), 144
Mimì fiore del porto (1920, Lucio D'Ambra), 20
Mimì metallurgico ferito nell'onore (1972, Lina Wertmüller), 125, 127
Minestrone, Il (1981, Sergio Citti), 145
Mio amico Benito, Il (1962, Giorgio Bianchi), 82
Mio amico Jekyll, Il (1960, Marino Girolami), 106
Mio Dio, come sono caduta in basso! (1974, Luigi Comencini), 127
Mio figlio professore (1946, Renato Castellani), 47

Miracolo a Milano (1951, Vittorio De Sica), 34, 48, 50, 64, 75, 98, 115
Miseria e nobiltà (1954, Corrado D'Errico), 53
Mistero di Bellavista, Il (1985, Luciano De Crescenzo), 157
Moglie americana, Una (1965, Gian Luigi Polidoro), 95
Moglie del prete, La (1970, Dino Risi), 112
Moglie giapponese?, Una (1968, Gian Luigi Polidoro), 95
Mogli pericolose (1958, Luigi Comencini), 69
Monaco di Monza, Il (1963, Sergio Corbucci), 102
Mondo nuovo, Il (1982, Ettore Scola), 143
Monello della strada, Il (1951, Carlo Borghesio), 56
Montecarlo Gran Casinò (1987, Carlo Vanzina), 151
Moralista, Il (1959, Giorgio Bianchi), 87
Mordi e fuggi (1973, Dino Risi), 120
Mortacci (1989, Sergio Citti), 145
Mortadella, La (1971, Mario Monicelli), 118
Mostri, I (1963, Dino Risi), 84, 930, 120, 121, 171
Mostro, Il (1977, Luigi Zampa), 120
Mostro, Il (1994, Roberto Benigni), 156
Musica in piazza (1936, Mario Mattoli), 36
Napoleone (1951, Carlo Borghesio), 57
Napoletani a Milano (1953, Eduardo De Filippo), 73
Napoli milionaria (1950 Eduardo De Filippo), 73
Nata di marzo (1958, Antonio Pietrangeli), 88
Natale al Campo 119 (1947, Pietro Francisci), 48
Nel continente nero (1992, Marco Risi), 150
Nell'anno del Signore (1969, Luigi Magni), 116
Nerone (1930, Alessandro Blasetti), 38
Nessuno è perfetto (1981, Pasquale Festa Campanile), 148

Nestore - L'ultima corsa (1994, Alberto Sordi), 147
Ninì Tirabusciò, la donna che inventò la mossa (1970, Marcello Fondato), 129 n.
No, grazie, il caffè mi rende nervoso (1982, Lodovico Gasparini), 153 n.
Noi donne siamo fatte così (1971, Dino Risi), 127
Noi siamo due evasi (1959, Giorgio C. Simonelli), 106
Non ci resta che piangere (1984, Massimo Troisi, Roberto Benigni), 156
Non è vero... ma ci credo! (1952, Sergio Grieco), 60
Non me lo dire! (1940, Mario Mattoli), 37
Non mi muovo! (1943, Giorgio C. Simonelli), 39
Nonna Sabella, La (1957, Dino Risi), 64, 65
Non perdiamo la testa (1959, Mario Mattoli), 106
Non ti conosco più amore, (1980, Sergio Corbucci), 129 n.
Non ti pago! (1942, Carlo Ludovico Bragaglia), 39
Non toccare la donna bianca (1974, Marco Ferreri), 126
Nostri mariti, I (1966, Luigi Zampa, Dino Risi, Luigi Filippo D'Amico), 94
Nottataccia (1992, Duccio Camerini), 165
Notte d'estate con profilo greco, occhi a mandorla e odore di basilico (1986, Lina Wertmüller), 142
Notte italiana (1987, Carlo Mazzacurati), 164
Nudo di donna (1981, Nino Manfredi), 143
Nuovi mostri, I (1977, Ettore Scola, Dino Risi, Mario Monicelli), 121, 137
Occhio alla perestrojka (1990, Castellano & Pipolo), 148
OcchioPinocchio (1994, Francesco Nuti), 154
Odio le bionde (1980, Giorgio Capitani), 122
Oggi, domani, dopodomani (1965, Marco Ferreri, Eduardo De Filippo, Luciano Salce), 94

Oggi sposi (1934, Guido Brignone), 32
Oh, Serafina! (1976, Alberto Lattuada), 133
O.K. Nerone (1951, Mario Soldati), 57
O la borsa o la vita (1933, Carlo Ludovico Bragaglia), 35
Ombrellone, L' (1966, Dino Risi), 86
Omicron (1964, Ugo Gregoretti), 98
Onorata società, L' (1961, Riccardo Pazzaglia), 107
Onorevole Angelina, L' (1947, Luigi Zampa), 47, 75
Onorevoli, Gli (1963, Sergio Corbucci), 103
'O re (1988, Luigi Magni), 117
Ore dell'amore, Le (1963, Luciano Salce), 91
Ore 9: lezione di chimica (1941, Mario Mattoli), 28
Oro di Napoli, L' (1954, Vittorio De Sica), 74
Ovosodo (1997, Paolo Virzì), 170
Pacco, doppio pacco e contropaccotto (1993, Nanni Loy), 144
Padre di famiglia, Il (1967, Nanni Loy), 92, 104
Padri e figli (1957, Mario Monicelli), 69, 76
Padrone e l'operaio, Il (1975, Steno), 134
Palombella rossa (1989, Nanni Moretti), 163
Pane, amore e... (1955, Dino Risi), 64
Pane, amore e fantasia (1953, Luigi Comencini), 63
Pane, amore e gelosia (1954, Luigi Comencini), 64
Pane, burro e marmellata (1977, Giorgio Capitani), 128
Pane e cioccolata (1974, Franco Brusati), 114, 136
Paolo Barca, maestro elementare, praticamente nudista (1975, Flavio Mogherini), 133
Papà diventa mamma (1952, Aldo Fabrizi), 56
Pap'occhio, Il (1980, Renzo Arbore), 156
Pappagalli, I (1956, Bruno Paolinelli), 67

INDICE DEI FILM

Paprika (1933, Carl Boese), 27
Parenti serpenti (1992, Mario Monicelli), 147
Parigi è sempre Parigi (1951, Luciano Emmer), 65, 95
Parigi o cara (1962, Vittorio Caprioli), 96
Parmigiana, La (1963, Antonio Pietrangeli), 88
Parola di ladro (1957, Gianni Puccini, Nanni Loy), 67
Pasqualino Settebellezze (1975, Lina Wertmüller), 125, 137
Passeggiata, La (1953, Renato Rascel), 73
Patata bollente, La (1979, Steno), 134
Paura degli aeromobili nemici, La (1915), 17
Pazzo d'amore (1943, Giacomo Gentilomo), 36
Peccato che sia una canaglia (1955, Alessandro Blasetti), 66
Pecora nera, La (1968, Luciano Salce), 113
Pensaci, Giacomino! (1936, Gennaro Righelli), 38
Pensavo fosse amore, invece era un calesse (1991, Massimo Troisi), 153
Per amare Ofelia (1974, Flavio Mogherini), 133
Per amore solo per amore (1993, Giovanni Veronesi), 155
Perdiamoci di vista (1994, Carlo Verdone), 152
Per grazia ricevuta (1971, Nino Manfredi), 112
Permette? Rocco Papaleo (1971, Ettore Scola), 117
Permettete, signora, che ami vostra figlia? (1974, Gian Luigi Polidoro), 75
Petomane, Il (1983, Pasquale Festa Campanile), 143
Petrolini disperato per eccesso di buonumore (1913), 13
Picari, I (1987, Mario Monicelli), 143
Pica sul Pacifico, La (1959, Roberto Bianchi Montero), 105
Piccola posta (1955, Steno), 72
Piccoli equivoci (1988, Ricky Tognazzi), 150

Piccolo diavolo, Il (1988, Roberto Benigni), 156
Piedone lo sbirro (1973, Steno), 131
Pierino contro tutti (1981, Marino Girolami), 149
Pirata sono io!, Il (1940, Mario Mattoli), 37
Piso Pisello (1981, Peter Del Monte), 162
Più bella serata della mia vita, La (1972, Ettore Scola), 118
Più bello di così si muore (1984, Pasquale Festa Campanile), 148
Più comico spettacolo del mondo, Il (1953, Mario Mattoli), 52
Più forte ragazzi! (1972, Giuseppe Colizzi), 131
Policarpo ufficiale di scrittura (1959, Mario Soldati), 73
Polidor e i gatti (1913), 14
Polidor ruba un'oca (1910), 14
Polvere di stelle (1973, Alberto Sordi), 121
Pompieri, I (1985, Neri Parenti), 149
Pompieri di Viggiù, I (1949, Mario Mattoli), 55
Porca vacca (1982, Pasquale Festa Campanile), 148
Porgi l'altra guancia (1974, Franco Rossi), 131
Portaborse, Il (1991, Daniele Luchetti), 164
Postino, Il (1994, Michael Radford), 153
Posto, Il (1961, Ermanno Olmi), 100
Poveri ma belli (1956, Dino Risi), 68, 69, 141
Poveri milionari (1958, Dino Risi), 68, 69
Povero ricco, Un (1993, Pasquale Festa Campanile), 148
Presidentessa, La (1952, Luciano Salce), 90
Prestazione straordinaria (1994, Sergio Rubini), 165
Prete sposato, Il (1970, Marco Vicario), 112
Pretora, La (1976, Lucio Fulci), 130
Prima che sia troppo presto (1981, Enzo Decaro), 153 n.

189

Prima comunione (1950, Alessandro Blasetti), 66, 75
Primo amore (1978, Dino Risi), 122
Profeta, Il (1968, Dino Risi), 88
Profumo di donna (1974, Dino Risi), 118, 136, 142
Pronto, chi parla? (1945, Carlo Ludovico Bragaglia), 46
Puerto Escondido (1992, Gabriele Salvatores), 159
Proprietà non è più un furto, La (1973, Elio Petri), 126
Qua la mano (1980, Pasquale Festa Campanile), 148
Quando le donne avevano la coda (1970, Pasquale Festa Campanile), 116
Quando le donne persero la coda (1972, Pasquale Festa Campanile), 116
40 gradi all'ombra del lenzuolo (1976, Sergio Martino), 128
47 morto che parla (1950, Carlo Ludovico Bragaglia), 53
Quattro monaci, I (1962, Carlo Ludovico Bragaglia), 104
Quattro passi fra le nuvole (1942, Alessandro Blasetti), 41
Quei due (1935, Gennaro Righelli), 39
Questa volta parliamo di uomini (1965, Lina Wertmüller), 125
Questione d'onore, Una (1966, Luigi Zampa), 90
Questi ragazzi (1937, Mario Mattoli), 27
Racconti romani (1955, Gianni Franciolini), 69
Rag. Arturo De Fanti bancario precario (1980, Luciano Salce), 146
Ragazza con la pistola, La (1968, Mario Monicelli), 95, 110
Ragazza del bersagliere, La (1967, Alessandro Blasetti), 97
Ragazze di Piazza di Spagna, Le (1952, Luciano Emmer), 65
Ragazze di San Frediano, Le (1954, Valerio Zurlini), 67
Ragazzo e una ragazza, Un (1983, Marco Risi), 150

Ras del quartiere, Il (1983, Carlo Vanzina), 150
Rascel-fifì (1957, Guido Leoni), 57
Rascel marine (1958, Guido Leoni), 57
Ratataplan (1979, Maurizio Nichetti), 161
Re, le torri, gli alfieri, Il (1916, Lucio D'Ambra), 20
Ricomincio da tre (1981, Massimo Troisi), 153
Rimini Rimini (1987, Sergio Corbucci), 148
Rimpatriata, La (1963, Damiano Damiani), 85, 109
Risate di gioia (1960, Mario Monicelli), 101
Rita, la figlia americana (1965, Piero Vivarelli), 104
Ritorno a casa Gori (1996, Alessandro Benvenuti), 155
Ritorno di Don Camillo, Il (1953, Julien Duvivier), 70
Riusciranno i nostri eroi a ritrovare l'amico misteriosamente scomparso in Africa? (1968, Ettore Scola), 96
Roba da ricchi (1987, Sergio Corbucci), 148
Ro.Go.Pa.G. (1963, Roberto Rossellini, Jean-Luc Godard, Pier Paolo Pasolini, Ugo Gregoretti), 86
Roma città libera (1946, Marcello Pagliero), 47
Romanzo di un giovane povero, Il (1995), 141
Romanzo popolare (1974, Mario Monicelli), 115, 170
Rosa per tutti, Una (1967, Erasmo Rossi), 89
Rose scarlatte (1940, Vittorio De Sica), 27
Rossini! Rossini! (1991, Mario Monicelli), 141
Rotaie (1931, Mario Camerini), 20
Ruba al prossimo tuo (1970, Francesco Maselli), 99
Rugantino (1973, Pasquale Festa Campanile), 133
Sacco bello, Un (1980, Carlo Verdone), 152

190

INDICE DEI FILM

San Giovanni decollato (1940, Amleto Palermi), 40, 51
Sapore di mare (1983, Carlo Vanzina), 150
Satiricosissimo (1970, Mariano Laurenti), 107
Satyricon (1969, Gian Luigi Polidoro), 116
Saxofone (1978, Renato Pozzetto), 133
Sballato, gasato, completamente fuso (1982, Steno), 150
Scacco alla regina (1969, Paquale Festa Campanile), 99
Scadenza trenta giorni (1945, Luigi Giacosi), 43
Scapolo, Lo (1956, Antonio Pietrangeli), 73
Sceicco bianco, Lo (1952, Federico Fellini), 57, 71
Scemo di guerra (1985, Dino Risi), 141, 157
Sceriffa, La (1959, Roberto Bianchi Montero), 105
Scherzo del destino in agguato dietro l'angolo come un brigante di strada (1983, Lina Wertmüller), 142
Schiava io ce l'ho e tu no, La (1973, Giorgio Capitani), 127
Sciopèn (1982, Luciano Odorisio), 165
Scipione detto anche l'Africano (1971, Luigi Magni), 117
Scopone scientifico, Lo (1972, Luigi Comencini), 114
Scuola, La (1995, Daniele Luchetti), 164
Scuola dei timidi, La (1941, Carlo Ludovico Bragaglia), 34
Scuola di ladri (1986, Neri Parenti), 149
Scusate il ritardo (1983, Massimo Troisi), 153
Scusi, lei è favorevole o contrario? (1966, Alberto Sordi), 92
Seconda B (1934, Goffredo Alessandrini), 28
Secondo Ponzio Pilato (1987, Luigi Magni), 117
Secondo tragico Fantozzi, Il (1976, Luciano Salce), 134

Sedotta e abbandonata (1964, Pietro Germi), 91, 110
Sedotti e bidonati (1964, Giorgio Bianchi), 107
Seduttore, Il (1954, Franco Rossi), 73
Segno di Venere, Il (1955, Dino Risi), 67, 96
Segretaria privata, La (1931, Goffredo Alessandrini), 26
Se io fossi onesto (1942, Carlo Ludovico Bragaglia), 27
Se lo scopre Gargiulo (1988, Elvio Porta), 144
Sembra morto... ma è solo svenuto (1986, Felice Farina), 167
Senza famiglia nullatenenti cercano affetto (1972, Vittorio Gassman), 126
Senza una donna (1943, Alfredo Guarini), 36
Se permettete parliamo di donne (1964, Ettore Scola), 94
Serafino (1968, Pietro Germi), 132
Sesso e volentieri (1982, Dino Risi), 127
Sessomatto (1973, Dino Risi), 127
Sette chili in sette giorni (1986, Luca Verdone), 161 n.
Sette ore di guai (1951, Vittorio Metz, Marcello Marchesi), 53
Settimana bianca, La (1980, Mariano Laurenti), 130
Settimana della sfinge, La (1990, Daniele Luchetti), 164
Siamo uomini o caporali? (1955, Camillo Mastrocinque), 55, 59, 75
Si chiude all'alba (1944, Nino Giannini), 43
Signora gioca bene a scopa?, La (1974, Giuliano Carnimeo), 130
Signore e signori (1966, Pietro Germi), 92, 110
Signore e signori buonanotte (1976, Luigi Comencini), 122, 135
Signori, in carrozza! (1951, Luigi Zampa), 56
Signori si nasce (1960, Mario Mattoli), 102
Signorina Ciclone, La (1916, Augusto Genina), 20

191

Signor Max, Il (1937, Mario Camerini), 31
Signor Quindicipalle, Il (1998, Maurizio Ponzi), 154
Silenzio si nasce (1996, Giovanni Veronesi), 155
Sindacalista, Il (1972, Luciano Salce), 113
Sistemo l'America e torno (1974, Nanni Loy), 117
Smemorato di Collegno, Lo (1962, Sergio Corbucci), 102
Sognando la California (1992, Carlo Vanzina), 151
Sogni d'oro (1981, Nanni Moretti), 163, 166, 171
Sogni mostruosamente proibiti (1982, Neri Parenti), 146
Sogni nel cassetto, I (1957, Renato Castellani), 69, 77
Sogno di Zorro, Il (1952, Mario Soldati), 57
Soldatessa alle grandi manovre, La (1978, Nando Cicero), 130
Sole negli occhi, Il (1953, Antonio Pietrangeli), 88
Soliti ignoti, I (1958, Mario Monicelli), 60, 74, 76, 79, 80, 100, 119, 123
Soliti ignoti vent'anni dopo, I (1985, Amanzio Todini), 139
Son contento (1983, Maurizio Ponzi), 154
Sono fotogenico (1980, Dino Risi), 122
Sono pazzo di Iris Blond (1996, Carlo Verdone), 152
Sono stato io! (1937, Raffaello Matarazzo), 39
Sono stato io (1973, Alberto Lattuada), 120
Sono un fenomeno paranormale (1985, Sergio Corbucci), 143
Sorpasso, Il (1962, Dino Risi), 83, 84, 86, 111, 118, 120, 152, 169
Sorprese dell'amore, Le (1959, Luigi Comencini), 69
Sotto il ristorante cinese (1987, Bruno Bozzetto), 162
Sotto il sole di Roma (1948, Renato Castellani), 47

Sotto... sotto... strapazzato da anomala passione (1984, Lina Wermüller), 142
Sottozero (1987, Gian Luigi Polidoro), 144
Souvenir d'Italie (1957, Antonio Pietrangeli), 32
Spaghetti House (1982, Giulio Paradisi), 144
Spara forte, più forte... non capisco (1966, Eduardo De Filippo), 99
Speriamo che sia femmina (1986, Mario Monicelli), 141
Spiaggia, La (1953, Alberto Lattuada), 71
Splendor (1989, Ettore Scola), 140
Stasera a casa di Alice (1990, Carlo Verdone), 152
State buoni se potete (1983, Luigi Magni), 117
Stefano Quantestorie (1993, Maurizio Nichetti), 162
Strana la vita (1988, Giuseppe Bertolucci), 166
Strane storie (1994, Sandro Baldoni), 168
Strano tipo, Uno (1963, Lucio Fulci), 132
Straziami ma di baci saziami (1968, Dino Risi), 115
Stregati (1986, Francesco Nuti), 154
Streghe, Le (1967, Luchino Visconti, Mauro Bolognini, Pier Paolo Pasolini, Franco Rossi, Vittorio De Sica), 94
Sturmtruppen (1976, Salvatore Samperi), 133
Sua Eccellenza si fermò a mangiare (1961, Mario Mattoli), 104
Successo, Il (1963, Mauro Morassi), 84
Sud (1993, Gabriele Salvatores), 159
Superfantozzi (1986, Neri Parenti), 145
Super-rapina a Milano (1964, Adriano Celentabno, Piero Vivarelli), 132
Susanna tutta panna (1957, Steno), 67, 79
Svedesi, Le (1960, Gian Luigi Polidoro), 95
Svitato, Lo (1955, Carlo Lizzani), 58

INDICE DEI FILM

T'amerò sempre (1933, Mario Camerini), 29, 31
Tartassati, I (1959, Steno), 102
Tassinaro, Il (1983, Alberto Sordi), 143
Tassinaro a New York, Un (1987, Alberto Sordi), 144
Taverna rossa (1940, Max Neufeld), 27
Tavola dei poveri, La (1932, Alessandro Blasetti), 32, 33
Telefoni bianchi (1976, Dino Risi),44, 123
Telefonista, La (1932, Nunzio Malasomma), 27
Tempi duri per i vampiri (1959, Steno), 57
Tempi nostri (1954, Alessandro Blasetti), 66
Temporale Rosy (1979, Mario Monicelli), 122
Tenderly (1968, Franco Brusati), 89
Teresa (1987, Dino Risi), 141
Teresa Venerdì (1941, Vittorio De Sica), 42
Ternosecco (1987, Giancarlo Giannini), 144
Terrazza, La (1980, Ettore Scola), 79, 121, 123, 124, 136, 137, 139, 141, 143, 148, 163
Terribile ispettore, Il (1969, Mario Amendola), 134
Terrore con gli occhi storti, Il (1972, Steno), 132
Terza liceo (1954, Luciano Emmer), 66, 76
Tesoro mio (1979, Giulio Paradisi), 128
Testa o croce (1982, Nanni Loy), 148
Ti conosco, mascherina! (1944, Eduardo De Filippo), 39
Tigre, Il (1967, Dino Risi), 91
Ti ho sposato per allegria (1967, Luciano Salce), 89
Ti presento un'amica (1987, Francesco Massaro), 142
To', è morta la nonna! (1969, Mario Monicelli), 99
Tolgo il disturbo (1990, Dino Risi), 141, 147
Tontolini è triste (1911), 11
Topo Galileo (1988, Francesco Laudadio), 157, 166

Tosca, La (1973, Luigi Magni), 117
Totò a colori (1952, Steno), 40, 53, 59, 100
Totò al Giro d'Italia (1948, Mario Mattoli), 52, 75
Totò all'inferno (1955, Camillo Mastrocinque), 50, 53, 54, 59
Totò a Parigi (1958, Camillo Mastrocinque), 100
Totò cerca casa (1949, Steno), 73
Totò cerca moglie (1950, Carlo Ludovico Bragaglia), 51
Totò cerca pace (1954, Mario Mattoli), 59
Totò che visse due volte (1998, Daniele Ciprì, Franco Maresco), 168
Totò contro il Pirata Nero (1964, Fernando Cerchio), 104
Totò contro i quattro (1963, Steno), 103
Totò contro Maciste (1962, Fernando Cerchio), 104
Totò Diabolicus (1962, Steno), 104
Totò di notte n. 1 (1962, Mario Amendola), 104
Totò e Carolina (1955, Mario Monicelli), 74
Totò e Cleopatra (1963, Fernando Cerchio), 104
Totò e i re di Roma (1952, Steno), 74, 104, 172
Totò e le donne (1952, Steno), 66
Totò e Peppino divisi a Berlino (1962, Giorgio Bianchi), 103
Totò, Fabrizi e i giovani d'oggi (1960, Mario Mattoli), 102
Totò lascia o raddoppia? (1956, Camillo Mastrocinque), 74
Totò le Mokò (1949, Carlo Ludovico Bragaglia), 52, 75
Totò nella luna (1958, Steno), 100
Totò, Peppino e i fuorilegge (1956, Camillo Mastrocinque), 61
Totò, Peppino e... la dolce vita (1961, Sergio Corbucci), 103
Totò, Peppino e la... malafemmina (1956, Camillo Mastrocinque), 60
Totò, Peppino e le fanatiche (1958, Mario Mattoli), 61

193

Totò sceicco (1950, Mario Mattoli), 52
Totò sexy (1963, Mario Amendola), 104
Tototarzan (1950, Mario Mattoli), 50, 52
Totòtruffa '62 (1961, Camillo Mastrocinque), 101
Totò, Vittorio e la dottoressa (1958, Camillo Mastrocinque), 101
Travolti da un insolito destino nell'azzurro mare di agosto (1974, Lina Wertmüller), 125
Tre nel Mille (1971, Franco Indovina), 116
Treno popolare (1933, Raffaello Matarazzo), 32
32 dicembre (1987, Luciano De Crescenzo), 157
Trenta secondi d'amore (1936, Mario Bonnard), 27
Tre uomini e una gamba (1997, Aldo Baglio, Giovanni Storti, Giacomo Poretti), 160
Tre uomini in frack (1932, Mario Bonnard), 39
Troppo bello! (1909), 16
Troppo forte (1986, Carlo Verdone), 152
Troppo sole (1994, Giuseppe Bertolucci), 166
Tu mi turbi (1984, Roberto Benigni), 155
Un turco napoletano (1953, Mario Mattoli), 53
Turné (1990, Gabriele Salvatores), 158
Tutta colpa del Paradiso (1985, Francesco Nuti), 154
Tutti a casa (1960, Luigi Comencini), 44, 81, 82
Tutti defunti tranne i morti (1977, Pupi Avati), 186
Tutti dentro (1984, Alberto Sordi), 143
Tutti giù per terra (1997, Davide Ferrario), 167, 169
Tutti possono arricchire tranne i poveri (1976, Mauro Severino), 132
Tutto a posto e niente in ordine (1974, Lina Wertmüller), 125
Tuttobenigni dal vivo (1986, Giuseppe Bertolucci), 155

Uccellacci e uccellini (1966, Pier Paolo Pasolini), 99
Uccello migratore, L' (1972, Steno), 127
Udienza, L' (1971, Marco Ferreri), 112
Ultima carrozzella, L' (1943, Mario Mattoli), 41
Ultimo capodanno, L' (1998, Marco Risi), 150
Ultimo sogno, L' (1944, Marcello Albani), 43
Ultimo tango a Zagarol (1972, Nando Cicero), 107
Una di quelle (1952, Aldo Fabrizi), 60
Unico paese al mondo, L' (1994, Francesca Archibugi, Antonio Capuano, Marco Tullio Giordana, Daniele Luchetti, Mario Martone, Carlo Mazzacurati, Nanni Moretti, Marco Risi), 164
Uomini, che mascalzoni..., Gli (1932, Mario Camerini), 29, 30
Uomini, che mascalzoni..., Gli (1953, Glauco Pellegrini), 31
Uomo d'acqua dolce (1997, Antonio Albanese), 160
Uomo, la bestia e la virtù, L' (1953, Steno), 59
Vacanze col gangster (1952, Dino Risi), 131
Vacanze di Natale (1983, Carlo Vanzina), 130, 151
Vacanze in America (1984, Carlo Vanzina), 151
Vado a vivere da solo (1982, Marco Risi), 150
Vagabondo, Il (1941, Oreste Biancoli), 37
Vaser perde il treno (1906), 14
Vediamoci chiaro (1984, Luciano Salce), 142
Vedo nudo (1969, Dino Risi), 127
Vedovo, Il (1959, Dino Risi), 15, 90
Venga a prendere il caffè da noi (1970, Alberto Lattuada), 92
Vera vita di Antonio H., La (1994, Enzo Monteleone), 166
Veritàaa, La (1982, Cesare Zavattini), 35

Via dei babbuini, La (1974, Luigi Magni), 117
Viaggiatori della sera, I (1979, Ugo Tognazzi), 119
Viaggi di nozze (1995, Carlo Verdone), 152
Viaggio con Anita (1979, Mario Monicelli), 118
Viaggio di Capitan Fracassa, Il (1990, Ettore Scola), 140
Via Montenapoleone (1987, Carlo Vanzina), 151
Vichingo venuto dal Sud, Il (1971, Steno), 127
Vie del Signore sono finite, Le (1987, Massimo Troisi), 43, 153
Vigile, Il (1960, Luigi Zampa), 86, 87
Vip mio fratello superuomo (1968, Bruno Bozzetto), 162
Visita, La (1963, Antonio Pietrangeli), 88
Vita agra, La (1964, Carlo Lizzani), 89
Vita da cani (1949, Steno, Mario Monicelli), 58
Vita difficile, Una (1961, Dino Risi), 82, 83, 90, 92, 169
Vita è bella, La (1997, Roberto Benigni), 101, 156, 172
Vitelloni, I (1953, Federico Fellini), 72, 75, 125
Viuuulentemente... mia (1982, Carlo Vanzina), 150
Viva la rivista! (1953, Enzo Trapani), 56
Vivere in pace (1947, Luigi Zampa), 47
Voci bianche, Le (1964, Massimo Franciosa, Pasquale Festa Campanile), 116
Voglia matta, La (1962, Luciano Salce), 84
Vogliamo i colonnelli (1973, Mario Monicelli), 113
Voglio tradire mio marito (1925, Mario Camerini), 20
Volere volare (1991, Maurizio Nichetti), 162
Volpone, Il (1988, Maurizio Ponzi), 146
Vostro super agente Flit, Il (1966, Mariano Laurenti), 108
West and soda (1965, Bruno Bozzetto), 162
Willy Signori e vengo da lontano (1989, Francesco Nuti), 154
Yuppi-du (1974, Adriano Celentano), 132
Yuppies (1986, Carlo Vanzina), 151
Yvonne la Nuit (1949, Giuseppe Amato), 51
Zia di Carlo, La (1942, Alfredo Guarini), 36
Zio di Brooklyn, Lo (1995, Daniele Ciprì, Franco Maresco), 167, 169
Zio indegno, Lo (1989, Franco Brusati), 148
Zitelloni, Gli (1958, Giorgio Bianchi), 70
Zitti e Mosca! (1991, Alessandro Benvenuti), 155

Indice

7   Premessa

11 1896-1930: Riso muto

23 1930-1945: Riso in bianco (e nero)

45 1945-1958: Riso alla paesana.
    Dal neorealismo al neorealismo rosa

77 1958-1970: Riso amaro.
    Gli anni d'oro della commedia all'italiana

111 1970-1980: Riso freddo.
    La fine della commedia all'italiana

139 1980-1998: Riso riscaldato e riso *Nouvelle Cuisine*.
    La vecchia e la nuova comicità di fine millennio

173 Bibliografia

177 Indice dei film

Le comete

Maurizio Ternavasio, *Macario. Vita di un comico*
Roger Corman, *Come ho fatto cento film a Hollywood senza mai perdere un dollaro*
Paula Parisi, *Titanic. Dietro le quinte*
Horst Tappert, *Io e Derrick. Le mie due vite*
John Baxter, *Stanley Kubrick. La biografia*
Donald Spoto, *Il lato oscuro del genio. La vita di Alfred Hitchcock*
John Baxter, *George Lucas. La biografia*

Maggiori informazioni sulle pubblicazioni Lindau sono disponibile nel sito Internet http://www.lindau.it

*Finito di stampare
nel mese di settembre 1999
da A4 Servizi Grafici s.n.c. - Chivasso
per conto di Lindau s.r.l. - Torino*